Reinhold Hermann Schäfer

MännerQuest

Die Reise ins Herz des Mannes

Arun

Copyright © 2000 by Arun-Verlag, 2. Auflage 2004.
Arun-Verlag, Engerda 28, 07407 Uhlstädt-Kirchhasel,
Tel: 03 67 43 - 2 33 - 0, Fax: 03 67 43 - 2 33 - 17,
e-mail: info@arun-verlag.de, Internet: www.arun-verlag.de
Titelbild: Gerdehag © UpSide/Greatshots 1998.
Gesamtherstellung: Hubert & Co, Zeitbuch, Göttingen.

ISBN 3-927940-93-3

Inhalt

3. Gedanken zur Steigerung der Wahrnehmungsfähigkeit

1. Vier Tage und vier Nächte
   Steinkreis und Feuerplatz / Wut und Trauer / Auf dem Sterbebett /
   Die allerletzte Nacht – Der Kern des Kerns
2. Maskenverbrennung zur Reinigung
3. Noch viele andere Männermasken
4. Endgültiger Abschied
5. Dämonen, Schätze und Ungeheuer

1. Rückkehr
2. Der Versuch, einen zerbrochenen Spiegel zusammenzusetzen
3. Der lustvolle Eiskönig
4. Der goldene Moskito
5. Das unsichtbare Kanu
6. Der aus Scheiße Gold macht
7. Der für seinen Bruder singt
8. Ein Löwe tanzt im Sturm
9. Ein Waldmann kennt die Angst
10. Turgan Gol. Liebe Dich wohl
11. Großvater Elch
12. Nachtvogel wird zum Tagvogel
13. Neugieriger Hirsch
14. Ruhende Schlange vor der Lebensquelle
15. Kücken mit schwarzer Spinnenkraft
16. Der seine Ahnen erkennt
17. Der weiß, daß die Sonne Flecken hat
18. Behutsames Erdfeuer
19. Weis(s)e Ratte
20. Der Kiefer und Birke berührt
21. Der Mann, der bereit wird, den Bären zu sehen
22. Abschied aus der Wildnis – Aufsetzen der Alltagsmaske

Ich widme dieses Buch
meinem Initiationsmentor Gregory Campbell.

Ich bedanke mich bei meinem Freundeskreis,
Männern und Frauen, ohne deren Unterstützung
ich dieses Projekt nicht hätte verwirklichen können.

Einleitung

Ich mußte lächeln, als ich darüber nachdachte, wie ich diese Einleitung beginnen würde. Sollte ich zuerst „Männer" definieren und dann „Quest" oder umgekehrt. Oder brauche ich Männer gar nicht zu definieren. Denn vor kurzem las ich in einer Bremer Buchhandlung auf einer gelben Karte zum Verschenken: „Wozu braucht man überhaupt Männer?" Manche Männer definieren sich inzwischen als eher weibliche Wesen nur mit dem Dings dran. „Wann ist der Mann ein Mann?" fragt schon Herbert Grönemeyer in seinem bekannten Lied. Klar ist auf jeden Fall, daß sich Männer von Frauen unterscheiden, auch dadurch, daß Männer früher sterben. Auf einem Vortrag hörte ich dazu folgendes:

Ausschnitt aus den statistischen Jahrbüchern Deutschlands und geschlechtsspezifischen Kriminalstatistiken:

• Männer sterben 6 - 8 Jahre früher als Frauen.
• Männer begehen dreimal so häufig Selbstmord wie Frauen.
• Männer erkranken häufiger an Leberzirrhose, Bluthochdruck, Bronchitis, Asthma, Tuberkulose oder am Kreislauf und Herzen.
• Schon während der Kindheit sterben mehr Jungen als Mädchen.
• 2/3 der Schulwiederholer/innen sind Jungen.
• Doppelt so viele Männer wie Frauen kommen bei Straßenunfällen um usw.

Irgendetwas machen sie falsch. Heimlich hoffe ich immer noch, daß auch diese Statistik gefälscht ist oder sich zumindest in den nächsten Jahren ändert. Nun gut! Ich definiere also lieber „Quest". Vielleicht ist das ein wenig einfacher. Das Wort stammt aus dem Mittelalter. Die „Queste" der Ritter bedeutet leidvolle Suche, verborgener Weg, Suche nach dem richtigen Weg, Gralsweg, Suche nach Ganzheit, Abenteuer. Man kann es aber einfach aus dem Englischen „question" herleiten, dann bedeutet es „Frage".

Um Männerfragen, Fragen um das Mannwerden und Mannsein geht es in diesem Buch. Und auch um meinen eigenen Initiationsweg (d.h. Einweihungsweg) ins Mannsein und um die Begegnung mit zwei unterschiedlichen Initiationsmentoren, Gregory Campbell und John Bellichi, sowie um Initiationswissen der Naturvölker und um moderne initiatische Männergruppen.

„MännerQuest" beschränkt sich aber nicht nur auf diese allgemeinen Fragen und das Hintergrundwissen, sondern beschreibt auch eine spezielle VisionQuest (Visionssuche) nur für Männer.

VisionQuest ist ja ein Sinnsuche- und Fastenritual in der Wildnis und der Wüste. Und gemäß dem Focus ein „extremes", nach 'Die Zeit' eine Art Selbsthilfe zur Mitverantwortung, das in Deutschland immer mehr Anhänger findet. In den USA ist es schon länger bekannt und wird in verschiedenen Formen auch als Managementtraining und Entscheidungstraining eingesetzt. Vor allem als Ritual zur Selbstfindung und Selbstheilung in der Wildnis (Foster / Little), zur Findung der eigenen beruflichen oder privaten Lebensaufgabe und Vision.

Da sich Männer aber nur unter ihres Gleichen ehrlich öffnen können und ihre wahren Stärken und Schwächen zeigen, habe ich eine reine „MännerQuest" gestaltet.

Männer suchen dabei ihre Lebensaufgabe und berufliche Vision, treffen Entscheidungen für ihre Partnerschaft (nicht für ihre Partnerin!) und bekommen Zugang zu ihrer ursprünglichen Kraft und Vitalität. Sie verabschieden sich von alten, liebgewordenen, aber überholten Verhaltensmustern oder feiern ein Dankesfest für ein bisher gelungenes Leben.

Männer müssen ihren Lebensweg gehen und stehen plötzlich an einer Weggabelung. Fragen tauchen auf: War es das? Soll ich so weiter machen wie bisher? Oder soll ich mehr nach meinen tieferen Wünschen und Visionen leben? Für manche beginnt die längste Meile der Welt – vom Kopf zum Herzen und der Verbindung von beidem. Vom Verstand zum Gefühl, vom Denken zur Intuition, vom Handeln zum Betrachten. Um Antworten auf ihre Fragen zu bekommen und diese dann auch im Alltag umzusetzen, dazu begeben sie sich für 14 Tage in die Waldwildnis Nordschwedens. Dabei geht es weniger um Romantik und Idylle, sondern um den initiatorischen Kreislauf des Werdens und Vergehens.

Der Untertitel des Buches „Die Reise ins Herz des Mannes" weist auf meinen fast 40jährigen Lebensweg als Mann hin, von 1964 bis ins fiktive Jahr 2004. Es handelt sich dabei um mehr als eine Rahmengeschichte. Der Leser soll an meinem eigenen Erwachen und Erwachsenwerden teilhaben können: vom jugendlichen Mann zum jungen Mann, vom erwachsenen Mann zum älteren Mann. Eine Heldenreise zum mir gemäßen Eigenen. Als jugendlicher Mann mit 14 Jahren reiste ich ans Meer, mit 54 Jahren im Jahr 2004 stehe ich auf einer Sandbank im Meer. Immerhin zeitweise etwas Boden unter den Füßen. In der Zwischenzeit hatte ich immer wieder schwierige Entscheidungen zu fällen, traf auf Helfer, andere Männer und „Ungeheuer" und „Schatten", gewann Sinn und Lebenselixier daraus und gebe meine Erfahrungen letztlich bei der speziellen MännerQuest in Nordschweden an andere Männer weiter. Ich studierte Informationsmaterial über Männer. Anfangs sinnlos erscheinendes Leiden wurde langsam sinnvoll.

Viele Fragen tauchten auf diesem Weg und dieser Heldenreise in mein männliches Herz auf:

• Welches sind meine verborgenen Seiten?
• Wo sind die verborgenen Seiten bei anderen Männern?
• Kann die verborgene Seite, der Schatten, sogar zu einer Quelle der Kraft werden?
• Was ist eigentlich Initiation und Einweihung in das Mann-Sein?
• Warum gibt es so wenig Unterstützung für junge Männer?
• Sind Männer am Unglück der Welt schuld?
• Was sind männliche Qualitäten?
• Was ist der Unterschied von Kraft, Gewalt und Aggressivität?
• Gibt es dauerhaft guten Sex?
• Wie komme ich aus meiner Depression?
• Was macht mich wütend?
• Darf ich überhaupt wütend sein?
• Wo kann ich mir Hilfe holen?
• Was ist eine Männergruppe?
• Was sind Männerbünde?
• Warum bin ich von meinen eigenen Wurzeln getrennt?
• Gibt es einen männlichen Lebensweg?
• Bin ich zu romantisch?

In einem Forschungsbericht, der von der Männerarbeit der Evangelischen Kirche in Deutschland sowie der Gemeinschaft der Katholischen Männer Deutschlands unter dem Titel: „Männer im Aufbruch" herausgegeben wurde, steht:

„Ernsthafte Männerentwicklung ist daher alles andere als eine vorhersehbare und leicht arrangierbare Sache. „Labor" im Wortsinne ist nötig, also Tiefenarbeit. Die Veränderung der kulturellen Oberflächenarrangements ist nur ein Teil der Lösung. Wenn eine bildungsgerechte neue Balance zwischen Erwerbs- und Familienarbeit gefunden ist, bleiben die tieferen Fragen immer noch offen. Diese aber lauten elementar: was macht einen Mann aus und was eine Frau? Die Zuflucht zu einfachen biologischen Antwortmodellen ist nutzlos. Wohl aber ein neuartiges Gespräch zwischen der Biologie und der Soziologie. Eine Balance ist zu finden zwischen dem Vorfindbaren und Formbaren. Und diese Balance ist nicht nur geschlechterpolitisch zu erreichen, sondern braucht einen Raum tänzerischer Freiheit und mutigen Experiments".[1]

Letzterem möchte ich in diesem Buch explizit Platz einräumen. Deshalb habe ich auch weniger einen rein wissenschaftlichen Schreib- und Sprachduktus verfolgt, sondern einen autobiografischen, biografischen und poetisierenden. Ich erzähle viele Geschichten oder lasse andere sie in bildhafter Form erzählen, zuweilen sogar zwischen Wirklichkeit und Traum. Dies mitzuvollziehen kann für manchen Leser ein hoher Anspruch sein oder Amüsement. Das Sujet „Innerer und äußerer Entwicklungsprozeß von Männern" erfordert dies, wenn es nicht trocken und kraftlos dargestellt werden soll.

Der Untersuchungsbericht schreibt zu diesem Entwicklungsprozeß weiter: „Die Lösung wird dann nicht die vordergründige Annäherung der weiblichen und männlichen Lernfelder sein. Vielleicht wird sich ein neues Miteinander herausbilden, in dem vom Ansatz her Frauen und Männer zunächst fremd und befremdlich sind, sie lernen, ganze Männer und ganze Frauen zu werden, um dann verhandelnd in ein spannungsgeladenes Miteinander zu treten. Ziel wäre, anders zu sein und doch ein Verhältnis zu haben, weil das Fremde in einem selbst wohnt."[2]

Es wird wohl in den nächsten Jahren bei vielen Männern um das Zurückholen ihrer ursprünglichen Vitalität und ihres Feuers gehen, ohne daß sie dabei in die Falle gängiger Rollenklischees tappen. Wie können Männer ihre Kraft mit der entsprechenden Sensibilität verbinden. Ein Seiltanz?

Wir Männer verstecken uns manchmal aus Angst davor, schwach zu sein oder wütend zu werden. Manche zeigen beide Seiten. Es ist schwierig für uns, Männer in der Mitte zu sein. Das ist fast so wie beim Fahrradfahren. Man muß sich bewegen und ein wenig strampeln. Die Ideallinie erwischt man selten. Kurvig bleibt es immer. Es sei denn, man steigt ab oder aus. Aber dann ist auch das Fahrradfahren vorbei und der Spaß. Blutige Knie bekommt man dann nicht mehr und auch keinen Muskelkater.

Männer, vermute ich, müssen in Zukunft verstärkt ihre eigenen, inneren und äußeren Herausforderungen erkennen. Klar ist: Jeder Mann hütet jetzt schon in sich einen verborgenen Schatz jenseits von Softie und Macho. Um diese Schätze geht es in allen Geschichten, die ich erzähle oder erzählen lasse, besonders wenn die Männer von der Quest aus der Wildnis zurückkommen, von der Reise zu ihrem eigenen Herzen. Zum Beispiel, daß auch ein an sich liebevoller Mann merkt, wieviel aufgestaute Wut er in sich trägt. Daß diese Wut und dieser Schmerz auf nicht gelebtes Leben hinweisen. Daß er sich diesem „Drachen" stellen muß. Und daß dieser „Drachen" pures Gold bewacht.

Oder daß ein leidenschaftlicher, mutiger Mann trauern darf und sich bei einem Freund Rat holen kann.

Meine Autobiographie, aber auch die erzählten Geschichten, die poetischen Seiten und die sachbezogenen Erläuterungen sind Splitter eines Spiegels, der einmal verloren gegangen scheint. Er soll in diesem Buch teilweise wieder zusammengesetzt werden. Das Layout spiegelt die unterschiedlichen Ebenen der Darstellung wider. In diesem Spiegel mit den verschiedenen Schreibstilen und den unterschiedlichsten Themen kann der Leser, aber auch die Leserin, das Gesicht von alten und jungen Männern erkennen. In ihrem Schmerz und Leid, aber auch in ihrer erwachenden, inneren und äußeren Schönheit, trotz der Narben und Risse.

Warum sollte es Männern nicht gelingen, ihre Klarheit und Wildheit, ihre Härte und ihren Mut mit ihrer sozialen Kompetenz, Verletzlichkeit, Empfindsamkeit und Freundlichkeit zu verbinden, also in Balance zu kommen? Eine MännerQuest in der Wildnis kann dazu ein Anfang sein.

Vielleicht können Sie dieses Geheimnis in diesem Buch erahnen oder gar entdecken und im Alltag umsetzen.

Viel Spaß und Spannung beim Lesen. Auch den Frauen!

Ihr Reinhold Hermann Schäfer

P.S. Das autobiografische Material ist kursiv gesetzt, die Berichte im normalen Blocksatz. Die Übungsteile, Lieder und Gedichte sind eingerückt.

Wir sollten uns unsere Verletzungen
nicht nur als Wunden vorstellen,
die geheilt werden müssen,
sondern als Salzminen, aus denen
wir etwas Kostbares und Wesentliches gewinnen,
ohne das unsere Seele nicht leben kann.

James Hillmann
(Psychoanalytiker)

A.
Sucht und Suche

I. Der jugendliche Mann – Erste Reise

1. Das jenseitige Land – Abschied von der Kindheit

Eines Tages schrie ich einfach... Ich war 14 Jahre alt, 1964. Ich hatte drei Mo-
nate lang am Mittagstisch meiner Familie geschwiegen. Mein Vater hatte sich
aus dem Leben verabschiedet. Aus irgendwelchen Gründen. Er beging keinen
Selbstmord, aber er war nicht mehr da. Er war zwar körperlich anwesend, aber
nicht mehr wach. Er begann, Zug um Zug mehr Alkohol zu trinken. Litt er unter
einer Depression? Er schien mir niedergeschlagen. Der depressive Mensch wird
von manchen Psychologen auch als der sich selbst und damit andere nieder-
schlagende Mensch bezeichnet. Ab diesem Zeitpunkt schlief mein Vater viel. Meine
Mutter machte meinen Bruder und mich immer wieder darauf aufmerksam, wenn
wir nachmittags zu laut auf dem kleinen Hof hinter dem Haus spielten. Ich hatte
also drei Monate lang am Mittagstisch meiner Familie geschwiegen. Ich fand
mich zu Hause nicht mehr zurecht, ich sagte nichts mehr, ich fühlte mich unver-
standen. Mein älterer Bruder sprang bei meinem Schrei entsetzt von seinem Stuhl
hoch. Ich grinste unbeholfen. Dann zog ich mich in mein Zimmer zurück. Es war
nicht der einzige Grund, warum ich mich in eine innere, dunkle Höhle zurück-
zog. Mir war das erste Mal bewußt geworden, daß ich vom Leben und den Men-
schen enttäuscht war. Erwachsene Gesichter erschienen mir wie Masken und
Dämonen. Menschen ab 50 Jahren fand ich häßlich und im Ausdruck verzerrt.
Ich verachtete sie, weil sie nur um ihre Garderobe vorzuführen in die kleine
katholische Kirche gingen. Die meisten ihrer Aussagen empfand ich als doppel-
bödige Botschaften. So war ich zum Beispiel mit meiner Mutter beim Schuhkauf
gewesen. Über dem Geschäft stand: „Die besten Schuhe der Welt!". Als ich aus
dem Geschäft ging, drückten die neuen Schuhe und gefielen mir überhaupt nicht.
Aber es sollten doch die besten Schuhe der Welt sein, also behielt ich sie an. Ich
wollte ja nicht doof sein und nicht erwachsen. In den Stimmen der Erwachsenen
entdeckte ich etwas Unwahres. Sie sprachen nicht über das, was sie wirklich
fühlten und dachten.

14 Tage nach meinem kleinen Urschrei trampte ich von meinem Heimatort
in der Nähe von Heidelberg am Rand des Odenwaldes an die Côte d'Azur nach
Südfrankreich ans Mittelmeer. Es war das erste Mal in meinem Leben, daß ich
das Meer sah. Weg von der Familie. Vor allem „weg" von diesen Erwachsenen

– hin zum Meer! „La mer" das Meer, „la mère" die Mutter im Französischen, mehr als nur ein Wortspiel. Das Meer, die große Mutter, zentraler Ursprung des Lebens hier auf diesem Planeten. Es war der Weg zum „Mehr" meines Lebens. Ein Leben größer als das Familienleben der Kindheit. Ein erster Aufbruch. Frankreich das Land jenseits. Man mußte den Rhein überqueren. Die Franzosen waren mal unser „Erbfeind" gewesen. Als Kinder hatten wir noch „Weil der Franzmann, der Drecksack, unser Saarland besetzt hat" gesungen, ohne zu wissen, was das wirklich bedeutete.

Zwei fröhliche französische Musikstudenten nahmen mich in ihrem schikken, großen, schwarzen Citroen DS 21 in einem Rutsch von Straßburg bis nach Avignon in den Süden mit. Ich merkte gar nicht, wie schnell und rasend ich mich von meiner Familie und meinem Heimatdorf im Odenwald entfernte. Am nächsten Tag war ich in Marseille am Hafen. Ich erinnere mich noch, wie die Meereswellen in den hinteren Eingang des öffentlichen Omnibusses hineinplatschten, als er in der Hafenstraße am Kai kurz anhielt.

Die Reise verlief insgesamt genauso, wie die Dynamik einer mystischen und märchenhaften Heldenreise. Bilderbuchhaft geschahen Verluste und plötzliche Rettungen. Verwirrungen wechselten sich mit Momenten der Klärung ab.

„Der Mythenheld, der sich von der Hütte oder dem Schloß seines Alltags aufmacht, wird zur Schwelle der Abenteuerfahrt gelockt oder getragen, oder er begibt sich freiwillig dahin. Dort trifft er auf ein Schattenwesen, das den Übergang bewacht. Der Held kann diese Macht besiegen oder beschwichtigen und lebendig ins Königreich der Finsternis gelangen (Bruderkampf, Kampf mit dem Drachen, Opfer, Zauber) oder vom Gegner erschlagen werden und als Toter hinabsteigen (Zerstückelung, Kreuzigung). Dann, jenseits der Schwelle durchmißt der Held eine Welt fremdartiger und doch seltsam vertrauter Kräfte, von denen einige ihn gefährlich bedrohen (Prüfungen), andere ihm magische Hilfe leisten (Helfer).

Wenn er am Nadir (Tiefpunkt) des mythischen Zirkels angekommen ist, hat er ein höchstes Gottesgericht zu bestehen und erhält seine Belohnung. Der Triumph kann sich darstellen als sexuelle Vereinigung mit der göttlichen Welten-Mutter (heilige Hochzeit), seine Anerkennung durch den Schöpfervater (Versöhnung mit dem Vater), Vergöttlichung des Helden selbst (Apotheose) oder aber auch, wenn die Mächte ihm feindlich geblieben sind, der Raub des Segens, den er zu holen gekommen war (Brautraub, Feuerraub); seinem Wesen ist der

Mythenheld eine Ausweitung des Bewußtseins und damit des Seins (Erleuchtung, Verwandlung, Freiheit). Die Schlußarbeit ist die Rückkehr. Wenn die Mächte den Helden gesegnet haben, macht er sich nun unter ihrem Schutz auf (Sendung); wenn nicht, flieht er und wird verfolgt (Flucht in Verwandlungen, Flucht mit Hindernissen). An der Schwelle der Rückkehr müssen die transzendenten Kräfte zurückbleiben; der Held steigt aus dem Reich des Schreckens wieder empor (Rückkehr, Auferstehung). Der Segen, den er bringt, wird der Welt zum Heil (Elixier)."[3]

Bei meinem ersten Kampf wurde ich zwar nicht vom Gegner erschlagen, aber eine Art Schattenwesen trat auf. In der Jugendherberge in Marseille wurden mir die Schuhe gestohlen. Ich hatte es nicht glauben können, daß meine Schuhe nicht mehr da waren. Ich hatte wieder und wieder unter den Tisch geschaut. Ich glaubte zu träumen. So etwas war mir noch nie passiert. Jetzt hätte ich die blöden Schuhe doch gebrauchen können. Ich hatte nur noch ein paar mickrige Sandalen.

Mein Ziel war St. Tropez. Dort wohnte Brigitte Bardot, Sexidol und Busenstar. Ich kraxelte mit zwei jungen Schotten an der felsigen Mittelmeerküste herum. Wir vermuteten, daß ihre Villa genau „da oben" sei. Leider waren Türen und Fenster schwer vergittert und mit Brettern vernagelt. Es wurde anscheinend wirklich viel geklaut in Frankreich. Inzwischen hatte ich schon meine Erfahrung mit den Schuhen verarbeitet. Frankreich gefiel mir trotzdem und wegen seiner Unordnung. Im Gegensatz zur teutonischen und preußischen Disziplin gab es hier viele kleine Schlampereien. Jedenfalls damals in den 60er Jahren. In einer kleinen Autowerkstatt sah ich wie alle Schraubenschlüssel und Werkzeuge verstreut auf dem Erdboden lagen. Ich konnte kaum glauben, daß der Motor der kleinen „Ente", wie der Citroên bei uns genannt wurde, wieder laufen sollte. Der Mechaniker rauchte eine selbst gedrehte Gauloise im feuchten Mundwinkel und sagte: „Ça va (Das geht)". Ich konnte ganz gut französisch sprechen, das hatte ich in der Schule gelernt. Also für irgend etwas war die Schule ja doch gut, dachte ich mir. Nach vier Tagen Südfrankreich ging mir das Geld aus, denn ich hatte nur 100 DM mitgenommen. Jetzt waren es nur noch 20 DM. Ich versuchte zurückzutrampen. Am Straßenrand hörte ich ab und zu das Wort „Choucroute (Sauerkraut)". Ich konnte es nicht einordnen. Später erfuhr ich, daß das wohl die kleine Rache für den „Franzmann" war. Ich liebte das französische Leben. Es war weicher, lässiger. Sie arbeiteten damals, um zu leben und lebten nicht nur für die Arbeit, wie es mir aus Deutschland bekannt war. Fast überall gab es mit Wasser verdünnten Rotwein zum Essen kostenlos dazu. Am Anfang klappte die Tramperei noch ganz gut. Eine freundliche Frau ließ mich in der Nähe von Aix-en-Provence in ihrer Wohnung übernachten, nachdem ich durch einen plötzlichen Regenschauer bis auf die Haut naß geworden war. Am nächsten Tag fuhr ich mit einem Todesfahrer in rasendem Tempo durch das anhaltende Gewitter. Ich kam mir wirklich wie ein Held vor und hatte gleichzeitig furchtbare Angst. Der Fahrer, den ich wegen seines lässigen Machogehabes bewunderte, ich selbst war eher ein schmalbrüstiger Hänfling, fuhr einen deutschen Porsche. Wir rasten den Alpen entgegen. Immer höher hinauf. Ich war euphorisch, ängstlich und glücklich zugleich. Ich hatte das Ziel meiner Reise aus den Augen verloren. Immer weiter entfernten wir uns aus dem nordwärts und heimwärts zeigenden Rhônetal. Ich hatte noch 10,- DM in der Tasche. Am nächsten Morgen kaufte ich mir ein knackiges Baguette. Ein paar Birnen las ich vom Straßenrand auf. Ich stieg in einen Bummelzug ein, der mich von den Alpen weg nach Besançon und dann weiter bringen sollte. Ich fuhr „schwarz", aber kurz vor Besançon erwischte mich der Schaffner. Er sagte fröhlich, als Strafe müsse ich ihm Lieder auf meiner Gitarre vorspielen. Er kontrollierte die restlichen Fahrgäste und kam bald wieder. Er erzählte mir später, daß er als Kriegsgefangener in Deutschland am Bodensee gewesen sei und daß die Deutschen ihn gut behandelt hätten. In Besancon stiegen wir beide auf der falschen Seite des Zuges aus und stapften, nach links und rechts schauend, über die Gleise. Er bezahlte mir ein Abendessen und rief seinen Freund Jacques, der mich zur Jugendherberge brachte. Mein Schaffner verabschiedete sich, indem er auf seine drei Sterne an der Mütze zeigte und behauptete, er sei der Oberkontrolleur. Aber eigentlich sei er Schriftsteller und da er Familie habe, müsse er nebenbei bei der Bahn arbeiten. Er wünschte mir alles Gute, berührte meine Stirn mit dem Zeigefinger und sagte: „Tu as une jolie tête!" Das bedeutet soviel wie: „Dein Kopf gefällt mir!" Dann drückte er mir noch 60 Franc in die Hand. Zwei Tage später war ich wieder von meiner Pilgerreise über den Rhein zurück. Zurück aus dem jenseitigen Land, zu Hause bei den deutschen Micheln im Odenwald. In der folgenden Zeit träumte ich von den französischen Mariannes, Brigitte Bardots, Gauloises und Rotwein. „Savoir vivre (wissen, wie man (gut) leben kann)" war mein Ziel. Mein Herz schlug nach dieser Reise und immer wieder für 'Fronkreisch' (Frankreich). Es schlug locker und leicht.

Der Schrei am Familientisch hatte die erste Trennungsphase vom Familienherd eingeleitet. Meine Heldenfahrten sollten sich fortsetzen. Wie mein Vater, den ich sehr liebte und auch vermißte (ohne es wirklich zu merken), fing ich an, vermehrt Alkohol zu trinken. Vor allem Bier. Später probierte ich andere Drogen aus. Mit meiner Mutter hatte ich wegen Kleinigkeiten ständig Streit. Ein beständiger Abstieg ins Reich der Finsternis begann. Ein Kämpfen und Ringen mit den Verwirrungen und Irrungen des Lebens folgte. Ich hatte mein Herz doch in Heidelberg verloren. Wer kennt nicht dieses romantische Lied aus der romantischen Stadt, deren Wahrzeichen eine ausgebrannte Schloßruine ist. Abendlich beleuchtet wie ein fauler Zahn, der mit Gold überzogen ist. Die Ruine am Neckar wird jedes Jahr beim wunderschönen Feuerwerk von 300.000 Touristen aus aller Welt bestaunt. Vor allem Amerikaner sind mit vielen „Oohs" und „Aahs" da. Mein Vater war übrigens nach dem Kriege Reiseführer auf dem Schloß und brachte sich damit über die Runden, bevor er zur Post ging.

Manchmal fühlte ich mich in meinem jungen Leben wie gelähmt, depressiv, fast wie tot. „Savoir vivre?" Manchmal bekam ich Oberwasser und tauchte aus den Strudeln des Lebensflusses kurz an die Oberfläche auf, bis mich die nächste Strömung mitriß. Felsen, d.h. Männer, an denen ich mich hätte festklammern können, erkannte ich erst viel später in meinem Leben. Erst viel später im Leben wurde mir bewußt, daß ich als junger Mann mehr väterliche Unterstützung gebraucht hätte.

2. Junge Männer und gefährliche Selbstinitiation

Werden junge Männer beim Abschied von Kindheit und Familie und beim Ausprobieren von Rauschmitteln nicht unterstützt, versuchen sie letztlich offenbar, selbst diesen Prozeß zu steuern und sich selbst in diese gewaltigen Geheimnisse der menschlichen und männlichen Natur zu initiieren, d.h. einzuweihen. Dies geschieht entweder in Gangs und Banden oder im Freundeskreis, manchmal auch alleine. Jugendliche Männer versuchen dabei, sich selbst und das Leben richtiggehend zu testen. Sie wollen auch ihre männlichen Qualitäten entdecken und erproben. Sie fragen sich, was sie aushalten können und woran sie scheitern könnten. Lebensbedrohliche Krisen scheinen fast einkalkuliert.

In meiner späteren Arbeit als Männercoach erzählte mir ein junger Mann dazu einmal folgendes:

„Ich rauchte auch immer wieder Haschisch, nahm andere Drogen wie Kokain, LSD, Ecstasy, Valium und auf einem Trip in Indien auch Opium. Ich war nicht mehr ansprechbar, zitterte am ganzen Körper oder war regungslos. Ich war oft depressiv, manchmal euphorisch. Es gab schizoide Schübe, bei denen ich Stimmen hörte, dabei war außer mir niemand im Haus. Mein Motto war: 'Umbringen kann ich mich immer noch'. Ich schaffte es nicht mehr, zur Schule zu gehen. Ich war damals 17 Jahre alt, wollte eigentlich das Abitur machen und studieren. Ich klammerte mich damals sehr an meinen besten Freund 'Ziggy'. Ich wollte die Band, in der ich vor der Fahrt nach Indien gespielt hatte, wieder zum Leben erwecken. Obwohl ich offensichtlich noch Freunde hatte, fühlte ich mich immer unwohler in der Gegenwart anderer Menschen. Ich brauchte sie zwar sehr, aber verlor immer mehr den Bezug zu ihnen.

Begonnen hat das Ganze damit, daß ich ein starkes Bedürfnis nach Ekstase hatte. Mit einem engen Freund fing ich an zu kiffen. Das Kiffen regte uns zur Poesie an, und wir fühlten uns als etwas Besonderes. Gleichzeitig sahen wir uns als ohnmächtige Opfer dieser Welt. Dann lachten wir wieder lange zusammen oder führten tiefschürfende Gespräche. Aber gleichzeitig hatte ich Kontaktschwierigkeiten, ein schwaches Selbstwertgefühl, orientierte mich an anderen, war ambivalent. Ich fühlte mich nicht fähig zu arbeiten oder auch nur unter die Leute zu gehen. Ich war unmotiviert, blieb morgens oft im Bett, da ich nachts unter Schlafstörungen litt. Ich lebte in einer Traumwelt. Es war ein Chaos, das da über mich hereinbrach! Oder aus mir herausbrach?

Gegenüber meinen Eltern war ich ständig gereizt. Sie waren sehr besorgt um mich und informierten sich über die Gefährlichkeit der Drogen. Dies führte dann zu sinnlosen Diskussionen. Die Unterstützung durch meine Eltern war gut gemeint, aber eigentlich war es keine. Ein wirkliches, inneres und tieferes Verständnis für meine Krise fehlte. Außerdem war ich in einem Abnabelungsprozeß von ihnen. So bewirkte ihre Sorge genau das Gegenteil. Auch mein Bruder hielt sich von mir fern, also blieb eine emotionale Unterstützung von meiner Familie weitgehend aus. Das kann ich heute allerdings nicht mehr als Vorwurf sagen, da ich ja selbst auf Distanz ging. Nur ein entfernter Onkel hätte vielleicht die Chance gehabt, mich zu erreichen.

Damals in Indien hatte mir ein Mann über eine sonderbare Art des Rückzugs erzählt: Er sei für drei Tage und drei Nächte im Wald gewesen mit anderen Männern. Es sei um initiatische Erfahrungen gegangen."

Einige junge Männer kehrten nie mehr zurück von diesen Trips in ferne Länder, ob sie nun innerlich erlebt wurden oder tatsächlich stattfanden. Sie hatten keine geistigen Führer, Begleiter oder Mentoren. Bei den Naturvölkern waren dies ernannte und ausgebildete Schamanen. Sie fungierten als Brückenbauer zwischen den Welten.

Das Lied vom „Knecht im Wunderwald" spricht von einer solchen Irr- und Geisterfahrt in fremde, beseelte Welten.

Es fuhr ein Knecht hinaus zum Wald;
sein Bart war noch nicht flück.
Er lief sich irr im Wunderwald,
er kam nicht mehr zurück.

Das ganze Dorf zog nach ihm aus
vom Früh- zum Abendrot,
doch fand man nirgends eine Spur.
Da gab man ihn für tot.

So flossen sieben Jahre dahin,
und eines Morgens stand auf einmal wieder
er vorm Dorf und
ging zum Brunnenrand.

Sie fragten, wer er wäre
und sahn ihm fremd ins Angesicht.
Der Vater starb, die Mutter starb.
Ein andrer kannt ihn nicht.

Vor Tagen hab ich mich verirrt,
ich war im Wunderwald;
Dort kam ich recht zu einem Fest,
doch heim trieb man mich bald.

Die Leute tragen güldnes Haar
und eine Haut wie Schnee.
So heißen sie dort Sonn, so Mond,
so Berg und Tal und Fee.[4]

Da lachten all: in dieser Früh
ist er nicht Weines voll;
sie gaben ihm das Vieh zur Hut
und sagten: er ist toll.

So trieb er täglich in das Feld
und saß auf einem Stein
Und sang bis in die tiefe Nacht
und niemand sorgte sein.

Nur Kinder horchten seinem Lied
und saßen oft zur Seit.
Sie sangen's, als er lang schon tot,
bis in die späte Zeit.

Der Versuch einer Selbstinitiation ist immer gefährlich. In Bremen zeugt die berüchtigte Sielwall-Ecke im Stadtteil Ostertor davon: Dunkle Gestalten, Junkies, die abgestürzt sind und dahinvegetieren, völlig aus der Gemeinschaft gefallen, „Ekstase-Unfälle", von Drogen vergiftet. In allen deutschen Städten können wir in solche Spiegel unserer kranken Gemeinschaftsseele blicken. Ich fühle mich diesen traurigen Gestalten auf ihrer Ritterqueste oft verbunden in ihrem verzweifelten und selbstzerstörerischen Ringen.

In vielen Märchen gerät der Held in eine Sackgasse, wie ich damals in Frankreich. In einer ausweglosen Situation muß er das kostbare Lebenselixier erringen. Mut, Angst und ein klarer Kopf sind gefragt und noch mehr: Urvertrauen oder die pure Verzweiflung, die zur Lösung treibt. Wie kommt er wieder aus diesem dunklen Brunnen? Aus diesem zweiten Geburtskanal? Oder wird er dabei von Ungeheuern zerrissen und zerstückelt? Viele junge Männer begehen an diesem Punkt in ihrem Leben Selbstmord und springen tatsächlich in die Tiefe oder vor einen Zug. Sie wollen nicht mehr leben. Das bedeutet aber fast immer, daß sie ihr Leben, das sie so widersprüchlich und getrieben erfahren, so nicht mehr verbringen wollen. Sie können nicht begreifen, daß der Sommer der Kindheit vorbei ist. Daß ihr altes unschuldiges und spontanes Kinderleben sich verwandeln muß, was sich im ersten Moment wie Sterben anfühlt. Ein neuer Lebensabschnitt beginnt. Ihr männliches Potential wächst, aber damit die Kraft und auch das Risiko, daran zu scheitern. Manche haben die Hoffnung auf Hilfe aufgegeben. Vor allem jugendliche Männer verlieren genau in dieser Zeit das Gefühl dafür, wann sie sich Hilfe holen sollten und wann nicht. Es ist die Zeit, in der sich der junge Mann aus der Familie löst. Er fühlt sich freier und selbständiger. Die Freiheit kann sich zu einer großen Euphorie steigern. Unweigerlich kommt der verheerende Absturz. Der junge Mann kommt ins Straucheln, wird von Zweifeln hin- und hergerissen. Er schwankt, verliert den Blick für den wirklichen Erdboden, stürzt in ein riesiges Loch. Viele tauchen nie mehr auf, vegetieren als Junkies dahin. Manche passen sich übertrieben und rein äußerlich an moralische Normen an, die sie später wieder über den Haufen werfen. Sie setzen sich die Maske des Biedermannes auf, in ihrer Seele aber lauern Rache und Gewalt ohne Ende. Manche haben das Glück, daß sie ihr Vater oder ein Onkel oder Bekannter unterstützt.

3. Ein Initiationsritual der Naturvölker für jugendliche Männer

Im Bewußtsein dieses seelischen Entwicklungsstadiums von jugendlichen Männern entwarfen die Naturvölker ihre Initiationsrituale. Ein Mann berichtet:

„Ich habe einmal von einem Ritual gehört, das bei den Aboriginies (Ureinwohner Australiens) durchgeführt wird, wenn die Jungen zum Mannesalter heranwachsen. Bei diesen Stämmen leben Frauen und Männer getrennt voneinander in verschiedenen Teilen ihres Dorfes. Die Jungen leben mit den Müttern bis zu dem Alter zusammen, in dem es Zeit ist, in den Dorfteil der Männer umzusiedeln. So wird der Übergang ins 'Erwachsensein' durch den Umzug von dem einen in den anderen Dorfteil ganz deutlich. Von früher Kindheit an werden den Kindern Geschichten von Göttern und Göttinnen erzählt, die den Stamm mit Nahrung und Unterkunft versorgen und das Leben spenden. Es wird ihnen aber auch erzählt, daß die Götter beim Heranwachsen zum Mann ein Opfer verlangen: Sie äßen das Fleisch der Kinder und ließen nur noch die Knochen übrig, aus denen dann – wie ein Phönix – der Mann geboren würde. Die Jungen glauben also fest daran, daß dies unweigerlich geschehen wird, wenn sie in die Pubertät kommen. Wenn die Zeit des Rituals naht, vergewissert sich die Mutter, daß ihr Sohn alles lernt, was sie ihm fürs Erwachsenenalter ans Herz legen möchte: Auf Körperhygiene zu achten und darauf, wie er gesund und stark bleibt, kurzum ihre ganze Lebensphilosophie. Andererseits bringt sie während dieser Zeit auch ihre Gefühle über den bevorstehenden Verlust zum Ausdruck, sie beginnt, sich zu verabschieden. Wenn schließlich der lang erwartete Tag erreicht ist, wird dem Jungen eine Kappe übergezogen, damit er nicht sieht, was vor sich geht, und er wartet ängstlich in seiner Hütte. Plötzlich hört er Lärm, die Tore des Frauendorfes werden aufgebrochen, Männer dringen schreiend und lärmend ein. Sie schnappen sich den Jungen, werfen ihn über die Schulter und rennen mit ihm davon. Die Frauen jagen ihnen schreiend nach, sie stampfen mit den Füßen, schlagen mit den Fäusten, raufen sich wehklagend die Haare und weinen: 'Oh mein Kind, mein kleiner Junge ist weg, ich werde ihn nie wiedersehen!' Sie können sich nicht beruhigen, denn sie wissen, ihr Kind hat das Heim für immer verlassen. In diesem Moment der Katharsis / Reinigung / Läuterung setzen sie all' ihre Gefühle frei, die viele Eltern in unserer westlichen Gesellschaft bis weit ins spätere Leben mit sich herumtragen. Alle Trauer und aller Schmerz kommen explosionsartig an den Toren des Dorfes zum Ausbruch, und es ist richtig, denn für diese Mutter ist ihr Junge wirklich gestorben. Inzwischen schleppen die Männer die Jungen in den Wald hinaus zu einem besonderen Kultplatz. Den Kindern werden Schaufeln gegeben und jeder der Jungen muß sein eigenes 'Grab' graben. Dieses Ritual wird gewöhnlich in einer dunklen, mondlosen Nacht durchgeführt. Bei Einbruch der Dämmerung verabschieden sich die Männer von den Jungen: 'Wir dürfen nicht hier bleiben. Wenn die Götter kommen, wollen sie ihr Opfer holen und euch auffressen. Der kleine Junge muß sterben. Ihr werdet sie an ihrem Geheule erkennen.' So liegen die kleinen Jungen in ihren Gräbern und lauschen den Geräuschen in der anbrechenden Nacht. Inzwischen haben sich die Männer im weiten Umkreis um die Gräber versammelt. Sie haben Heulkreisel mitgenommen, die beim Herumwirbeln ein furchterregendes Geheul erzeugen. Auf ein Zeichen hin wirbeln alle Männer mit ihren Instrumenten los und ziehen langsam den Kreis um die Gräber der Jungen immer enger. Die Jungen zittern vor Angst und Erwartung in ihren Gräbern. Endlich, wenn die Männer fast über ihnen angelangt sind, springt einer von ihnen in die Mitte des Kreises und entfacht ein Feuer. Und was die Jungen in der Helligkeit des Feuers erkennen, sind erwachsene Männer, die ihnen die Hände reichen und sie ans Licht hinausziehen und ihnen sagen: 'Seht, das sind eure heulenden Götter, Instrumente, mit denen man Krach machen kann! Es gibt gar keine Götter, die euch fressen wollen. Es gibt keine Götter, die uns mit Fleisch versorgen und auch keine, die Wohnungen für uns bauen. Das ist nicht Aufgabe der Götter, wir Männer müssen das tun! Die Götter haben uns erschaffen, das ist alles! Um alles andere müssen wir uns kümmern. Und nun, da ihr das wißt, seid ihr keine Kinder mehr, sondern ihr seid jetzt Erwachsene.' Danach bleiben sie eine Zeitlang zusammen in der Wildnis, lehren die Jungmänner fischen und jagen und die Aufgaben, die die Männer dieser Gesellschaft zu erfüllen haben. Nach dieser Zeit legen die Jungmänner ihre schönen, neuen Kleider an und ziehen freudenstrahlend, begleitet von Trommeln und Zimbeln, wieder in das Dorf ein. Die Frauen begrüßen sie und ein großes Fest mit Gesang und Tanz wird gefeiert, denn schließlich hat das Dorf jetzt mehr erwachsene Männer als zuvor. Dies ist ein Wandlungsritual, das den Übergang in neue Lebensabschnitte feiert."[5]

In ihrem Buch „VisionQuest – Sinnsuche und Selbstheilung in der Wildnis" schreiben Steven Foster und Meredith Little über die Westkraft, eine Medizinkraft (Lebensessenz nach dem Verständnis der nordamerikanischen Naturvölker), die dem jugendlichen Mann zugeordnet wird, folgendes:

„(Die) Unschuld wird zur (durch die) Erfahrung (initiiert). Die Emotionen und Empfindungen der Kindheit werden zum bewußten Gefühl und zur Einsicht des Erwachsenenalters. Im Herbst findet eine Verwandlung vom Vollen zum Leeren statt. Der Westen ist die Kraft der Veränderung, Umwandlung, Umkehrung, ... Die Farbe Schwarz (viele junge Männer tragen schwarze Kleidung, Anm.d.Verf.) wird der Westkraft zugeordnet. Die Sonne der Kindheit geht unter und schwarze Nacht hüllt die Erde ein. Im Westen wohnt die Muttergöttin, Isis, Ishtar, Demeter, Maria, Gaia oder einfach nur die Erdmutter."[6]

Oder auch die Leere, das große unbekannte Loch, aus dem dennoch etwas entsteht. Dort wohnt auch die verschlingende, große indische Göttin Kali und die germanische Mutter Erda, die sogar den männlichsten Gott der Germanen, Odin (manchmal auch Wotan genannt), warnt: „Wie alles war, weiß ich: wie alles sein wird, seh ich auch: der ew'gen Welt Ur – Wala (Urwelle)... Höre! Höre! Höre! Alles, was ist, endet... Ich warnte dich – du weißt genug."[7]

Sie erinnert den Kriegergott und Eroberer der Germanen (und stellvertretend für ihn alle Männer, auch die jungen, Anm. d. Verf.) in Wagners „Rheingold" an den Lauf der Dinge, den ewigen Zyklus des Lebens, die Vergänglichkeit der Macht.

„Mit der Pubertät kommen die hormonellen Veränderungen, die den kleinen Jungen nach innen locken, zur Entwicklung von Selbstbewußtheit, Erinnerung, Gefühl und Seele. Gemeinsam mit dem Körper bilden diese die psychische Plazenta, der der reife Mann entspringt. In den ursprünglichen Kulturen wurde dieser Wechsel vom Sommer des Lebens zum notwendigen Herbst durch gemeinschaftlich entworfene und anerkannte Riten der Initiation in das Mannsein betrieben."[8]

Die Aufgabe der Initiationsmentoren (Leiter der Initiation) besteht darin, dem Jungen zu beweisen, daß er mehr ist als lediglich Fleisch und Blut.

Die Familie könnte hier Hilfe sein, würde sie von initiierten Erwachsenen (Eltern = Älteren) geführt, und nicht, wie so oft, von nur alt gewordenen kleinen Jungen und Mädchen. Welche Eltern wurden schon wirklich auf diese höchste

Reife erfordernde Aufgabe vorbereitet? Wie soll der jugendliche Mann mit den Verantwortlichkeiten des Mannseins zurecht kommen und diese erkennen, wenn der eigene Vater dies nie gelernt hat? Nur zu oft mißachten Männer ihre Pflichten als Vater oder Ehemann und verlieren sich in den dunklen Abgründen von Reue und Schuld.

4. Der ungehörte Schrei in unserer Kultur

Die schmerzlichen Versuche der Selbstinitiation in der zivilisierten Gesellschaft durch Drogen wie Alkohol oder mittels selbstmörderischem S-Bahn-Surfen sind offenbar ein ungehörter Schrei nach Verbundenheit und Ganzheit, aus der der junge Mann durch den Verlust der Kindheit herausfällt. Es ist der Kick, um in die Ekstase zu kommen.

„Je weniger ich schlafe, je weniger ich auf meinen Körper achte, je weniger ich um Hilfe bitte, je weniger ich mich um Ernährung kümmere, je mehr Schmerzen ich ertragen kann, je mehr Alkohol ich trinken kann, je mehr Gefühle ich kontrollieren kann, um so männlicher bin ich."[9] Mit diesem Satz beschrieb Herb Goldberg, ein amerikanischer Männerautor, einmal die männliche Jugend. Ich selbst wäre damals froh gewesen, wenn mir ein älterer Mann erzählt hätte, wie Drogen wirken, was ihr Effekt im besonderen Fall ist und wo die Gefahren und Erkenntnisse liegen. Daß zu einer ekstatischen Erfahrung auch Kraft und Schutz gehören, daß für das Ausprobieren von Drogen am besten ein Platz in der Natur geeignet ist, daß es Innenwelt und Außenwelt gibt und daß die Welt dennoch beseelt ist, daß es verborgene und verbogene Seiten bei Männern gibt, welche Vorteile das Erwachsenenleben hat und welche Nachteile, mit mir zusammen Kondome gekauft hätte und etwas über Sex erzählt hätte.

Natürlich muß ein junger Mann seine eigenen Kräfte und Möglichkeiten ausprobieren können. Er will gut sein und recht haben, ein Held sein und der weiße Ritter. Aber er muß wissen, daß es in ihm auch den schwarzen Ritter gibt, der mit seiner Rechtschaffenheit zerstörend wirken kann. Junge Männer sind wunderbar ehrlich, aber trotzdem unreif und gefährlich wie junge Bären. Kanadier erzählten mir, daß groß gewordene Bärenkinder eine Zeit der Verwahrlosung und Verlorenheit durchmachen. Die jungen, halbstarken Bären irrten dann halb verrückt durch die Wälder, seien ungehobelt, könnten ihre Kraft nicht einschätzen. Sie müßten ihre eigenen Pfade gehen und seien unberechenbar. Als Mensch solle man sich vor ihnen hüten.

Junge Männer leben am Rande der Gesellschaft, wollen die Grenzen überschreiten und die Grenzen der Gesetze der Erwachsenenwelt auf ihre Tauglichkeit überprüfen. Väter sollten nicht meinen, wenn ihre Söhne still sind und nicht zu einer Rabaukentruppe gehören, sei alles in Ordnung. Auch ihr Sohn will das Leben in all seiner Vielfalt, in seiner Schönheit und in seinem Schmerz kennenlernen. Denn nur beide Erfahrungen zusammen ergeben Wachstum. Erinnert sei hier nur an die Geschichte vom stillen, 16jährigen Martin aus Bad Reichenhall, der im Sommer 1999 ein Blutbad anrichtete, indem er plötzlich wie aus dem Nichts vier Menschen erschoß und dann sich selbst.

„Die Pubertät ist ein Biest, ein Dämon – ein furchterregender Zorn, der sich zugehörig fühlen will. Sie ruft tiefe Emotionen hervor, die manchmal aus dem Ruder laufen."[10]

5. Fragen, die jugendliche Männer beschäftigen

- Wozu bin ich geboren?
- Wie komme ich an ein Mädchen ran, wenn ich verliebt bin?
- Wie kann ich Sex mit einem Mädchen kriegen?
- Wie kann ich schöner aussehen und stärker werden?
- Warum muß ich sterben?
- Wer oder was ist Gott?
- Wie ist meine Beziehung zu Gott?
- Ist onanieren o.k.?
- Wie treiben es meine Eltern?
- Wie überwinde ich meine Angst, wenn ich mich fürchte?
- Was machen andere Jungs in diesem Fall?
- Kann ich leben ohne meinen Vater, ohne meine Mutter?
- Ohne Zuhause?
- Warum bin ich manchmal so kindisch?
- Wer sind meine wahren Freunde?
- Wie komme ich zu mehr Geld?
- Welchen Beruf soll ich erlernen?
- Was soll ich wirklich anfangen mit meinem Leben?

- Welchen Mann bewundere ich?
- Was kann ich?
- Was kann ich nicht?
- Warum hilft mir niemand?
- Soll ich auch Drogen nehmen?

Der Leser mag weitere Fragen hinzufügen und an seinen „inneren" jugendlichen Mann denken.

II. Der junge wilde Mann –
Zeit der emanzipatorischen Bewegung

1. Offizier und Schauspieler im Kindertheater

Mit 21 Jahren war ich nach meiner Zeit als Funkoffizier bei den Gebirgsjägern in den Bayerischen Alpen 1971 zum Studium der Theaterpädagogik an die revoltierende Gesamthochschule Berlin gegangen. Ich verkehrte in linken Diskutierzirkeln. Schon damals bereitete es mir unbändige Freude, manche Männer mit meinem doppelten Gesicht, meinen zwei „Männermasken" und in mir widerstreitenden Kräften und Möglichkeiten zu konfrontieren. Manchmal war es mir selbst unangenehm. Ich spürte ja diese Ungereimtheiten, konnte aber nichts daran ändern. Früher war ich Soldat gewesen, aber jetzt befaßte ich mich mit sozialistischer Theorie. Noch schlimmer, ich begann Kindertheater zu spielen. Meine Zeit als Offizier konnte noch als „Marsch durch die Institution", also dem Versuch staatliche Institutionen von innen her zu unterwandern, interpretiert werden, aber Kindertheater? Gerade Männer hatten enorme Schwierigkeiten, dies zu verstehen. Ich selbst spürte die weiche und sensible, aber auch kraftvoll klare und manchmal zu harte „Maske", die unterschiedlichen Seiten des Mannes in mir, die nicht zusammen spielten.

„Darüber spricht man nicht", hieß unser „Spiel vom Liebhaben, Schämen und was sonst noch alles vorkommt". Es war der Renner im Kindertheater der 70er Jahre und wurde von der „Roten Grütze", die ich mitgegründet hatte, einige hundert Male aufgeführt. Noch heute, 30 Jahre später, finden Aufführungen an verschiedenen Bühnen in Deutschland statt. Die Kinder saßen damals auf der Bühne und spielten mit. Das war revolutionär! Bis dahin hatte es in den Theatern nur die Guckkastenbühne gegeben. Wir hatten einen besonderen „Spielraum" kreiert. Die Erwachsenen saßen weiter hinten im Dunkeln und bekamen rote Köpfe. Denn sie erfuhren, was ihre Kinder alles wußten und mußten miterleben, wie sie frei und fröhlich von ihren Erlebnissen auf dem Hinterhof erzählten. Von dem, was sie durchs Schlüsselloch des elterlichen Schlafzimmers erspäht oder sich zumindest zusammenphantasiert hatten, was da wohl mit Mama und Papa vor sich ging.

Auf einem Abenteuerspielplatz in einer ärmlichen Arbeitersiedlung hatte ich die anderen Schauspieler kennengelernt. Sie hatten Erfahrungen im Spiel mit Kindern machen wollen. Ich hatte als zukünftiger Theaterpädagoge die gleichen Überlegungen gehabt. Kurze Zeit später gründeten wir das Ensemble. Als wir dann den großen Erfolg mit dem Stück „Darüber spricht man nicht" hatten, wurden wir von den vielen Wohngemeinschaften eingeladen. Sie organisierten für uns Gastspiele. Für sie waren wir die aufgeklärten Sexkenner. Es war ja die Zeit des sexuellen Aufbruchs. Schamgrenzen fielen glücklicherweise.

Lied aus dem Kindertheaterstück: „Darüber spricht man nicht!"

„Ich schäm mich so, ich schäm mich so
Ich schäm mich, wenn ich pinkeln tu
Ich schäm mich so, ich schäm mich so
Warum schäm ich mich so?

Der Mensch ist ein Mensch, und der Mensch pinkelt froh
Drum schäm dich nicht, drum schäm dich nicht,
drum schäm dich doch nicht so.

Ich schäm mich so, ich schäm mich so
Ich schäm mich, wenn ich schwitzen tu
Ich schäm mich so, ich schäm mich so
Warum schäm ich mich so?

Der Mensch ist ein Mensch, und der Mensch schwitzt sowieso
Drum schäm dich nicht, drum schäm dich nicht,
drum schäm dich doch nicht so.

Ich schäm mich so, ich schäm mich so
Ich schäm mich über meinen Po
Ich schäm mich so, ich schäm mich so
Warum schäm ich mich so?

Der Mensch ist ein Mensch, und der Mensch hat nen Po
Drum schäm dich nicht, drum schäm dich nicht,
drum schäm dich doch nicht so.

Ich schäm mich her, ich schäm mich hin
Ich schäm mich, wenn ich nackig bin
Ich schäm mich hin, ich schäm mich her
Ich schäm mich ja so sehr.

Der Mensch wär kein Mensch, wenn der Mensch nicht nackig wär
Drum schäm dich nicht, drum schäm dich nicht,
drum schäm dich doch nicht mehr."[11]

Die ersten Ideen dazu kamen typischerweise aus Schweden. Die Schweden und Schwedinnen wußten ja ganz genau, was nicht erlaubt war und worüber nicht gesprochen werden durfte. Sie stammten aus einem prüden Land. Letztlich war die Sexwelle ein Ergebnis der anti-autoritären Bewegung, der Hippiebewegung, der Rolling Stones, des Körpertheaters, der Happenings, der Frauenemanzipation und damit eine Antwort auf die Jahrhunderte lange Verteufelung der Lust der Frauen. Vor allem Zärtlichkeit, Kuschelsex und die Erweiterung des Rollenverhaltens von Jungen und Mädchen war Thema. Jungen sollten auch weinen können, was etwas kurzgegriffen fälschlicherweise gleichbedeutend mit „Gefühl haben" assoziiert wurde, Mädchen mal draufhauen dürfen und frech sein, was etwas voreilig mit „Selbstbewußtsein" gleichgesetzt wurde.

Eine Szene aus dem Stück mit Regieanweisungen:
Holger: Jawohl. Mädchen sind eingebildet!
Helma: (nähert sich Günter in gespielter Verehrung männlicher Überlegenheit) Und Jungs sind immer die größten.(Zieht ihn dabei an den Haaren hoch)
Dagmar: (steigt in dieses Spiel ein. Günter schaut dabei immer hilfloser und verlegener drein.) Und die schönsten!
Helma: Und die schlausten! (Streicht ihm dabei über die Stirn)
Dagmar: Und die tollsten! (Kniet vor ihm nieder, wie vor einem Denkmal)
Helma: Und die stärksten! (Zieht an seinem Hemd die Oberarme hoch)
Dagmar: Und die tapfersten!
Helma: (Kniet auch nieder) Und überhaupt die super, superbesten!!
Dagmar: Und überhaupt die super-super-blödesten! (Dabei zieht sie Günter das Standbein weg. Er fällt auf die Nase.)
Günter: Blöde Ziege.
Holger: Mädchen sind zickig.
Günter: Jawohl! Und außerdem seid ihr feige!

Helma: (geht auf Günter los) Woher hast'n das?

Günter: Mädchen sind eben feige!

Helma: (Zieht ihn an der Nase hoch) Na, sag's noch mal, Kleiner!?

Holger: (hinter Helma, gibt Günter ein Zeichen, Helma zu ihm rüber zu schubsen und ruft laut zu Günter) Mädchen sind feige! (Helma dreht sich zu ihm um, und Günter schubst sie zu Holger.) Die lassen sich immer von den Jungs verhauen! (Helma wird von den beiden hin und hergeschubst.)

Helma: Zwei gegen einen – das ist feige! (Inzwischen hat sich Dagmar Holger genähert, stellt ihm ein Bein und Holger knallt der Länge nach hin. Holger bleibt einen Moment lang liegen, heult vor Wut und will auf Dagmar losgehen. Die Mädchen lachen. Günter hält Holger zurück.)

Günter: Komm, laß doch die Weiber! (Holger steht an der Wand, versteckt sein Gesicht und heult.)

Helma: Jungs heulen doch nicht!

Günter: Jungs heulen doch!"[12]

Neben dem Thema über das Rollenverhalten von Junge und Mädchen bzw. von Frau und Mann ging es zentral um spielerische Erotik und um sexuelle Befreiung. Ich kann mich noch erinnern, wie nach einer Kindertheateraufführung der „Roten Grütze" in Berlin Kreuzberg ein 85jähriger ehemaliger Sexualwissenschaftler der Reichianischen Therapierichtung mit seinem Hörrohr Fragen aus dem erwachsenen Publikum aufgriff und dozierte: „Das Wort 'ficken' drückt eher die männliche Stoßkraft in der Sexualität aus, während das Wort 'bumsen' weicher klingt und das Empfangende, die weibliche Seite anspricht." Letztendlich versuchten die Männer in den folgenden Jahren „soft" zu werden, also weich und nett, und das nicht nur im Bett.

Peter Rühmkorf brachte in seinem Buch „Über das Volksvermögen" sexuelles Begriffsvokabular ins Spiel, das bisher nur verachtet und an Stammtischen oder verschämt zu Hause ausgesprochen wurde.

Was vorher Tabu war, darüber wurde jetzt gesprochen, auch Dank des Theaterstücks: „Darüber spricht man nicht".

Es fand aber auch gleichzeitig eine üble Diffamierungskampagne auf politischer Ebene gegenüber unserem Projekt statt. Im Hintergrund tobte der Kampf um den Abtreibungsparagraphen § 218. Hildegard Ham-Brücher von der FDP trat für eine Liberalisierung ein. Der Katholischen Kirche und großen Teilen der CDU paßte dies gar nicht. Es begann im Hintergrund ein ideologischer

Kampf um die neue Leitkultur in Deutschland. Und wir gaben die beste Ziel-
scheibe ab, da wir mit unserem Stück sozusagen auf dem Präsentierteller lagen.
Die einen Lehrer luden uns ein, die anderen wieder aus, weil ein Teil der Eltern
dagegen waren. In Wolfsburg denunzierte uns ein Teil der Lehrerschaft, die das
Stück nie gesehen hatte. Daraufhin stellte uns der Pfarrer die Kirche zur Verfü-
gung, und wir leisteten vor dem Altar des Herrn Sexualaufklärung in burschiko-
ser, ein wenig vulgärer und liebevoller Art. Wir vereinigten das „Heilige" und
das „Banale". Die Gegner hatten fast nie unser Stück gesehen, sondern bezogen
sich auf Gerüchte. Wenn sie dann die Aufführung tatsächlich gesehen hatten,
bedankten sie sich bei uns und entschuldigten sich. Manchmal sogar offiziell in
der Presse.

Wir strahlten eine klare Vision und Lebenslust aus. Jemand mit soviel ehrli-
cher Überzeugungskraft wie wir besaßen, der konnte eigentlich nur Kommunist
sein. Denn die waren ja als fanatische Überzeugungstäter bekannt. Erstaunt
war ich, wie stark auf die ideologische Ebene ausgewichen wurde, ohne dabei
das konkrete Problem vor Ort mit den Beteiligten zu klären. Angst vor Verände-
rung und vor Neuem wurde wohl durch Denunziation, Vorurteile, Abwehr, vor
allem Ideologisieren und Politisieren, manchmal auch durch Intellektualisieren
kompensiert. Das größte Tabu war aber, sich nicht zu einem politischen Lager
zugehörig zu fühlen und das Rechts-Links-Schema zu verlassen. Das galt auch
für die eigene linke Szene. Das hatte ich ja schon selbst erfahren als ich mitge-
teilt hatte, daß ich Offizier bei der Bundeswehr war und jetzt liberales Kinder-
theater machte.

2. Friedensbewegung und erste Gewalterfahrung

Es war eine herrliche Zeit, verrückt, liebevoll, euphorisch mit dem Gefühl des
Aufbruchs zu neuen Ufern. Wir fühlten uns ziemlich unschuldig und machten
uns wohl auch ein wenig selbst was vor. Wir rauchten ab und zu Haschisch und
nahmen LSD. Die Kritik an den autoritären Verhältnissen und die ideologische,
eher theoretische Auseinandersetzung mit dem Faschismus des Hitlerregimes
standen im Vordergrund. Fast alle Männer warfen ihren Vätern Versagen vor.
Fast jeder in der Kulturszene war davon überzeugt, es besser gemacht zu haben
und in den Widerstand gegangen zu sein. Viele waren friedensbewegt.

Wir wollten jede Hierarchie vermeiden. Jeder sollte der Chef sein. Totale Gleichberechtigung war angesagt. In langen Diskussionsprozessen und Vollversammlungen gelang uns dies. Auch in unserer eigenen Wohngemeinschaft. Es gab aber auch handfestere Konflikte. Einmal ging sogar nach einer kleinen Schlägerei das Waschbecken in der Küche zu Bruch. Gegenseitige Sticheleien und subtile Provokationen hatten das Faß zum Überlaufen gebracht. Erstaunlicherweise fühlten sich alle in der Wohnung an dem Konflikt schuldig, auch die, die nicht direkt beteiligt waren. Jeder bezahlte seinen Teil an den Handwerker, der das neue Waschbecken installierte.

Die meisten Gewalterfahrungen wurden verdrängt und dem anderen in die Schuhe geschoben. Vieles wurde mittels einer hausgemachten sogenannten „Küchenpsychologie", das heißt mittels nebulöser Theorien und per verbaler Argumentation auf Parties, durchdiskutiert. Ich selbst hatte mit meinen 25 Jahren enorme Schwierigkeiten, mich abzugrenzen und mal wütend zu werden. Lieber zog ich mir ein Magengeschwür zu. Natürlich gab es eine versteckte Hierarchie. Doch eines Tages kam ich wieder mit der rauhen Wirklichkeit in Kontakt. Neben der Theaterspielerei arbeitete ich am Monatsende nachts als Taxifahrer in Berlin, um mein Studium zu finanzieren. Ich hatte gegen morgen Feierabend gemacht. Ich wollte noch in Ruhe ein paar Bierchen in einer typischen Berliner Eckkneipe trinken und die Aufzeichnung des Fußballspiels vom Vorabend sehen. Ich saß gemütlich in einem Nebenraum. Ein größerer Typ, der auf die Toilette wollte, kam herein, schaltete den Fernseher aus und sagte, daß ihn das störe, daß ich Fußball schaue. Er ging auf die Toilette. Ich schaltete den Apparat wieder ein, war aber innerlich angesäuert. Der Mann kam von der Toilette und drückte in seinem halbbesoffenen Zustand wieder den Aus-Knopf. Ich wollte wieder auf das Fernsehgerät zugehen, da holte er aus, um zuzuschlagen. Ich war schneller und hatte ihn mit einem kleinen heftigen und harten Handschlag zu Boden gestreckt. Ich war erschrocken. Total aufgewühlt. Holte den Wirt. Der Mann blutete an der Lippe. Der Wirt, den ich kannte, überblickte sofort die Situation, da er mich als ruhigen Taxifahrer und auch seinen Gast kannte. Er war nur erstaunt, daß der andere am Boden lag. Denn der hatte öfters über seine Boxkunststücke am Tresen geprahlt, während ich immer noch eher wie ein Hänfling aussah. Der Typ am Boden berappelte sich, kam wieder auf mich zu. Der Wirt wollte dazwischen springen. Der Mann sagte: „Das war ein echt guter Schlag. Hätte ich nicht erwartet. Hast Du Lust auf ein Bier?" Ich lehnte in meiner Unsicherheit dankend ab und sagte: „Ist alles o.k!?" Noch etwas durcheinander verließ ich die Kneipe. Kurze Zeit später an der frischen Luft fühlte ich mich dennoch kraftvoll und klar, sogar gestärkt. Ich hatte mich wohl aus dem „Bauch heraus" in der Kneipe richtig verhalten. Ab dem nächsten Tag schmeckte mir auch das Essen wieder besser. Meine Magenkrämpfe ließen nach.

Je öfter ich als Taxifahrer nachts arbeitete und damit in den verschiedenen Berliner Stadtbezirken über den Tellerrand der damaligen alternativen Kulturszene blickte, sah ich, wie gewalttätig Menschen sein können. Ich erlebte nicht nur wie sich Männer prügelten, sondern wie Nutten ihre Stöckelschuhe mit ihren Stahlabsätzen auszogen und damit harte Macker malträtierten und idiotische Freier voller Gift und Galle zusammenschlugen. Offenbar war das Leben nicht nur „soft", nett und friedensbewegt. Es war auch wild, kraftvoll, gefährlich und gewalttätig, ob ich das wollte oder nicht. Hier das weiche freundliche Element des Lebens und da das harte, schroffe und aggressive, manchmal auch gewalttätige Verhalten der Menschen. Meine Suche ging nach der Zeit beim Theater „Rote Grütze" weiter, ich war 25 Jahre alt. Ich war immer noch jugendlich. Ich beschritt einen Pfad der Orientierungslosigkeit wie ein verwirrter Held. Vielleicht auch wie ein entlaufener Sklave, der seinen inneren Herrn und König sucht. Das Wort Emanzipation stammt ja aus dem Lateinischen und bedeutet witzigerweise soviel wie „sich aus der Hand (des Herrn) befreien". Mir ging es bei meiner Suche immer auch um Sex, aber eigentlich noch mehr um die Frage, was echte Gefühle sind. Ich versuchte, die Mauer zu meinem eigenen Herzen zu durchbrechen. Ich trank damals sehr viel Alkohol und rauchte Haschisch. Beide Drogen setzte ich als Weichmacher ein. Ich versprach mir insgeheim und eher unbewußt mehr Durchlässigkeit in meiner Gefühlswelt. Fast jeden Tag und vor allem die Nächte soff ich in dunklen und verräucherten Kneipen. Erst gegen Morgen kam ich in meine Wohnung zurück, mittags mußte ich zur Theaterprobe, wobei ich dann mehrmals schnarchend einschlief. Ich bekam nicht mit, daß damals schon Anfang der 70er Jahre die ersten Männergruppen entstanden waren.

3. Anfänge der Männerbewegung

Angeregt durch die Studentenbewegung, Friedensbewegung und Frauenbewegung und den damit verbundenen Enttäuschungen und Verunsicherungen begaben sich einige Männer auf die Suche nach Männervorbildern, in denen eine Identität mit politischen Veränderungsansprüchen verbunden werden sollte.

„Diesen Prozeß gingen sie vorerst in einer privaten, intimen und abgeschlos-senen Atmosphäre nach, die vornehmlich gekennzeichnet war durch die Abwe-senheit von Frauen, durch eine Gruppenzahl von acht bis zwölf Männern und durch inhaltliche Vorgaben, die als Ausgangspunkt sogenannte 'Selbstreflexionen' in den Vordergrund stellten. In dieser Auseinandersetzung, zu 'Eigenem' zu kom-men, wurde erschwert, da die Männergruppen der 70er Jahre sich verstärkt an den Vorgaben, Bildern und Mythen der Frauenbewegung anlehnten und es so zu 'Fehlentwicklungen' kam, die heute noch den 'Männerbewegten' anhängen, den inzwischen zur Geschichte gewordenen 'Softies': 'Der Männerkuß mit gleich-zeitigem sanftem Tätscheln ersetzte das Schulterklopfen. ... Ein samtiges Lä-cheln war zwischen die Kiefer geraten und nur durch äußerste Provokation zu entfernen.'"[13]

Männer hatten schon damals anscheinend ein chronisch schlechtes Gewis-sen. Wahrscheinlich, weil sie sich immer noch nicht aus der Umklammerung der eigenen Mutter gelöst hatten, also einfach Schiß hatten, selbständig zu werden und die Frauen wunderbar diese Klaviatur betätigten. Naheliegend war, daß sie ein genauso schlechtes Gewissen hatten wie ihre Väter, denen man Versagen während des Faschismus vorwarf. Ich jedenfalls war auch so einer. Den Unter-schied zwischen Entscheidungskraft, abgrenzender Aggression, vitaler Lebens-energie und Gewalt kannte ich schon gar nicht. Von wem auch? Es waren keine Männer weit und breit, die diese Themen und Unterscheidungen bearbeitet und verstanden hatten. Ich war vollkommen unbewußt darüber, wie ein Jugendli-cher, der versucht, sich von der Kindheit abzulösen. Ich ertränkte meine Ver-zweiflung, diffuse Wut und heimliche Trauer in Alkohol. Meine Seele schrie, mein Herz wollte die Leere des Jugendlichen auf dem Weg zum Erwachsenwer-den nicht spüren. Also tankte ich Sprit (Spiritus). Die Sucht schlug immer öfter zu, die Schläge wurden härter.

III. Der erwachsene Mann –
Ein weiterer Versuch

1. Abstürze und eine verrückte Idee

Ich zog nach Bremen. Ich war jetzt 30 Jahre alt. Eine schreckliche Zeit begann.
Zu allem Unglück hatte ich noch Erfolg als Schauspieler und Kulturmanager.
Ich verstand die Welt nicht mehr. Ich arbeitete viel, war letztlich immer noch
sehr diszipliniert und dabei total unglücklich und wurde innerlich immer leerer.
Mit dem Alkohol versuchte ich, die Mauer zu meinem Herzen durchlässig zu
machen, erstarrte und gefrorene Gefühle aufzutauen. Oft war ich wirklich sturz-
betrunken. Schlief auch schon mal auf einer Parkbank und bekam Halluzinatio-
nen.

Da kam mir eine verrückte Idee. Ich entschied mich, im Knast zu arbeiten.
Ich sagte mir, wenn du lernen willst, die Mauer zu deinem Herzen zu öffnen,
wenn du hinter deinen gepanzerten Brustkorb gelangen willst, wo dein Herz
pulsiert, mußt du dahin gehen, wo Männer hinter Mauern eingesperrt sind, also
ins Gefängnis. Ich vermutete seltsamerweise in meinem wirren Kopf, daß Män-
ner hinter Mauern eher ein offenes Herz haben als Menschen in „Freiheit". Ich
beantragte beim Hamburger Kultursenat ein theaterpädagogisches Projekt zur
Förderung von jugendlichen Straftätern, das prompt von den entsprechenden
behördlichen Stellen genehmigt wurde.

2. Herz hinter Mauern

Als ich das erste Mal in meinem Leben hinter Gefängnismauern war und ein
Wärter das eiserne Tor abschloß, war ich wie befreit. War dies der Schritt über
die Schwelle ins Reich der Finsternis? Was sollte ich hier lernen? Ein Lebens-
elixier finden, wie es ja in der Heldenreise von Joseph Campbell beschrieben
wird? Ich fühlte mich hier wohl. Dieses Gebäude mit seinen Aufsehern reprä-
sentierte etwas, das in mir selbst war. Es war mir vertraut. Dieses Gebäude war
mein Brustkorb, der mein Herz umschloß. Immer wieder wurden Türen aufge-

schlossen und hinter mir wieder zugeschlossen. Es war wirklich wie eine Schwellenüberschreitung. Dieses Eingeschlossensein kannte ich. Dann sah ich die ersten jugendlichen Straftäter, schwere Kriminelle mit Delikten bis hin zu Totschlag, Mord, Vergewaltigung und Geiselnahme. Ich blickte in ihre Augen: tausend Jahre Einsamkeit, Fröhlichkeit, Ehrlichkeit, Verschlagenheit, Frechheit, Verspieltheit, Angst. Mir war klar, daß diese jungen Männer ziemlich üble Taten begangen hatten. Mir ging es um den Kontakt zu diesen Männern, die hier hinter den Mauern lebten. Sie nahmen kein Blatt vor den Mund, waren sehr offen. Sie waren wie kleine Vampire, die vom Leben draußen etwas abhaben wollten. Ich war sehr erstaunt, wie sie sich benahmen. Sie ranzten recht unverschämt die Schließer an. Die Gefängniswärter sahen „verschlossen" aus, als ob sie etwas von sich selbst weggeschlossen hätten. Ich war irritiert und gleichzeitig auch bestätigt. Auf den ersten Blick hatten diese Gefängnisinsassen, die ihre Aggressionen und Grenzüberschreitungen im normalen Leben nicht zügeln konnten, weniger Mauern um sich herum als ich, obwohl sie hinter Mauern saßen. Zu mir waren sie freundlich. Klar war auch, daß sie alle die Gefängnismauern überwinden wollten, also raus wollten und ich, so vermuteten sie, könnte ihnen dabei vielleicht helfen.

Schon am ersten Dienstag, in einer Gruppe von sechs jugendlichen Knackis, bestätigte sich meine Intuition. „Was willst du hier? Erzähl uns bloß nicht, daß du uns helfen willst?" – „Nein, ich will von euch was lernen?" – „Was denn?" – „Das kann ich euch nicht so genau erklären. Aber es stimmt", sagte ich. Sie waren erstaunt und skeptisch, aber sie wurden neugierig, was dieser Verrückte im Knast will. Es stellte sich ziemlich schnell heraus, daß die meisten nicht ganz freiwillig zur Gruppe kamen. Sie hätten sonst in eine „Alkoholgruppe" gehen müssen. Die meisten hatten Straftaten im Rausch begangen, oder Alkohol war zumindest mit im Spiel. Sie forderten mich auf, in meiner Thermoskanne Kaffee mit starkem Weinbrand gemischt mitzubringen. Und das in meinem eigenen alkoholisierten Zustand, in dem ich oft unterwegs war. Ich kam in eine Zwickmühle. Ich war ehrlich. Ich gab zu, daß ich selbst oft soff, ihnen aber trotzdem keinen Stoff mitbringen würde. Außerdem hatte ich Angst, vom Kontrollpersonal erwischt zu werden. Die Folge war, daß fünf Jugendliche nicht mehr kamen. Nur einer blieb, ein Tunesier, Ali. Er war 18 Jahre jung. Er hatte drei Jahre ohne Bewährung bekommen. Das bedeutete, daß er mindestens zwei Jahre absitzen mußte, ohne Bewährung. In dieser Zeit durfte er sich dann allerdings im Knast nichts zu Schulden kommen lassen, sonst würde sich seine Strafe ständig verlängern. Raub mit Geiselnahme lautete die Begründung des Urteils. Tatsächlich hatte er mit drei Italienern in einer Bar bekifft und betrunken randaliert. Einer wollte die Kasse mitgehen lassen. Aschenbecher flogen durch die Luft. Es kam zu einer Schlägerei. Mohammed Ali, wie er manchmal von seinen Freunden in Anspielung auf den berühmten Boxer genannt wurde, „soll", laut Zeugenaussage, „eine Pistole dabei gehabt haben". Einer „soll einen Gast als Geisel beim Rückzug aus der Bar vor sich als Schutzschild gehalten haben." Es kann sein, daß es so war.

Es kam zum Prozeß. Die drei Italiener nahmen sich geschickte Anwälte. Ali hatte einen Pflichtanwalt. Die anderen wurden freigesprochen und Ali, der jüngste, zum Haupttäter erklärt.

3. Theater im Männergefängnis

Da stand er vor mir und zeigte seine neuesten Rap-Kunststücke. Er hatte eine perfekte Körperhaltung, ohne sich zu verkrampfen. Wir fingen an, eine Pantomime einzustudieren. Zur Vorbereitung auf dieses Training trommelten wir eine halbe Stunde im monotonen Takt auf seinen Djembés, die ich ihm von seinem Vater mitgebracht hatte. Wir tauchten gemeinsam in eine andere Welt ein. Ich hatte diese Methode als Tiefenentspannungsmethode im Theater kennengelernt. Durch das monotone Trommeln wird die rechte Gehirnhälfte, die für Kollektiv- und Körperwissen zuständig ist, aktiviert. Die Verstandesorientierung der linken Gehirnhälfte wird relativiert. Die Atmung verlagert sich tiefer ins Zwerchfell. In diesem Zustand entwickelten wir zusammen im Laufe der nächsten Jahre zwei professionelle Theaterprogramme. Das eine hieß: „Eine ganz heiße Nummer". Es war eine Pantomime und wurde von Ali allein vor der Presse im Knast aufgeführt. Der Höhepunkt war, wenn er pantomimisch Mauern um sich herum aufbaute und dann erkannte, daß er rundherum eingeschlossen war. Vier Wände, eine Decke, eine abgeschlossene Tür. Alles stellte er mit Bewegungen der Hände und seinem intensiven Augenspiel dar. Irgendwann öffnete er mit seinen Händen mit großer Anstrengung einen Spalt in der imaginären Wand. Er drückte die Wand und Mauer zur Seite. Seine aufgerissenen Augen sahen die Zuschauer. Er lachte und strahlte und sagte zu den Journalisten: „Guten Tag. Ich bin Ali. Ich sitze seit zwei Jahren im Knast." Verbeugung. Applaus.

Drei Jahre später wurde er entlassen, nachdem er zwischenzeitlich einmal ausgebrochen war und die Mauern vorzeitig überwunden hatte. Er war sehr unsicher. Viele Insassen wünschen sich nichts sehnlicher, als in Freiheit zu sein. Doch oft begehen sie irgendeine Straftat, um wieder da zu landen, wo sie sich auskennen und sicher fühlen, trotz all der Hierarchien und Brutalität. Offenbar sind sie wie zu schnell erwachsen gewordene Kinder oder Männer mit feinem Gespür und viel Leidenschaft, aber ohne Erfahrung im Umgang mit den eigenen Kräften.

Mit Ali hatte ich eine tunesisch-bayerische Comedy für die Zeit seiner ersten Freiheit vorbereitet. Der Titel lautete: „Tunis – Tunix". Muezzingesänge und bayerische Jodler wechselten sich darin ab. Er spielte einen tunesischen Aushilfsmusiker. Roboterhaft, – seine Pantomimefertigkeiten waren inzwischen hervorragend –, diente er einem gerissenen bayerischen Entertainer, gespielt von mir. Am Ende des Stückes befreite er sich (wieder einmal!) und spielte seine eigene tunesische Musik. Leidenschaftlich, präzise und mit viel Herz.

Ich hatte einen jungen Mann unterstützt und selbst viel gelernt. Wir waren insgesamt sechs Jahre zusammen. Für mich war es eine erste unbewußte Mentorenerfahrung.

Mit Wehmut und Trauer denke ich an die Männer hinter Mauern und deren Leidensfähigkeit. Meine Gefühlsmauern waren durchlässiger geworden. Ich konnte tiefer mit anderen Menschen mitfühlen und daher auch besser erkennen, wo ich selbst in meinem Innenleben stand. Für mich war es wie ein kleines Märchen oder eine Heldenreise in der Wildnis der Großstadt. Mein „Drache" der Abgestumpftheit und Zurückgezogenheit war teilweise besiegt worden.

B.
Begegnung mit zwei Initiationsmentoren

I. Es bewegt sich was

1. Ende der Schauspielkarriere auf der Bühne

Anfang der 90er Jahre, ich war knapp über 40 Jahre alt, beendete ich meine Karriere als Schauspieler. Ich hatte die Motivation verloren, auf der Bühne zu stehen.

In einem Buch über Dustin Hoffmann und andere bekannte Schauspieler hatte ich einmal gelesen, daß die meisten Akteure bei Film und Theater „aus einer Verwundung und aus einem Defizit heraus" spielen, das heißt, daß sie nicht ganz freiwillig Schauspieler geworden sind. So wollen und können viele Schauspieler die Welt in ihren faszinierenden, aber auch grausamen Aspekten und damit eine mitunter zwiespältige Realität nur in einem künstlichen Simulationsraum ertragen. Sie wollen Kontakte, Begegnungen und Rollen ausprobieren, die sie im normalen Leben nicht ausleben könnten. Es gibt bestimmt noch andere Theorien über die Motive, Schauspieler zu werden. Mir wurde zu dieser Zeit bewußt, daß ich einen neuen Schritt wagen wollte. Ich, der sich auf der Bühne sicherer gefühlt hatte als im wirklichen Leben. Ich konnte im Theater etwas aus meiner Gefühlswelt zeigen, was ich sonst nie gezeigt hätte. Ich freute mich in meiner Zeit als Schauspieler, daß ich das Herz von Menschen im Publikum berühren und erfreuen konnte. Daß ich sie zum Lachen bringen konnte. Ich genoß den wärmenden und anerkennenden Applaus. Dennoch war ich innerlich sehr unglücklich. Jetzt war ich 42 Jahre alt und fragte mich: „Was mache ich da eigentlich auf der Bühne?" Ich begriff, daß ich mich sogar im Licht (der Scheinwerfer) versteckt hatte.

Ein Kollege beschrieb einmal in einem Interview einen ähnlichen Vorgang:

„Ich hatte also meinen Kindheitstraum bis zu einem gewissen Grade erfüllt: Ich war Star auf der Bühne, hatte meine eigene Truppe, vor einem zweitausendköpfigen Publikum – und das ist der Moment in dem meine Krise aufbrach... Ich hatte gerade eine Folge lustiger Szenen gespielt und das Publikum lachte. Es war eine große Zuhörerschar, und ich mußte das Abebben der Lachsalven abwarten. Ich stand da, schaute auf meine Schauspielerkollegen, und plötzlich schoß es mir durch den Kopf: Was mache ich aus meinem Leben? Ich war damals 35 Jahre alt – was mache ich aus meinem Leben, ich stehe auf der Bühne und bringe die Leute zum Lachen? In gewisser Weise habe ich in diesem Moment vom

Theater Abschied genommen. Ich glaube, ich hatte so etwas wie einen Zusammenbruch auf der Bühne. Ich spielte das Stück zu Ende, automatisch, abwesend. Danach dachte ich darüber nach, daß ich mit meinem Leben und dem, was ich tue, unzufrieden bin und daß ich etwas anderes machen sollte. Dieser schmerzliche Prozeß des Nachdenkens dauerte ungefähr sechs Monate. Ich fühlte, daß das, was ich tat, mich nicht tief in meinem Menschsein berührte. Ich vermißte etwas. Ich fühlte mich als erwachsener Mann, dem etwas fehlt."[14]

2. Schluß mit Alkohol

Zwei Jahre vor dem Ende meiner Schauspielkarriere auf der öffentlichen Bühne hatte ich gemerkt, daß ich eine fast tödliche Allergie gegen den Alkohol entwickelt hatte. Vielleicht ist das Wort Allergie der falsche Ausdruck, aber ich konnte diesen Stoff einfach nicht mehr vertragen. Ich war nicht mehr Herr meiner Sinne, wenn ich nur einen Tropfen zu mir nahm. Meine Ritterquest war in einer Sackgasse geendet. Von einem Mann, der sich Willi nannte und bei einer anonymen Selbsthilfegruppe von Alkoholikern war, erfuhr ich das erste Mal, daß Alkoholismus eine Krankheit ist. Ich hatte zwar auch etwas darüber gelesen, aber richtig verstanden hatte ich es nie oder wollte es auch nicht verstehen. Jetzt war ich anscheinend bereit zu verstehen. Ich hatte Todesangst bekommen. Ich war soweit unten angekommen, daß ich Hilfe annehmen konnte. Später wurde mir klar, daß Männer grundsätzlich mehr Schwierigkeiten haben, Hilfe anzunehmen als Frauen. Offensichtlich hängt dies mit ihrem traditionellen Rollenverständnis als einsamer Cowboy zusammen oder mit der Befürchtung, daß da schon wieder irgendeine Mutter bzw. schräge Mütterlichkeit auf sie wartet. Viele soziale Hilfseinrichtungen sind ja von Frauen besetzt und Männer in einer schweren Krise finden es nun mal natürlicherweise nicht so angenehm, dort auf eine Frau zu treffen.

Ich ging also zu dieser anonymen Selbsthilfegruppe. Mir ging es richtig dreckig. Die meisten der Gesichter der Anwesenden sahen rosig, gut durchblutet und wach aus. Obwohl sie behaupteten Alkoholiker zu sein. Sie bezeichneten sich als trocken oder nüchtern. Aber sie seien immer noch Alkoholiker, also keine Abstinenzler, die den Alkohol verteufelten. Sie berichteten eher darüber, daß sie den Alkohol sehr liebten und vielleicht immer noch gerne zu sich nähmen, aber diesen Stoff einfach nicht vertrügen. Aus welchen fast unerklärlichen Gründen auch

immer. Die Gruppe war offen, man mußte kein Mitglied werden, man mußte nichts bezahlen. Sie erzählten sich nur ihre Lebensgeschichten. Allerdings gab es keine Gegenrede, keine Kommentare oder gar Besserwisserei. Jeder hatte seine eigene Geschichte. Man mußte das, was der andere gesagt hatte als wahr stehen lassen und anerkennen, daß es „seine" Wahrheit war und er auf die Dauer alleine herausfinden und spüren würde, was stimmte und was nicht. Es war eine ungewöhnliche Methode. Es war eine Art rituellen und heilenden Erzählens in einem anonymen Rahmen bzw. Raum. Nur die Vornamen waren bekannt. Ich fühlte mich das erste Mal in meinem erwachsenen Leben wie zu Hause. Seit meiner ersten bewußten Krise als jugendlicher Mann mit 14 Jahren erlebte ich Menschen, die ihre Maske fallen ließen. Die darüber sprachen, wie sie sich wirklich fühlten und wenig doppelbödiges Zeug daher redeten, zumindest was den Alkohol betraf. Es waren Menschen, die ich verstand und denen ich vertraute. Sie waren Alkoholexperten wie ich, hatten eine Menge Erfahrung mit dem Zeug und verteufelten es trotzdem nicht. Sie sprachen eher darüber, daß sie durch ihre anscheinend notwendigen Verirrungen und Abstürze eine Menge über Machtlosigkeit und Hilflosigkeit gegenüber sich selbst, auch bei größtem Bemühen, gelernt hätten. Erstaunlicherweise klangen ihre Geschichten in vielen Teilen so wie meine eigene. Sie suchten etwas und fanden nichts, nur Leere. Diese Leere schütteten sie mit Alkohol zu. Oder sie wollten bestimmte Gefühle ausdrücken und konnten dies nicht. Sogenannte „Nasse" heruntergekommene Alkoholiker, die in die Gruppe kamen, wurden mit den Worten begrüßt: „Schön, daß Du da bist. Daran erkenne ich, woher ich komme und wo ich nicht mehr hin möchte."
Für einen Außenstehenden konnte dies zynisch klingen. Die Worte beschreiben aber nur einen Heilkreis, in den der Neue eintritt und zu dem er dazugehören kann, wenn er will. In diesem Kreis gibt es keine Hierarchie, kein oben oder unten. Jeder der Anwesenden ist nur eine Armlänge weg vom möglicherweise tödlichen Stoff, auch wenn er noch solange trocken ist. Ein zusätzlicher Effekt ist der der Spiegelung. Jederzeit wird das sogenannte „Säufergehirn" eines Alkoholkranken daran erinnert, wach zu bleiben und sich die Realität des Alkoholismus und seine Zerstörungskraft wirklich anzuschauen. Die Heilungskreise sind vermutlich deswegen so erfolgreich (man schätzt, daß sie in Deutschland von ca. 50.000 Menschen besucht werden), weil sie um die wirkliche innere Verwundung des Alkoholikers wissen. Die Experten, die selbst an der Krankheit leiden, sind eine Art verwundete Heiler. Ich erfuhr auch, daß es in den USA reine Männergruppen gab, die sich mit der Alkoholsucht und der Sucht allgemein befassen. Ich las, daß Naturvölker sich schon immer das Prinzip des verwunde-

ten Heilers zu eigen gemacht hatten. Kranke wurden von denen betreut, die die-se Krankheit von innen her selbst kannten. Man nannte sie Schamanen.

II. Gregory Campbell

1. Ein mütterlicher Mann

Nach dem Ende meiner Bühnenkarriere tat ich gar nichts, machte Pause, Urlaub, drei Sabbatmonate. Ich wartete. Ich fragte mich, was mich wirklich berührte und anzog. Ich war ein Macher trotz des Alkoholkonsums gewesen und hatte mir zu wenig Zeit genommen, mich zu beobachten, wahrzunehmen, zu spüren auf meiner MännerQuest, auf meiner leidvollen und abenteuerlichen Suche. Die harte Seite des Mannes in mir hatte Überhand genommen.

„ Was zieht Dich also an, wenn Du nichts tust?" fragte ich mich. Es passierte nichts. Drei Monate lang saß ich in den Cafés, lief umher, wartete wieder. Ich war gespannt, aber es tat sich nichts. Ich tat nichts.

Eines Abends ging ich zu einem Vortrag über Männer und Initiation. Gregory Campbell, Zen-Mönch sprach. Ungefähr 20 Männer verloren sich in dem riesigen Vortragssaal. Greg zeigte Initiationsbilder von Naturvölkern, auf denen zu sehen war, wie ältere Männer jüngere erschreckten, in die Erde eingruben, beschnitten und verwundeten. Er sprach sehr ruhig über verwundete Männer, über die Wunden, die uns unsere Väter, oft unbeabsichtigt zumeist, durch innere oder äußere Abwesenheit oder Gewalt zugefügt hatten. Da er ein groß gewachsener alter Mann war mit grauem Bart und liebevollen Augen, sprach er mich besonders an. Er sah ein wenig aus wie der heilige Nikolaus. Er berichtete über seine Zeit als „Ledernacke", also Marinesoldat der U.S.-Streitkräfte im Pazifik und seine Zeit im Zen-Kloster in Japan. Er war für mich glaubwürdig, ein Mann jenseits von Softie- und Machogehabe. Er reichte ein Heftchen herum, darin stand:

„Die Zivilisation (und damit bezog er sich auf die amerikanische, Anm. d. Verf.), die die Familie vergiftet hat, schafft es nicht ganz, ihre Ältesten auf der Straße sterben zu lassen. Sie sterben im amerikanischen Pflegeheim. Die Altgewordenen, die Familienväter und Greise, sie alle kommen ins amerikanische Pflegeheim, um die Nächte zu überleben. Da sehen wir dann, wie unser 'Nationaler Traum' (the american dream) und das 'Gute amerikanische Leben' (the american way of life) enden. Denn die Familie wurde vergiftet, starb lange bevor diese Ältesten selbst alt wurden."[15]

2. Ein Vortrag über heutige Initiation

Gregory Campbell sagte zur Initiation in seiner ihm eigenen Sprachfärbung mit amerikanischem Akzent:

„Männer brauchen Initiation. Das heißt durch bewußte Unterstützung von Initiationsprozessen kann eine wichtige Entwicklung der Fähigkeiten von Männern eingeleitet werden.

In nahezu allen Kulturen bekamen Männer (in weitaus größerem Maße als Frauen) im Rahmen von Initiationen vermittelt, wie sie ihre vielfältigen Stärken im Interesse ihrer Gemeinschaft verantwortlich einsetzen können. Sie bekamen vermittelt, wo die Grenzen ihrer Handlungsmöglichkeiten sind. Sie wurden aus der Welt des Mütterlichen und der kindlichen Verantwortungslosigkeit herausgenommen und durch ältere Männer an eine reifere und erwachsenere Identität herangeführt. Das Initiationsritual, wie es bei Naturvölkern praktiziert wird, ist aber nur der Beginn eines lebenslangen Weges zur Vertiefung der inneren Reife und Stärke.

Eine erste, ganz praktische Möglichkeit, sich mit initiatischen Vorgängen vertrauter zu machen und neugierig darauf zu werden, kann dadurch geschehen, daß Männer ihr Leben anschauen und sich folgende Fragen stellen:

- Habe ich eine eigene seelische Identität bilden können – unabhängig von meinem Vater, meiner Mutter?
- Trage ich die volle Verantwortung für meinen Schatten, das heißt meine dunklen, unverarbeiteten und verborgenen Seiten?
- Habe ich eine Vision von meiner Aufgabe im Leben?
- Kann ich den tiefen Sinn des Lebens spüren?
- Kann ich meine Vision auch leben?
- Worauf gründet sich, nach meinem eigenen Verständnis, eine glückliche Beziehung, Ehe oder Familie?
- Lebe ich wirklich aus diesem Verständnis heraus?
- Was von mir soll in der Erinnerung mir nahestehender Menschen verbleiben, wenn ich einmal sterben werde?

Männer sollten wissen, daß ein nicht initiierter Mann dazu tendiert:

- den Schatten, also die dunklen, unverarbeiteten und verborgenen, seitens einer Mutter und/oder seines Vaters auszuleben und sich in nicht geringer

Verwirrung und Schmerz an die euphorischen und deprimierenden Phasen seiner Ideen zu verlieren.

- die Trauer um nicht gelebtes Leben zu vermeiden und dadurch sein eigenes Leiden zu verlängern.
- sprachlos und bewegungslos zu sein oder bestenfalls nur ein Roboter, pathetisch erfroren in der Zeit, tot vor dem Sterben.
- unausgereift zu leben.

Männer sollten wissen, daß dagegen ein initiierter Mann:

- in sich selbst ruht und sein eigenes Leben im Rahmen der natürlichen Zyklen akzeptiert wie es ist.
- berechenbar und zuverlässig, spontan und kreativ ist.
- angemessen handelt, wütend wird, wenn es notwendig ist mit klarem, zielgerichtetem Zorn, der fallengelassen wird, sobald der Anlaß vorüber ist.
- sich Kindern mit Weisheit und Einfühlungsvermögen nähert.
- Geschehnisse und Menschen hinnimmt, die er nicht ändern kann.
- den Mut und die Kraft hat, Dinge zu ändern.
- eine mit der Partnerin abgestimmte Sexualität lebt.
- einen Blick auf seine Lebensgeschichte im Rahmen eines längeren Rückzugs in die Wildnis wirft.
- erkennt, daß er Teil eines größeren Ganzen, zum Beispiel der Natur ist.
- fühlt, daß er Teil des großen Lebenszyklus von Geburt, Kindheit, Jugend, Erwachsensein, Alter und Tod ist.

Dann reichte er einen Selbsttest für Männer herum.

Zwölf Aussagen, die man nutzen kann, um sich seiner eigenen verborgenen und verbogenen Seiten bewußt zu werden.

1. Ich bin jugendlich 'ichbezogen' in mein eigenes Bild verliebt.
2. Ich bin gefährlich in meiner Rechtschaffenheit.
3. Ich bin tugendhaft und workoholic.
4. Ich denke in Schwarz-Weiß.
5. Ich bin ehrlich wütend.
6. Ich erleide andere Fehlschläge als früher.
7. Meine Vision ist nur eine fixe Idee im Kopf.
8. Ich vergesse meine gemachten Erfahrungen.
9. Ich will die lebenslange Initiation nicht wahrhaben.

10. Ich bin wieder heroisch geworden.
11. Ich falle in längst vergessene Verhaltensmuster zurück.
12. Ich spüre den Verlust innerer Werte.

Wenn du auch nur zwei Aussagen angekreuzt hast, solltest du dir Unterstützung holen."

3. Wochenenden nur für Männer

Greg in seiner Art war der Auslöser, daß ich mich noch am gleichen Abend für sein Seminarangebot entschied. Seine Arbeit war einzigartig. Sehr liebevoll, männlich und väterlich. Was heißt das?

An den Wochenenden vor Seminarbeginn früh morgens humpelte der sechzigjährige Greg über den Flur und weckte uns erwachsene Männer mit einem wunderbaren Klangschalenton. Das war für mich jedesmal die Botschaft: „Du bist willkommen. Ich wecke dich sanft." Es war einfach das wunderbarste Aufstehen, das ich je im Leben, seit meiner Kindheit, erlebt habe, ein Herzlich Willkommen, ein mütterliches Wecken von einem männlichen Mentor. Er war für mich auf meiner Heldenreise einer, der mir wie magisch Hilfe leistete. Ein Helfer nach all diesen Prüfungen und Drachen, die sich mir im Leben gegenübergestellt hatten.

Das schönste allerdings war, wenn wir unsere Namen sangen. In der großen Runde der Männer sagte ein Mann seinen Namen zweimal, nachdem Greg die Klangschale geschlagen hatte, dann „chanteten" wir einfach den Namen wiederholend dreimal. Dann kam der nächste dran. In vollkommener Ruhe hörte ich meinen Namen von anderen Männern gesungen. Es fühlte sich an, als ob ich in meiner tiefsten Tiefe gerufen wurde, wach zu sein und da zu sein.

Eines Tages nach einer seiner Schwitzhüttenzeremonien sah ich in mir selbst in einer Art inneren Bild ein rosarotes Herz mit einem schwarzen Fleck. Ich war erschrocken. Diesmal war es keine Mauer mehr. Jetzt fühlte ich noch bewußter als damals im Knast, daß mein Herz tief verwundet war. In der Zeit des Alkoholkonsums hatte ich vermutet, daß mit mir etwas nicht stimmte, aber ich verdrängte es immer wieder. Jetzt sah ich dieses rosarote Herz mit goldener Korona und schwarzem Loch direkt in mir. Ich spürte es sogar in meiner linken Körperhälfte. Dann löste sich plötzlich das Herz auf und verwandelte sich in einen rötlich

gefärbten, kitschig-romantisch-idyllischen amerikanischen Canyon, in dem ein
schwarzer Stein schwebte.

4. Die Entstehung einer neuen Schwitzhüttentradition aus alten Wurzeln

Seit ca. 4000 Jahren gibt es Schwitzhütten, seit der Steinzeit also. Wahrscheinlich ist sie aus einer Berghöhle entstanden, die die Cheyenne zur Meditation benutzten.

Die Schwitzhütte ist die wohl ursprünglichste und am meisten verbreitete Zeremonie der Naturvölker der Nordhalbkugel der Erde. Sowohl die Eingeborenen Nordamerikas, Sibiriens und Nordeuropas, die Samen nutzten sie und nutzen sie noch heute. So ist es auch nicht ungewöhnlich, daß sie in Norddeutschland praktiziert wird.

Ursprünglich war sie für die Schamanen als Geisterhütte da, um mit Krafttieren und anderen spirituellen Wesen in Verbindung zu treten. Völker, die nicht nur intellektuell begriffen, daß es Kosmos und Erde gibt, sondern körperlich, seelisch und geistig mit dem Großen Vater Sonne und der Großen Mutter Erde aufs Tiefste verbunden waren. Sie wußten um die Heilkraft dieser Reinigungszeremonie. Sie mußten mit den Naturgesetzen leben und innerlich begreifen. Körper, Seele und Geist, die diesseitige materielle Existenz und die jenseitige Existenz des Sterbens und Vergehens wurden mit Symbolen, Ritualen, Gebeten gewürdigt. Die natürlichen Zyklen, Geburt, Kindheit, Jung sein, Erwachsen werden, Alter und Tod, schwierige Lebensübergänge, Krisen, Entscheidungen wurden mittels der Schwitzhütte ritualisiert. Die vier Elemente Erde, Wasser, Feuer und Luft wurden wie die vier Himmelsrichtungen, ebenso wie die Ahnen mit einbezogen.

Greg wurde oft die Frage gestellt, warum er keine indianischen Schwitzhütten abhalte? Er sagte dazu, daß er nicht fundamentalistisch alte Stammesvölker nachahmen, sondern ihre Kraft, Erfahrung und Hoffnung integrieren wolle. Er wolle dieses Ritual nicht Eins zu Eins übertragen, sondern dazu beitragen, daß etwas authentisch Neues entsteht. Sein Ziel war immer: Reinigung, Heilung, Verwandlung, Reifung und wieder von vorne: Reinigung, Heilung, Verwandlung, Reifung. Seine Schwitzhüttenserie dauerte sechs Monate.

Die Form der Hütte erinnert auch an die Rundungen des Weiblichen, an den schwangeren Bauch der Frau, an die nährenden Brüste der Mutter und an den warmen Schoß der Geliebten. Die Beziehung zur Schöpfung wird bei jedem Betreten und Verlassen des winzigen mit Planen bedeckten Weidengestells bekräftigt, indem man ausspricht: „Für alle meine Verwandten!" Sei es Tier, Pflanze, Stein oder Mensch, alles wird als beseelt geachtet. Auch die Schwitzhütte selbst. Und „Verwandtschaft" meint Seelenverwandtschaft bis hinein in die körperlichen Zellen. Die Wärme, Hitze und triefende Feuchtigkeit in der Hütte entsteht durch heiße rotglühende Steine und Wasser, das darauf gegossen wird. Im Inneren und Äußeren wird die Alchemie von Feuer und Wasser genutzt. Es geht um das große Geheimnis der Verbindung von Kraft und Mut, von Gefühl und Sensibilität bei Männern. Enge und Feuchtigkeit lassen Erlebnisse von Mutterschoß, Geburt, Tod, Wiedergeburt, Einheit und Verbundenheit mit Allem entstehen. Der Muskelpanzer der Männer wird dadurch weicher. Psychologisch gesprochen können danach in einem langsamen und verantwortungsvoll geleiteten Gesprächsprozeß auch alte Verhaltensmuster und Denkmuster leichter zum Thema gemacht werden. Es kann Platz für Neues entstehen. Aber auch Ängste, Sorgen und deren Lösung werden deutlicher. Das Herz öffnet sich. In der Schwitzhütte ist auch der heilende Kreis verborgen: sie ist ein männlicher Uterus, der männliche Kräfte gebiert.

Aus Gregs Sicht soll der Schwitzhüttenplatz ein geschützter und kraftvoller Ort sein. Er kann tief in der Natur liegen, am Rande einer Stadt oder im Garten neben einem Haus. Der Bau soll sich möglichst harmonisch in die Landschaft schmiegen und die Landschaft dadurch nicht verändern. Das Sammeln von Holz und Steinen und das Abfüllen von Wasser in Eimern und Kanistern sollte möglich sein. Für Greg war die Schwitzhütte ein Ort der Begegnung, der Beziehung, der Verbundenheit und Verwandtschaft mit allem. Jeder Mann entschied wie lange er in der Hitze der Schwitzhütte bleiben wollte. Aber wenn er draußen war, dann war er 'geboren'. Er durfte nicht mehr zurück. Die Männer sollten eigenverantwortlich ihre Grenzen einschätzen. Es gab einen liebevollen Raum, um das Eigene zu spüren und zu erkennen. Er gab jedem und allem seine Zeit und setzte auf die langfristige Heilung, die auch Männern möglich sei.

Ein Teilnehmer berichtete:

„Schwitzhütte – dunkel und eng. Dazu kommt Wärme und die Nähe von Menschen. Die Wärme wird zur Hitze. Hände und Beine. Gemeinsames Summen, der Ton trägt mich. Die Hitze ist für mich nicht mehr bedrängend, sondern angenehm. Mein Bauch beginnt zu schmerzen. Ich atme in meinen Bauch und die Schmerzen lösen sich auf. Die Hitze kommt zurück – mein Blut pocht laut in meinem Kopf und mein Körper fühlt sich zum Ausgang hingezogen.

Ich kämpfe mit mir und der Hitze. Ich krabble auf allen Vieren zum Ausgang und ins Freie: die Kälte draußen, es liegt Schnee, das Feuer, das noch brennt, andere Männer liegen im Schnee um das Feuer, nackt.

Ich spüre den feuchten Matsch und atme die klare Luft. Ich bin da! Ja, ich nehme ein Stück Holz und werfe es in das Feuer. Die Flammen leuchten mich an.

Langsam beginne ich mich aufzurichten und habe ein Gefühl der Verbundenheit mit der Natur und den anderen Männern. Ich erinnere mich. Ich werde lebendig."

5. Übung: Ich bin ein Mann, der...

Eine Übung, die er am ersten Wochenende anbot, hieß: Ich bin ein Mann, der... Wir hatten dabei Gelegenheit, über uns selbst und unser bisheriges Leben nachzudenken. Am Ende konnte wer wollte sich mit anderen Männern darüber austauschen.

- Ich bin ein Mann, der...
- Während meines ganzen Lebens...
- Seit meiner Kindheit...
- Eine der Sachen, auf die ich stolz bin...
- Es fällt mir schwer zuzugeben...
- Eines der Dinge, die ich nicht vergeben kann...
- Unter anderem fühle ich mich schuldig, weil...
- Wenn ich mir nicht solche Sorgen um mein Ansehen machen würde...
- Eine der Arten, wie mir andere wehtun, ist...
- Mutter war immer...
- Was ich von Mutter gebraucht hätte, aber nie bekommen habe, ist...
- Eines der Dinge, über die ich mich ärgere...
- Vater war oft...
- Was ich von meinem Vater gerne gehabt hätte, aber nie bekommen habe, ist...
- Was mich beim Erwachsenwerden stört, ist...
- Ein Weg, wie ich mir selber helfen könnte, es aber nicht tue...

- Mit meinem Problem gelingt es mir...
- Wenn ich mich trauen würde, spontan zu sein, würde ich...
- Wenn ich mich trauen würde, meine Meinung offen zu äußern, ...
- Wie würdest Du positiv oder negativ beschrieben werden von Deinem besten Freund...?

6. Geister und Archetypen

Jeden Monat trafen sich ungefähr 20 Männer am Wochenende. Freitagabends war die erste Runde zum Kennenlernen und Erinnern an das, was in der Zwischenzeit erledigt worden war und was nicht erledigt werden konnte. Am Samstagabend fand die Schwitzhütte statt. Am Sonntagmorgen fand der Austausch darüber statt, was während des Rituals erlebt wurde. Unsere Themen waren: Aggression, Kindheit, Tod, Beruf, Sex, Liebe, Gewalt, Krankheit, Stärken und Schwächen von Männern und vieles mehr. Für die Zwischenzeit gaben wir uns selbst Aufgaben, die bei Nachfrage durch Greg ergänzt wurden. Er schickte dann das entsprechende und aus seiner Sicht dazu passende Informationsmaterial jedem Teilnehmer per Post zu.

Wer zur Schwitzhütte kam, mußte eine für ihn wichtige Frage mitbringen. Etwas, mit dem er sich als Mann schon länger auseinandersetzte und was ihm förmlich unter den Fingernägeln brannte. Greg wollte nicht irgendwelche Geister heraufbeschwören und mit irgendwelchen diffusen Krafttieren arbeiten. Nur manchmal, wenn es ihm wirklich angemessen erschien, wurden ganz bestimmte Geister – wie die Naturvölker sagen oder wie C. G. Jung sagt – Archetypen, das heißt Urbilder oder Urkräfte angerufen. Dies waren: Krieger, Liebhaber, Magier und König oder in der gleichen Reihenfolge: Feuer, Wasser, Erde und Luft oder Frühjahr, Sommer, Herbst und Winter. Wesenheiten, die auch gewisse Lebensprinzipien und Qualitäten repräsentierten. Die Grundarchetypen des Mannes waren ihm immer wieder am Wichtigsten: der Liebhaber, der für Gefühl und Sinnlichkeit des Körpers steht, der Magier, der Sinnbild ist für die Fähigkeit zur Innenschau ins Dunkle, der König, der Erwachsensein und Verantwortung repräsentiert und der Krieger, der Mut und Kraft besitzt, um sich abzugrenzen. Sein eigener Schwerpunkt lag beim Liebenden und beim Magier, also beim Gefühl und der Innenschau und Meditation. Aber auch bei der Wahrnehmung des Dunklen und des Schattens, also der verborgenen Seiten der Männer. Er achtete jedoch immer darauf, daß ein persönlicher Bezug und die Verantwortung des einzelnen Teilnehmers erhalten blieb. In hierarchischen Stammeskulturen hatte dieser Vorgang aus seiner Sicht eine andere Dynamik, nämlich die der Machtdemonstration und der Belehrung. Er wies darauf hin, daß totalitäre Systeme üblicherweise auch mit solchen Kräften arbeiteten. Zumeist jedoch sehr unbewußt, mißbräuchlich, konfus und verdreht. Seiner Meinung nach waren Archetypen lebendige Energie-Muster des Verhaltens, die endlos aktiv sind unter- oder oberhalb der typischen Bewußtseinsebenen, welche die Menschheit bisher erreicht hat. Er bezog sich dabei auf den Tiefenpsychologen C. G. Jung.

Wenn man einen Menschen länger beobachtet, trainiert ist und einen guten Blick für die Energieladung des Körpers hat oder ihn spontan mit etwas Überraschendem konfrontiert, sei es etwas Liebevolles oder etwas Unfreundliches, kann man die archetypischen Haltungen erkennen, die bei diesem Menschen aktiv und in seinem Charakter verborgen sind. Filmschauspieler werden so ausgesucht, wenn sie bestimmte Rollen „authentisch" spielen sollen. Ihre persönlichen Ausdruckskräfte sollen genutzt werden. Wir kennen Reste aus unserem Sprachgebrauch: die feurige, temperamentvolle Persönlichkeit, die gefühlvolle Person, die „nahe ans Wasser gebaut ist", der erdige Typ, der uns an einen ruhigen, kernigen Typen erinnert und der berühmte, phantasievolle Luftikus. Zumindest zeigt dieser Mensch auf den ersten Blick diese oder jene Seite. Die anderen Archetypen stehen im Hintergrund oder bleiben gänzlich unterentwickkelt, können aber in großen Krisen mit Macht hervorbrechen. Wichtig zu wissen ist aber, daß jedes dieser archetypischen Muster bipolar ist, das heißt, es hat nährende und zerstörerische Anteile und kann aus dem Gleichgewicht geraten. Aus dem Krieger wird ein Mörder, aus dem Liebenden ein Liebessüchtiger, der nicht „nein" sagen kann, aus dem Magier ein Schwarzmagier und aus dem König ein Tyrann. Jeder dieser Archetypen kann in den „Schatten" fallen, das heißt seine negative Seite hervorkehren.

7. Gewalt, Trauer und Ekstase

Dennoch war Greg nicht so perfekt, wie ich es erhofft hatte. Er hatte einige Schwierigkeiten, sich in der bundesrepublikanischen Gesellschaft der 90er Jahre zurechtzufinden. Vielleicht war er zulange im Zen-Kloster gewesen. Er hatte sich wohl sehr bewußt eigene Prüfungen auf seiner männlichen Lebens- und Heldenreise ausgesucht. Als eingeschworener traditioneller Zen-Mönch lebte er von der Hand in den Mund und pilgerte durch die Welt. Er war ein wirklicher Bettelmönch zu dieser Zeit. Da, wo er seine Arbeit machte und seine Seminare leitete, erbat er sich freie Kost und Logis. Also wohnte Greg bei mir, als er mein Mentor über mehrere Jahre war. Auf losen Blättern schrieb er seine Texte über Männer. Kopien seiner Arbeitspapiere legte er mir stumm auf einen Stuhl in der Küche und überließ sie mir zur freien Verwendung. Manchmal wurde ich allerdings auch wütend. Denn er pflegte eine Art Erfolgsdepression. Wenn er Erfolg hatte und seine Vorträge und Seminare besser liefen, zog er sich zurück und verfolgte die Aufwärtsspur nicht weiter. Seinen Vater bezeichnete er als lieb, aber schwach. Greg gab mir und anderen Männern ungeheuer viel an Erfahrung, Wissen und männlicher Liebe. Er war gütig, liebevoll, stark, tolerant, warm und herzlich. Er war einfach und spielerisch. Er machte höllisch gute Witze über sich selbst und hatte für jeden Verständnis. Er war die Güte schlechthin. Mit seiner Krücke humpelte er oft gelassen durch die Straßen Bremens und schaute sich das hektische Treiben an. Wir saßen draußen an der Weser oder im Café, unterhielten uns im wahrsten Sinne des Wortes über Gott und die Welt, über den besten amerikanischen Ketchup und deutsche Namen für Kartoffelsorten.

Damit Männer sich von Gewalt befreien können, müssen nach Gregory Campbell ihre Körper lernen, Ekstase zu leben und ihre Seelen, Trauer zu empfinden. Die Zahl der Männer und Väter, welche physisch ihre Frauen und Kinder mißhandeln, ist seiner Meinung nach erschütternd. Wer den Mut hat, dieser Realität ins Auge zu blicken, könnte zum Schluß kommen, daß der Dritte Weltkrieg bereits begonnen hat. Obwohl das Ausmaß männlicher Gewalt in der heutigen Welt überwältigend ist, gibt es nach seiner Ansicht zwei Schlüssel zum Verständnis: Ekstase und Trauer. Ekstase grenzte er klar gegenüber Euphorie ab, als einem Gefühl des Fliegens und Abhebens. Er verstand Ich-Hingabe und Selbstvergessenheit darunter. Trauer kennzeichnete er erstaunlicherweise mit dem alten deutschen Wort Gram. Wenn heranwachsenden jungen Männern die Gelegenheit genommen werde, kraftvolle Ekstase zu erforschen, werden sie als erwachsene Männer dazu neigen, Gewalt auszuüben, in der Hoffnung, auf diesem Weg Ekstase zu finden. Militärische oder paramilitärische Gruppen böten Männern die Möglichkeit, sich gemeinsam mit anderen Männern zu entwickeln, zu erproben und so vielleicht die Aufnahme in einen „inneren" Kreis von Männern zu finden; sie böten Männern eine Gelegenheit für eine Art Initiation und Einweihung in männliche Identität. Klar sei, daß diese Art der „Initiation" entstellt und unbewußt bis zu einem gewissen Grad sogar bösartig ist. Trotzdem übe eine mögliche Initiation in einen inneren Kreis scheinbar mächtiger Männer eine Anziehung auf die Seelen junger Männer aus, die oft unwiderstehlich ist. So erkläre sich auch die wachsende Popularität von Neonazis und ähnlichen Gruppen. Männer werden immer Initiation suchen, sagte er, und in unserer Gesellschaft, in der nahezu keine bewußte Initiation ermöglicht wird, stolpern sie in die Fallen pervertierter oder unbewußter Initiation. Bewußte Initiation in das Mannsein, so wie sie von Naturvölkern bis heute praktiziert wird, sei vollkommen lebensbejahend und verpflichtet die Männer darüber hinaus, für die Dauer ihres gesamten Lebens ihre männliche und menschliche Reife zu vertiefen. Obwohl unsere Gesellschaft den Wert und die Notwendigkeit bewußter Initation für Männer vollkommen vergessen habe, schreie die Welt nach Männern, die bewußt daran arbeiten, reife und mitfühlende Menschen zu werden.

Er schrieb ein Gedicht dazu:

„Männer müssen in die Asche hinein.

Sie müssen die doppelte Tragödie beklagen, da im Falle der meisten Männer ihre Mütter starben kurz nachdem sie geboren wurden und ihre Väter niemals glaubwürdig existierten. Männer müssen erst lernen, Tränen zu vergießen in Gegenwart anderer Männer und so die Wunden heilen, die sie erlitten. Danach können sie erst die Fähigkeit erlangen, in Gegenwart von Frauen zu weinen und so die Wunden heilen, die sie verursacht haben.

Dies ist der wahre Pfad männlicher Mannhaftigkeit."

9. Der Mentor als Kajaklehrer

Greg und ich spielten öfter ein Spiel mit bunten Steinen. Unter anderem ging es um Mut, dem anderen in Liebe zu sagen, was einem bei ihm störte. Also einen Versuch, das Kriegerische mit dem Liebenden zu verbinden. Danach mußte man sich sogar noch für das Gesagte bedanken. Ich war an der Reihe und sagte, daß es mich störe, wenn er mein Badezimmer manchmal schmutzig mache. Er bedankte sich. Danach sagte er, daß ihn erstaune, daß ich soviel Angst vorm Tod habe. Ich bedankte mich. Vielleicht war es ein gutes Spiel. Ich hatte mit Platzpatronen geschossen, er mit scharfer Munition. Er hatte sich an die Zeit erinnert, in der ich mit einer schweren Augenkrankheit im Krankenhaus lag und die Mög-

lichkeit bestand, daß ich auf beiden Augen blind würde. Ich hatte ihm damals einen Brief aus dem Krankenhaus geschrieben:

„Lieber Greg!

Mein rechtes Auge konnte noch zu 40% erhalten werden. Gott sei Dank! Gott sei Dank? Dank?!

Ich habe das Gefühl, daß ich noch ganz gut sehe. Ab und zu kippe ich den Tee neben die Tasse, aber wenn ich meinen Kopf drehe, klappt das schon. Also mehr Flexibilität aufbringen. Meine Füße tasten mehr den Boden ab. Mehr Bodenhaftung, nicht mehr soviel in die Luft gucken. Seele an den Füßen haben, sagen die Ballettänzer. Heute morgen meinte der Chefarzt, daß doch eine Computertomographie des Gehirns gemacht werden sollte. Als ich später aus dem Fenster schaute, sah ich zerfallende Häuser, Grashalme auf den Dächern und schwarze Vögel, die unter dem Dach einzogen.

Meldest Du Dich mal?

Herzlichen Gruß Reinhold“

Bevor ich den Brief abschickte, rief ich in meiner Todesangst Greg noch am gleichen Abend aus dem Krankenhaus mit tränenerstickter Stimme an. Ich fühlte mich wie an einem Abgrund und hatte Angst, in ein schwarzes Loch zu stürzen. Als ich ihm erzählte, daß es keine guten Nachrichten mehr gebe, sagte er mit ruhiger und liebevoller Stimme: „Atme! Atme einfach!“ Ich tat dies und wurde ruhiger.

Ich kam wieder mit meinem Körper und meinen Lebensgefühlen in Kontakt. Er hatte in meiner gepreßten Stimme erkannt, daß ich von meinen wirklichen Gefühlen abgeschnitten war. Der Horror war im Kopf. Ich war nicht mit meinem ganzen Körper verbunden. Greg führte mich als Mentor durch dieses schwarze Loch so souverän, wie mein Kajaklehrer einige Monate vorher mich, einen paddelnden Anfänger, durch das sogenannte „Schwarze Loch“ im Vorderrhein in der berühmten Alpenschlucht bei Versam in Graubünden geschleust hatte. Dicht hinter meinem Lehrer flitzte ich damals mit Schwung durch die Wellen hindurch, die über mir zusammenschlugen. Ich hatte mich von den Wassermassen einfach mitreißen lassen, nirgends blockiert, die Bewegung des tosenden Gebirgsflusses voll mitgenommen, weitergepaddelt und weitergeatmet.

Nach der Unterstützung durch Greg glaubte ich, mehr zu verstehen, warum Frauen vor der Geburt so intensiv Atemübungen machten.

10. Initiation, der Atem und der Tod

Der Mensch kann fünf Wochen, ohne etwas zu essen, fünf Tage, ohne etwas zu trinken, aber nur fünf Minuten, ohne zu atmen, überleben. Jeder Mensch atmet 24 Stunden am Tag. Mehr Freiheit im Atmen bedeutet mehr Freiheit im Leben. Alle geistigen Prozesse sind nur durch Sauerstoffverbrennung möglich.

„Das Atmen ist die einzige vegetative Funktion des menschlichen Körpers, die sich willentlich beeinflussen läßt. Chronische Einschränkungen im Atmen sind das Ergebnis von Fehlern, die ständig wiederholt werden. Entspannt sich ein Mensch ohne Bewußtsein und Willen, so gleicht dies einem Erschlaffen oder einem Kollaps.

Wir können das richtige Atmen allerdings bewußt üben und es zu einer guten Angewohnheit machen. Die meisten Menschen, vor allem Männer, nutzen ihre Atemkapazität nur zu einem Drittel. Sie atmen so, als ob sie einen Wagen mit Achtzylinder-Motor nur auf drei Zylindern fahren und dazu noch die Handbremse angezogen haben. Der Grund dafür: Selbst Fehler fühlen sich vertraut an, wenn sie 10.000fach wiederholt wurden. Und Vertrautheit suggeriert Sicherheit. Jede Störung im freien Fluß des Atems ist die Reflexion einer unverarbeiteten, lebensbedrohlichen Erfahrung.

Der Atem verbindet alle Erfahrungen zwischen Geburt und Tod. Bei jedem Einatmen wiederholen wir die Geburt, und mit jedem Ausatmen ahnen wir den Tod voraus. Der freie Fluß des Atmens löst Einschränkungen auf und verarbeitet die gespeicherten unbewußten Eindrücke. Kommunikation findet nur zum kleinsten Teil durch Reden statt. Die Sprache transportiert nur kodierte Informationen, unsere Ausstrahlung dagegen vermittelt unser Wesen. Die Ausstrahlung entscheidet, ob unsere Informationen den Empfänger erreichen oder nicht. Der Atem ist der Schlüssel zur Ausstrahlung. Einerseits beeinflussen Qualität, Art und Zustand unserer Beziehungen die Qualität unseres Atems. Andererseits wachsen die Direktheit, Authentizität und Offenheit unserer Kommunikation aus der Fülle und Tiefe des Atemvorgangs. Der Atem ist immer auch Spiegel unserer Beziehungen.

Auch wenn es meistens nicht wahrnehmbar ist, findet der größte Teil des Atmens nicht in uns selbst, sondern im Raum unserer Beziehungen statt. Je tiefer der Atem, desto größer der Austausch. Dies wird gerade im Liebesakt sehr deutlich.

Der Atem verbindet uns mit allen Wesen und ist das Medium für Verständnis und Mitgefühl. Das wichtigste Ereignis im Leben eines Menschen ist meiner Ansicht nach der Tod. Im Moment unserer Zeugung ist es gewiß: Wir werden früher oder später sterben. Jeder von uns weiß, daß unser Körper irgendwann nicht nur aus Müdigkeit schwächer wird, sondern darüber hinaus bis zum Punkt völliger Bewegungslosigkeit geht. Und wir leben alle in einer Gesellschaft, die wenig oder gar keinen Wert auf die größte Initiation legt, die uns Menschen gegeben ist. Die Möglichkeit eines bewußten Todes.

Im Mittelalter, das genauso wie die heutige Zeit von Konfusion und unnötigem Leid geprägt war, hatten unsere Vorfahren zumindest teilweise ein Verständnis für die Bedeutung und Tiefe eines 'guten Todes'. Was sie nicht wußten, war, daß ein guter Tod der täglichen Übung bedarf."[16]

11. Der rituelle Raum – Theater und Heilungsarbeit mit Männern

Bald begann ich Gregs Erfahrungen und Wissen mit meinen Erfahrungen und Wissen als Theatermann zu vergleichen. Als Schauspieler wollte ich immer, ob alleine, im Duo oder im Ensemble eine besondere Art von „Spielraum" schaffen. Schon damals bei der „Roten Grütze" hatten wir die Guckkastenbühne, also die klassische Konstellation – unten das Publikum im Saal, oben die Schauspieler auf der Bühne – durchbrochen und ebenerdig zwischen den Kindern Theater gespielt. Wir begriffen uns eher als Mitspieler und weniger Vorspieler oder Schau-Mir-Zu-Spieler.

Nach Gregory Campbell sollte jeder Mann, der mit anderen Männern Heilungsarbeit machte, auch wissen, wie er einen „Raum" erschafft. Er nannte diesen Raum nicht „Spielraum", sondern „Raum ritueller Beziehungen" (im weiteren Verlauf des Textes schreibe ich diesen Begriff ohne Anführungszeichen). Wie man darin handeln muß und wie man diesen heiligen und heilsamen Raum erschaffen kann. In einem solchen Raum entsteht seiner Meinung nach eine sehr intensive Verbundenheit in der Gruppe. Dadurch ist schnelles Lernen möglich. Heilendes Wachstum geschieht. Aus meiner Sicht entsteht so etwas wie „unsichtbares" Theater, in dem persönliche Rollen erweitert oder verändert werden können. Priester sollten ja eigentlich, nach Greg, der Religionswissenschaften studiert hatte, auch in der Lage sein, solche Räume zu kreieren. Dennoch können sie es meistens nicht, da ihre Erforschungsmöglichkeit dessen, was dieser Raum wirklich bedeutet, durch ihre dogmatische Lehre über das, was Religion, Glauben und Leben ist, erstarrt ist. Kann es sein, daß Menschen deshalb bereit sind, hohe Preise für Konzerte und Theater zu bezahlen, auch in der Erfahrung des Raumes, welcher durch die Darstellungskünste der Schauspieler, aber auch durch die eigene Imagination und die Imagination des gesamten Publikums geschaffen wird? In einem solchen Raum können die rationalen Verstandesanteile der Anwesenden schmelzen. Sie tauchen in eine andere Welt ein, wie Ali und ich damals im Männergefängnis beim Theaterspielen mittels der Trommelrhythmen.

Es ist erstaunlich, wie in einem solchen Raum, der achtsam und liebevoll gestaltet wird, eine heilende und intensive Atmosphäre entsteht. Wir erlangen ein anderes Bewußtsein von uns selbst. Wir kommen zu einem tieferen menschlichen Verstehen. Wir blicken hinter die alltäglichen Erscheinungen. Wir fühlen, spüren und empfinden dann die primär wirkenden Impulse von Interaktionen und die Pulsation und den Rhythmus des Lebens.

Seit ich mich mit diesen Gedanken um den rituellen Raum beschäftigt hatte, fragte ich mich bei der Seminarvorbereitung:

- Was ist meine Motivation, einen solchen Raum zu erschaffen?
- Was will ich erreichen?
- Bin ich bereit, all meine Aufmerksamkeit der Gruppe zu geben?

Ich habe festgestellt, daß auch Schwierigkeiten beim Erzeugen eines solchen Raumes auftreten können. Denn dieser Raum braucht das zeitweilige Aussetzen des rationalen Verstandes. Dies macht normalerweise Angst. Angst ist ein universales und auch notwendiges Gefühl in Individuen und in der Gemeinschaft, und diese Stimmung ist dann im rituellen Raum spürbar. Positiv gesehen hat Angst mit dem Archetypus, also einer ursprünglichen und grundlegenden Verhaltensweise des Magiers, Zauberers und Hexers im Mann zu tun. Angst ist ein tiefes Grundgefühl, das uns im Dunklen wach macht, sensibilisiert und führen kann; dann, wenn wir mit den normalen Sinnesorganen nichts mehr sehen oder Dinge mit dem Verstand nicht mehr richtig einordnen können. Der Mentor muß erkennen, wo Angst lähmt, wo sie überwunden werden kann und wann sie wach macht. Viele Männer glauben, daß Angst unmännlich ist und wehren sie sehr schnell als unangenehmes Gefühl ab. Sie verlieren auf die Dauer immer mehr den Kontakt zu diesem lebensnotwendigen Grundgefühl. Alkohol ist zum Beispiel hervorragend geeignet, um Angst zu verdrängen. Ein Mentor sollte die mentale Stabilität und die psychische Erfahrung haben, um mit diesen Kräften und Archetypen zu arbeiten. Wenn er genug Erfahrung in der Schaffung von Raum hat, ist es möglich, Angst zu benutzen, um einen besonderen Raum zu schaffen. Die Verantwortung ist dann sehr groß. Ein ritueller Raum kann natürlich auch über Entspannung, Vertrauen, Zuwendung, vor allem Stille und ruhige strukturierende Hinweise geschaffen werden. Dann sind andere Qualitäten des Mentors gefragt. Zum Beispiel eine Haltung der Ruhe, königliche Gelassenheit und Souveränität. Oder der liebevollen Anteilnahme und des Verstehens für die Konflikte des Teilnehmers. So oder so hat Raum aus Gregs Sicht eine sehr empfindliche Architektur. Jeder kann einen Raum zerstören, indem er etwas Unangebrachtes tut. Er kann den Raum auch mißbrauchen, indem er unangemessen viel Aufmerksamkeit auf sich zieht. Zeit und Ort für einen Raum müssen gut gewählt sein. Das Tempo und den Rhythmus bestimmt der verantwortliche Leiter. Meistens sind die Leiter am Anfang zu schnell mit ihren Anweisungen. Andererseits kann sich das Tempo zu sehr ziehen. Dieses Problem kennen alle Schauspieler und auch die Zuschauer im Theater. Das Wichtigste aber, was beim Einsetzen von Raum als Mittel zur Durchführung eines heilenden Rituals beachtet werden muß, ist, daß die Aussetzung des rationalen Verstandes als Tod erfahren wird. Das bedeutet, daß vor allem Männer, da besonders sie kulturgeschichtlich mit der Tabuisierung des Todes belegt sind, enorme Angst bekommen. Es ist die Angst vor der Vernichtung. Sie erscheint als ein Gefühl der Auflösung. Die meisten Naturvölker kennen dagegen verschiedene Rituale des sich „In-den-Tod-stürzen" und den dabei ausgestoßenen Todesschrei. Diese Hingabe und die Fähigkeit zur Eingliederung in den Stamm mit seinen Traditionen und Mythen ist das eigentliche Ziel, der wahre Hintergrund beim rituellen Sprung vom hohen Baum. Gesichert sind die Initianden nur mit einer Liane. Die jungen Männer sollen den sogenannten „Alten Männern" blind vertrauen lernen. Für uns Mitteleuropäer ist dieser Anspruch unvorstellbar. Leider werden bei uns diese Rituale (Bungeespringen etc.) zur individuellen Aufwertung, sprich Angeberei benutzt. Der ursprüngliche, tiefere Sinn dieser Rituale wird verdreht. Die Akteure des Bungeejumping verdrängen soweit wie möglich die Angst und holen sich einen Adrenalinkick. Im Märchen erscheint übrigens dieser Sprung in den Tod oft als Fallen in einen tiefen Brunnen.

Ein Mentor muß also wissen, was es wirklich bedeutet, „sich in den Tod zu stürzen". Er muß wissen, daß labile Personen dieses Ritual nicht durchführen sollten, da sie diese intensive Erfahrung nicht heil durchstehen können. Psychologen benutzen dafür den Begriff der Dekompensation, d. h. daß verdrängte Verletzungen und Verwundungen zu schnell an die Oberfläche des Bewußtseins dringen können. Der Teilnehmer wird dann regelrecht von Gefühlen überflutet, wenn er eine zu wenig gefestigte Persönlichkeit besitzt.

Wenn der Mentor allerdings liebevoll, vorsichtig und erfahren ist und alle Regeln (siehe Kapitel Mentorenregeln) beachtet, kann er einen Raum erzeugen, der heilig wird im Sinne von heilend.

12. Das schwarze Loch im Herzen

Ich hatte damals furchtbare Angst bekommen, als ich nach einer der Männerschwitzhütten dieses rosarote Herz mit goldener Korona und schwarzem Loch direkt in mir sah und in meiner linken Körperhälfte spürte. Dann hatte sich, wie beschrieben, das Herz plötzlich aufgelöst und in einen rötlich gefärbten, kitschigen, amerikanischen Canyon verwandelt, in dem ein schwarzer Stein schwebte.

Während der Männerwochenenden mit Schwitzhütten bei Greg hatten wir öfters darüber gesprochen, daß es wichtig sei, ab einem gewissen Alter, etwa ab 35 Jahren, daran zu denken, daß man einmal sterben wird. Das Leben also auch einmal als begrenzt zu begreifen und „vom Tode her zu denken". Ich erinnerte mich bei diesen Übungen an den frühen Tod meines Vaters. Mehr jedoch an seinen frühen Rückzug aus dem Leben und sein ständiges Schlafbedürfnis. Vielleicht hatte er einfach auch Angst, weil er herzkrank war? Oder mußte manchmal schlicht seinen Rausch ausschlafen? Unbewußt fing ich an, meine eigene Lebenskraft zu bremsen. Ich erhielt sozusagen keine formende Unterstützung in den ekstatischen Zeiten meiner frühen Jugend. Stück für Stück übte ich dabei anscheinend unbewußt ein, meine Lebenskraft zu bremsen.

Jetzt war ich 43 Jahre alt und schrieb an einem Schwitzhüttenwochenende mit Greg im Rahmen der Übung „Das Leben vom Tode her sehen" meinen eigenen kleinen Nachruf auf einen imaginären Grabstein: „Hier ruht ein Mann, der sein Leben nicht gelebt hat. Er starb vor seinem Tod aus zu großer Angst vor dem Leben."

Wie kam ich aus der übergroßen Angst, die als Angst vor dem Tod erschien, heraus? Meine Gedanken drehten sich im Kreis.

III. John Bellichi

Bellichi, ein Amerikaner italienischer Abstammung, der Kunst, orientalische Medizin und Philosophie studiert hat, machte seinem Name alle Ehre. Bellichi kann auf die italienischen Wörter „bellicista – Kriegshetzer", „bellicoso, belligero – kriegerisch" oder „bellico – der Nabel" zurückgeführt werden. In seiner internationalen Tätigkeit als Seminarleiter jedenfalls brachte er die Sachen nicht nur auf den Punkt und ins Zentrum, sondern polarisierte durch seine Thesen die Gesellschaft bis hin zu tätlichen Angriffen auf ihn und seine Seminare. Die einen haßten ihn und bezeichneten ihn als faschistoid, die anderen waren von ihm begeistert. Daß er sich mit Design beschäftigt hatte, machte ihn in der politischen Szene zusätzlich verdächtig. Er bekannte sich dazu, Managementseminare zu leiten. Auch das war für einen Teil der „Männerbewegten" zuviel. Ein Gerücht ging um, daß er sogar Militärs beraten haben soll.

1. Interview mit John Bellichi

Während der Schwitzhüttenserie mit Gregory Campbell hatte ich mit meinem Freund Klaus ein kleines, aber feines Magazin „Der Weg der Männer" etabliert. Es war für die ca. 500 Männer gedacht, die diese Arbeit entweder von den Wochenenden oder den Vorträgen her kannten. Jeder Mann, der etwas zu sagen hatte, konnte darin etwas veröffentlichen. Wir hatten beide immer wieder über John Bellichi gehört und fragten ihn, ob wir von ihm einmal ein Originalinterview erhalten könnten, denn es sei soviel über sein Konzept spekuliert worden, und angeblich sei das letzte Interview in den Zeitungen nicht korrekt wiedergegeben worden. Bellichi gab uns dieses Interview im Sommer 1994, das wir in der Originalfassung abdruckten.

John, Du bist jetzt 50 Jahre alt, seit wann bist Du ein Mann?

Das ist keine so leichte Frage. Ich würde sagen, ich bin es mit 42 geworden. Ich meine mit 42 hatte ich das Gefühl, ein Mann geworden zu sein.

Was geschah damals?

Zwei Dinge. Früher wurde ich immer von dem Gefühl geplagt, als Mann nicht zu genügen – nicht groß genug zu sein, nicht klug genug, nicht stark genug, nicht tapfer genug. Eines Tages erkannte ich, daß ich nicht das Recht hatte, so über mich selbst zu denken. Trotz aller meiner Mängel und Unzulänglichkeiten zählte, wer ich war und was ich hatte – das Gute und das Schlechte – und das Beste daraus zu machen.

Außerdem war ich in einer Beziehung mit einer Frau, die ich sehr liebte und die ich nicht verlieren wollte. Ich würde sagen, sie war die Frau meiner Träume. Auf der sexuellen Ebene war es fantastisch mit ihr. Ich konnte nie genug kriegen. Jetzt im Nachhinein wird mir klar, daß der Sex mit ihr meinerseits ein Versuch war, in die Gebärmutter zurückzukriechen. Ich beendete die Beziehung. Ich hörte nicht auf, sie zu lieben. Sie bedeutete die ganze Welt für mich. Aber genau das war das Problem. Seine wahre Welt kann der Mann nicht in den Armen einer Frau finden. Im Haus der Liebe kann er nur Gast sein. Irgendein Instinkt sagte mir, daß ich die Beziehung zu dieser Frau, die mir im Grunde ein Mutterersatz war, opfern mußte. Sie zu verlassen war ungeheuer schwierig, gleichzeitig aber auch das Beste, was ich je für mich getan habe. Ein entscheidender Wendepunkt in meinem Leben – ich fühlte mich befreit, als ob ich endlich promoviert hätte. Tatsächlich kam es mir vor, als ob ich, statt zur Gebärmutter zurückzukehren, gerade aus einer herausgeschlüpft wäre. Für einen Mann gibt es so etwas wie eine zweite Geburt: sie erfolgt aus einer bewußt zu treffenden Wahl, sich aus einer Bindung zu lösen – einer Bindung an etwas oder jemanden, von der er glaubt, nicht ohne sie leben zu können.

Wann hast Du angefangen, Dich mit Männerthemen zu beschäftigen?

Vor 9 Jahren, als ich noch in den Staaten lebte, nahm ich an einem Männer-Workshop in New York teil – ein Wochenende mit 200 Männern zusammen in einem großen Raum. Das war so eine mächtige Erfahrung, daß ich beschloß, mich mehr mit Männerthemen zu befassen. In früheren Seminaren, die ich selbst leitete, interessierte mich eine Person eher als Mensch oder als Individuum. Es machte für mich keinen großen Unterschied, ob die Person männlich oder weiblich war. Aber zu dem Zeitpunkt merkte ich, daß ich bis dahin einen wesentlichen Aspekt des Selbst übersehen hatte, nämlich das Geschlecht einer Person.

Wie bist Du auf die Idee gekommen, Männer-Workshops anzubieten?

Viele Jahre lang, sieben um genau zu sein. Ich hatte in England und in der Schweiz Seminare abgehalten, als ich damals begann, Männer, die ich dort traf, zu ermuntern, sich auch so eine Erfahrung zu verschaffen. 20, vielleicht 24 Schweizer und Engländer besuchten daraufhin die Männer-Workshops in New York. Auch sie waren stark beeindruckt, aber einiges daran gefiel ihnen nicht – die Workshops waren ihnen zu amerikanisch. Sie wünschten sich ähnliche Möglichkeiten für Europa, aber mehr auf die hiesigen Männer abgestimmt. Da sagte ich mir „Das kann ich machen." Und so begann ich, Männer-Workshops anzubieten.

Hast Du dafür eine Ausbildung absolviert?

Nein, dafür hatte ich keine Ausbildung. Unter Mithilfe meiner europäischen Freunde habe ich mein eigenes System entwickelt.

Wieso hast Du die USA verlassen und bist nach Europa gekommen?

Das geschah, als ich Anfang 40 war und meine Midlife-Crisis durchmachte. In dieser Zeit ging alles zu Ende. Ich machte damals Schluß mit allem, was ich tat. Und ich war auch fertig mit Amerika. Ich bin dann nach Europa gezogen, weil ich mich hier schon immer sehr wohl gefühlt habe.

Wolltest Du die amerikanische Kultur verlassen?

Ja, ich hatte genug von der amerikanischen Kultur. Ich hatte den Eindruck, aus dieser Kultur alles gelernt zu haben, was ich brauchen konnte. Und ich ging nach Europa, um hier etwas anderes zu lernen, um andere Seiten von mir selbst zu entdecken. In Amerika liegt eine starke Betonung auf „Spirit" (Unternehmungsgeist zum Beispiel wird sehr geschätzt). In Europa gibt es mehr Sinn für „Soul". Heute habe ich mehr Interesse daran zu erfahren, was es heißt, eine „Seele" zu haben.

Du hast gesagt, ein Mann muß sich von einer Frau trennen. Bist Du vor den amerikanischen Frauen geflüchtet?

Ein Mann sollte sich von einer Frau trennen, wenn er diese Frau als seine Welt betrachtet. Wir kommen ohnehin alle von Frauen. Das macht sie gewiß Welt genug. Was die amerikanischen Frauen betrifft, die mag ich nicht besonders. Ich mag nicht, was die amerikanische Kultur aus ihnen macht.

Was geschieht mit den Frauen in Amerika?

Mir scheint, daß sie immer weniger Zugang zum vollen Spektrum ihrer Weiblichkeit haben. Dynamik wird weit höher bewertet als Magnetismus. Die sogenannte vitale Passivität wird abgelehnt oder gar mit Abscheu betrachtet. Im Sexuellen wird die Aufmerksamkeit auf die Klitoris, den kleinen Penis, gelenkt. Und viele Frauen haben aus ideologischen Gründen die Vagina zum Feind erklärt. Es scheint mir, daß amerikanische Frauen in ihrem Kampf gegen die männliche Vorherrschaft offenbar von ihrer eigenen Männlichkeit überwältigt worden sind.

Magst Du deutsche Frauen?

Ja, ich mag sie sehr. Sie müssen nicht ständig beweisen, wie hart sie sind. Es scheint mir, daß sie sich in ihrer Weiblichkeit recht wohl fühlen, und sie beziehen daraus die Stärke, die sie brauchen.

Und die deutschen Männer? Sind sie anders als die amerikanischen?

Oh ja, es scheint mir, daß sie viel geschützter sind – behütet, geborgen, abgesichert. Das Leben in Amerika ist roher. Als Kind mußte ich mir den Weg zur Schule und zurück erkämpfen. Als ich nach Europa kam, war ich erstaunt darüber, wie beschützend die sozialen Systeme hier sind. Gleichzeitig engt die Kultur hier die Möglichkeiten ein, das Leben direkt zu erfahren, so wie es tatsächlich ist. Es scheint mir auch, daß es hier einen Trend gibt, das Vakuum, das durch einen Mangel an wirklichen Erfahrungen entstanden ist, mit moralischen Vorstellungen darüber, wie das Leben sein sollte, auszufüllen. So treffe ich immer wieder auf Männer und Frauen, die viele Vorurteile über das Leben haben. Sie urteilen ständig über das Leben, eben weil sie keine wirkliche Erfahrung damit haben. Das ist sehr schade, denn es gibt keine bessere Autorität als eine, die auf der eigenen Lebenserfahrung beruht. Der Ersatz dafür ist ein leerer, angstbeladener Moralismus.

Für mich als „Lehrer" gibt es zwei Arten von Männern – solche, denen es an Erfahrung mangelt und solche, die ihre Erfahrung vergeuden. Ich betrachte es als meine Aufgabe im Workshop, Männern gewisse Erfahrungen zu ermöglichen. Dazu gehört auch ein Rahmen, ein Kraftfeld der Bewußtheit, das sie darin unterstützt, aus ihren Erfahrungen zu lernen.

Können Deine Workshops wirklich den Mangel an gewissen Erfahrungen gutmachen?

An diesem Wochenende haben 21 Männer am Workshop teilgenommen. Ich fragte sie: „Wieviele von Euch haben je einen Kampf erlebt?" Mehr als die Hälfte haben nie zuvor in ihrem Leben gekämpft. Kannst Du Dir das vorstellen? Das ist einer der Gründe, weshalb wir im Workshop Boxkämpfe anbieten.

Warum ist Kämpfen Deiner Meinung nach so wichtig für Männer?

In diesem Workshop hatten wir einen jungen Mann – wunderbar jung. Aber er war sehr vernebelt, unbestimmt. Er war nicht dumm, aber er lebte wie in einem Traum. Er war in einer Beziehung mit einer 14 Jahre älteren Frau. Er fühlte sich miserabel, verwirrt und deprimiert. Eigentlich sehnte er sich nach einer tiefen, bedeutungsvollen Erfahrung. Dann hatte er seinen ersten Fight, und er genoß ihn irrsinnig. Sofort war er um 50 Prozent klarer. Sein Gesicht fing an, Konturen zu zeigen. Dieser „jungfräuliche" Mann hatte eine völlig neue Kraftquelle in sich entdeckt und fing an, sich von daher zu äußern. Das hat mich sehr für ihn gefreut. Meine Workshops sind für Männer wie ihn gemacht.

Ist er jetzt ein richtiger Mann geworden?

Nein, aber er hat etwas bekommen, was er vorher schmerzlich vermißte, etwas, das ihm Kraft spendet für seinen Selbstsinn als Mann: Erfahrung im Kämpfen. In der westlichen Welt braucht es ungefähr 40 Jahre, um zum Mann zu werden.

Warum so lange?

Bei uns gibt es keine Initiations-Rituale. In primitiveren, naturverbundeneren Kulturen ist es leichter.

Noch einmal: Warum müssen Männer sich prügeln, um Mann zu werden?

Weil es zum Kämpfen Mut braucht. Du mußt Dich dabei zwei grundlegenden Ängsten stellen – der Angst zu verletzen und der Angst, verletzt zu werden. Da waren zwei Männer in einem meiner Workshops, beide hatten ihr Leben auf derselben gutgemeinten Intention aufgebaut, nämlich, nie jemanden zu verletzen. Später, als mir der eine erzählte, er leide an vorzeitigen Ejakulationen und der andere, daß er große Schwierigkeiten habe, eine Erektion zu bekommen, war ich nicht überrascht. Indem sie alleine ihre sexuellen Absichten zum maßgebenden Lebensprinzip erklärt hatten, haben beide ihrer Fähigkeit, sich selbst kraftvoller, reicher, befriedigender auszudrücken, schwer geschadet. Oder um es einfacher zu sagen, sie haben sich effektiv entmännlicht.

Ein Mann, der kämpfen will, muß lernen, seine Energie zu bündeln, zu kontrollieren und zu dirigieren. Er muß es auch lernen, sich zu erden. Männer fühlen sich nicht besonders heimisch in dieser Welt, deswegen müssen sie in der Lage sein, sich zu erden. Andernfalls leben sie im Dunst. Sie haben alle möglichen Bedürfnisse, aber sie wissen nicht, wie man diese befriedigt. Es fehlt ihnen Power und Orientierung. Und das kommt nicht alleine über die Sexualität.

Das hört sich alles ein bißchen antiquiert an: der Mann muß hinaus ins feindliche Leben und muß lernen, sich durchzusetzen. Hatten wir das nicht schon?

Das Leben ist ein Kampf. Das war immer so und wird immer so sein. Aber was ist gegen alte Werte einzuwenden? Warum kommt da soviel Ärger auf? Welche Leute sind es, die gegen diese Werte protestieren? Die Männer auf dem Männertreffen 1993 sind regelrecht explodiert, als ich anfing zu reden. Ich war schockiert. Einer der Männer dort stand auf und erklärte allen Ernstes, daß sexueller Verkehr Vergewaltigung ist – daß es ein Akt der Gewalt sei, wenn ein Mann eine Frau mit seinem Penis penetriert. Unglaublich. Warum sollte ein Mann zum Sprachrohr für radikal-feministische Ideen werden wollen? Wie weit können Männer sich von ihren eigenen Wurzeln entfernen? Die Penetration ist gerade das, was den sexuellen Akt zwischen Mann und Frau so bedeutungsvoll macht. Ohne sie kann es keine wirkliche Vereinigung geben – ein Zusammensein, ja, aber keine Vereinigung im tieferen Sinne.

Es läßt sich aber nicht leugnen, daß Deine Vorstellungen große Ähnlichkeiten mit dem Männerkult des Faschismus aufweisen.

Ein Faschist, so wie ich ihn sehe, ist eigentlich nicht an den Bedürfnissen von Männern interessiert – zum Beispiel dem Bedürfnis nach Grandiosität, nach heldenhaftem Streben, nach Elitedenken – er ist nur daran interessiert, sie auszubeuten. Die Männer auf der anderen Seite des politischen Spektrums leugnen, daß solche Bedürfnisse überhaupt existieren oder daß sie irgendeinen Wert haben könnten. Mein Engagement geht dahin, männliche Erfahrungen, dazu gehört auch Faschismus, möglichst vorurteilsfrei zu erforschen.

Wäre es nicht besser, diese alten kriegerischen Phantasien zu vergessen und ein pazifistisches Lebensmodell zu entwerfen?

Ich bin ganz für das Ethos des Kriegers. Der Krieger lehrt uns zu handeln und unsere Handlungen auf bestimmte Ziele zu richten. Er lehrt uns, diszipliniert zu sein, schnell in unseren Antworten, strategisch in unserem Denken. Er bringt uns Mut bei, sowohl körperlichen wie auch moralischen Mut. Er lehrt uns, daß Liebe nicht nur ein Gefühl ist, sondern eine Tat-Sache, etwas, was durch eine Tat verwirklicht wird. Und er lehrt uns, uns seelisch, geistig und körperlich auf die Herausforderungen und Prüfungen, die uns das Leben stellt, vorzubereiten.

Der Kampf für Freiheit, der Kampf für Frieden kommt nicht ohne kriegerische Elemente aus. Paradoxerweise ist das Ziel eines Kriegers Frieden. Zumindest geht sein Streben dahin, geschickt genug zu sein, um einen Konflikt ohne Blutvergießen zu lösen oder weise genug zu sein, um einen Konflikt gänzlich zu vermeiden. Da gibt es die Geschichte vom Karate-Schüler, der eines Nachts auf seinem Heimweg von einer acht-köpfigen Männerbande überfallen wird. Durch seine Courage und sein hohes Können als geübter Kämpfer, war er in der Lage, sich erfolgreich gegen die überwältigende Übermacht zu verteidigen. Natürlich war er stolz auf seine Leistung und konnte es kaum erwarten, seinem Meister davon zu berichten. Der jedoch, nachdem er sich die Geschichte angehört hatte, erwiderte nur: „Du hättest eine andere Straße wählen sollen."

Es geht nicht darum zu leugnen, daß die Welt voller Gewalt ist, sondern darum, daß den Männern andere Vorbilder gezeigt werden als Krieger, Kämpfer und andere zerstörerische Gestalten!

Aber wird das nicht bereits getan, speziell durch die Männer aus der Männer-Bewegung? Ich, für meinen Teil, habe sehr viel Respekt für Männer mit Kampf-Erfahrung. Und ich habe erst recht Respekt vor Männern, die im Krieg waren. Mein Vater, zum Beispiel, oder mein Schwiegervater – sie wissen mehr über Mut und Feigheit, über Grausamkeit und Mitgefühl als Du oder ich je erhoffen können. Natürlich sprechen sie nur selten, wenn überhaupt, über ihre Kriegserlebnisse. Kennst Du nicht das Sprichwort der Taoisten: der, der redet, weiß nichts; der, der weiß, redet nicht?

Wenn Männer kämpfen müssen, wer ist der Feind?

Mein Feind ist mein bester Freund. Ich behandle meine Feinde mit Respekt, denn wer wäre ich ohne sie? Ein Mann ohne Gegner ist ein Nichts, ein Niemand.

Der wahre Feind eines Mannes, seine größte Bedrohung, ist jedoch seine eigene Angst. Ein sehr wichtiger Teil in dem Prozeß, ein „wirklicher" Mann zu werden, liegt darin, die eigenen Ängste zu konfrontieren, anstatt sie auf andere zu projizieren. Nehmen wir einmal die Männerbewegung in Deutschland. Für sie bin ich der Feind, ja sogar der Teufel. Deswegen frage ich diese Männer: „Habt Ihr Angst?"

Du magst die Männerbewegung hier in Deutschland offenbar nicht? Woran liegt das?

Sie ist so abgekapselt. Sie hat offenbar keine nennenswerten Kontakte zu Männern in der Geschäftswelt, Politik oder Armee. Vermutlich sucht sie ihn nicht einmal. Ich betrachte sie als einen weiteren Männerverein, noch dazu einen impotenten. In der Männerszene treffen sich nur Männer, die mehr oder weniger das Gleiche denken, sie suchen keinen Austausch mit Andersdenkenden. Sie wollen die ganze Gesellschaft verändern, aber sie machen keinen einzigen Schritt aus ihrem Kleingarten. Es scheint mir auch, daß die Bewegung eigentlich kein Interesse hat für das, was Männer ankickt, für ihre Bedürfnisse. Die Männerbewegung will die Gesellschaft ändern und interessiert sich für Männer, weil sie denkt, die Männer seien das Problem.

Ich, meinerseits, möchte so viele Männer wie möglich erreichen, unabhängig davon, was sie glauben. Ich möchte, daß meine Arbeit Einfluß auf den "Mainstream" hat. Selbst auf die Männer der Männerbewegung hier möchte ich einwirken. Seit wann gibt es die Männerbewegung? Seit 10 Jahren? (das Interview fand 1994 statt! Anm. d.Verf.) Und was hat sie bisher erreicht? Einen verdammten Scheiß. Die Frauenbewegung hat eine ganze Menge erreicht, aber die Männerbewegung?

Die Männerbewegung ist Deiner Meinung nach also gesellschaftlich isoliert und durchsetzt von radikal-feministischen Ideen? Was wirfst Du ihr sonst noch vor?

Der starke Akzent auf Therapie. Ich stimme da Guggenbühl zu, der sagt, daß Therapie stärker auf Frauen zugeschnitten ist als auf Männer. Ich habe von einem Psychologen in Amerika gelesen, der Boxen in seiner Therapie mit Männern benützt. Er boxt tatsächlich mit seinen Klienten. Das finde ich großartig. So eine Art Therapie spricht mich an. Meine Idee ist es, eine gewisse Anzahl von Männern zusammenzubringen, um die Barrieren, die zwischen ihnen bestehen, abzubauen. Das Kämpfen hilft dabei. Sie kämpfen nicht nur gegeneinander, gleichzeitig bahnen sie sich auch einen Weg zueinander. Wenn die Hindernisse fallen, findet Heilung, wo immer sie nötig ist, auf eine ganz natürliche Art statt.

Da braucht es keinen Therapeuten und kein therapeutisches System. Gleiches mit Gleichem heilen. Es ist meine Art der Männerarbeit, Erfahrungsmöglichkeiten anzubieten, wie sie im täglichen Leben sonst nicht existieren, und dann zu sehen, was sie daraus lernen können. Wenn es eines gibt, was ich dabei gelernt habe, dann ist es, daß Männer gern kämpfen, trommeln, tanzen, und sie lieben es, sich wie Wilde zu gebärden. Sie finden viel Vergnügen an diesen Aktivitäten. Solche Beschäftigungen sind sehr alt und haben ihre Bedeutung unabhängig vom Zeitgeist. Sie sind dazu geeignet, soziale Klassen, Altersunterschiede, kulturelle Differenzen zu überbrücken und bieten eine gemeinsame Grundlage für das Zusammenkommen von Männern.

Ich persönlich habe die Lust an aggressivem Verhalten verloren. Tanzen, trommeln, hinauszugehen in den Wald und mich wie ein Wilder aufzuführen, liegt mir nicht. Willst Du wissen, was mich jetzt interessiert, was mich wirklich anturnt? Fahrräder! Die Röhren, die Geometrie, die Komponenten. Bikes wecken eine wahnsinnige Leidenschaft in mir. Einige der bemerkenswertesten Momente in der letzten Zeit habe ich auf meinem Mountain Bike im Wald verbracht. Die Einheit von Mann und Maschine und die Synergie, die daraus resultieren kann – das ist für mich ein Mysterium und noch dazu ein essentiell männliches.

Danke für das Interview.

2. Persönliche Erfahrungen in Bellichis Seminar

Im Frühsommer 1994, also kurz vor diesem Interview, hatte ich Bellichi bei einem seiner Männerseminare in Norddeutschland kennen gelernt. John war ein eher kleiner Italoamerikaner, der höchsten Wert auf Schuhe legte und noch mehr auf teure Designersocken. Er machte scharfe Witze über Männer, die immer den Punkt trafen. Leider verdonnerte er uns mit seinen Assistenten, diese nicht öffentlich weiterzuerzählen, ebensowenig die Rituale, und ich habe ihm das damals in die Hand hinein versprochen und halte mich daran.

Ich saß in der zweiten Reihe in einem kleinen Seminarraum. Es waren um die 15 Männer da. Er hatte vier Assistenten mitgebracht. Er konnte eine solche geballte Schärfe, vielleicht auch Klarheit ausstrahlen und dies ohne laute Worte, daß ich mich nach der Pause in die vierte Reihe setzte. Er hatte einen sehr guten „energetischen" Blick, konnte also aus der Körperhaltung eines Mannes, die dahinter sitzenden Blockaden und verzerrten Grundgefühle (Angst, Wut, Trauer, Freude) blitzschnell erkennen. Er ließ sich von der männlichen Maskerade, die da vertreten war, nicht täuschen. Wenn ein Mann grinste, wußte er, ob es ein wissendes oder ein verlegenes war.

Am besten fand ich ihn bei der Erforschung von Aggression. Er entlarvte ruhige und verträumt dasitzende Männer als potentielle Killer. Er behauptete, daß in jedem Mann ein potentieller Killer stecke und daß diejenigen Männer am gefährlichsten seien, die das verleugneten. Er und seine Assistenten machten dazu Übungen in Form von kleinen Rangeleien und Körperkontaktbewegungen. Tatsächlich gab es Männer dabei, die ihre eigene Angst vor Gewalt und Wut – und das bedeutete für Bellichi fast das Gegenteil von Aggression – auf andere Männer projizierten. Diese Männer konnten die Emotion des anderen nicht spüren und zeigten sie auch selbst nicht. Sie erkannten nicht, welche Ladung in einer Geste oder in der Stimme lag. Sie konnten die Untertöne in der Stimmfärbung nicht entschlüsseln. Sie kannten die Spielregeln des Raufens nicht. Sie hatten kein Gefühl für eigene Grenzen und die Grenzen anderer Männer. Bellichi forderte aber, daß jeder Mann an den Rand seiner Grenze gehen müsse, um sein Königreich zu erkennen. Wo es anfängt und wo es aufhört. Wo das Königreich des anderen Mannes beginnt. Und das dürfe nicht gedacht werden, sondern müsse Schritt für Schritt und dennoch schnell experimentell geschehen. Während Gregory Campbell ein mehr meditativer, gemütlicher und ruhiger Mann war, war Bellichi eher kriegerisch orientiert, und damit meinte er „Grenzen setzen zu können", ein positives Nein in die Welt zu bringen. Ein Assistent sagte bei einem

Gespräch in der Pause: „Wenn jemand nicht NEIN sagen kann, wie soll ich ihm sein JA glauben?" Allerdings seien damit nicht die notorischen Neinsager gemeint.

Über ein Ritual bzw. eine Intensivübung möchte ich aber doch berichten, da es inzwischen auch als offizielle Version gehandelt wird: nämlich das Boxen als Heilungsritual für Männer.

Ich hatte sofort Lust dazu. Erstens, weil ich es immer mehr lernte, zu meiner Wut zu stehen und zweitens, weil ich noch vor dem Ende meiner Schauspielkarriere als bezahlter Stuntman eine Boxernummer bei einem Bremer Kriminalkommissar und Mitglied des Polizeisportvereins gelernt hatte. Außerdem war ich sowieso in letzter Zeit schlecht gelaunt. Wahrscheinlich hatten die Schwitzhütten Gregs in mir etwas bewegt, was mir unangenehm war.

Bellichi warnte noch einmal die Männer, die sehr viel Angst hatten, keine „linken" Schläge unter die Gürtellinie anzubringen. Wir bekamen Mund- und Kopfschutz verpaßt und einen Schlagschutz um die Genitalien. Wir zogen relativ weiche Boxhandschuhe an. Ich weiß nicht mehr, wieviele Unzen sie hatten. Ich wurde nun doch nervös. Ich wußte noch von den Übungen beim Kriminalkommissar, daß man zu einem dreiminütigen Boxkampf viel Kondition brauchte, da einem das Adrenalin sofort in den Körper schoß und die Emotionen hochkochten. Es ging auch darum, die Angst vor Verletzung und Schmerz in gezielte Abwehrschläge und geformte Aggression umzusetzen. Durch meine Nervosität hatte ich versäumt, mir schnell einen kleineren Partner oder etwa gleich stark erscheinenden Mann auszusuchen. Insgesamt war darauf geachtet worden, daß die Unterschiede nicht zu groß wurden. Ich bekam dennoch einen deutlich größeren, aber dafür schlanken Gegner zugeteilt. Der Kampf sollte dreimal eine Minute dauern. Jeder Boxer bekam einen Coach. Es ging los! Ich legte vor lauter Schiß los wie die Feuerwehr und prügelte unkontrolliert auf den anderen Mann ein. Es muß sich wohl noch um eine gängige Form des Boxens gehandelt haben. Zumindest wurde ich nicht verwarnt. Ich selbst mußte einige kräftige Schläge einstecken. Das machte mich merkwürdigerweise ruhiger und kontrollierter. Ich wurde vorsichtiger und ging mehr in Deckung. Und ich durfte, warum auch immer, stärker zurückschlagen, da ich angegriffen worden war; und wohl auch, weil das erste Schutzschild meiner öffentlich zur Schau getragenen Moral zerbrochen war. Mein Coach sagte mir in der Pause zur zweiten Runde mit mahnender Stimme, nicht so wild zu fuchteln. Ich sei stark und gut genug, um über die Runden zu kommen. Die beiden nächsten Runden überstand ich ganz gut, mein Gegner wurde etwas langsamer und ich auch. Der Kampf ging zu Ende. Er-

schöpft zogen wir die Handschuhe aus. Nach einer kleinen Pause gingen wir ruhig aufeinander zu. Im Herzen erschüttert nahmen wir uns in den Arm und weinten.

Bellichi meint, daß das Herz des Mannes, ob zu Recht oder zu Unrecht, so stark vom Brustkorb geschützt werde, daß es fast nur durch feste Schläge darauf erreicht werden könne. Er meinte damit das wilde, große Löwenherz des Mannes, nicht das romantische des Jünglings. Zu mir sagte er: „Du hast viel Feuer und Leidenschaft, aber Du mußt liquider, flüssiger werden. Du brauchst mehr Saft in Deinen Wurzeln, sonst vertrocknest Du und brennst durch Dein eigenes Feuer aus und verbrennst auch andere mit Deiner Leidenschaft. Halte dein Feuer manchmal im Zaum." Das war für mich überraschend. Ich dachte immer, ich hätte zu wenig Lebensfeuer. Ich nahm es als Hinweis, mit mir selbst wieder liebevoller umzugehen und auch mit anderen. Ich war als trockener Alkoholiker etwas hölzern geworden. Ich hatte den Weichspüler in mir selbst noch nicht genug entwickelt.

Eine Diskussion zwischen Gregory Campbell und John Bellichi fand meines Wissens nie statt. Es gibt aber einen schönen Witz von Greg über ein solches Treffen. Greg sagte: „Wenn Bellichi das Schwert zieht, werde ich ihn mit süßem Honig bekleckern!" Bellichi würde dann wahrscheinlich seine Jacke und Hose ausziehen, sie über eine Stuhllehne hängen und fein säuberlich mit einem Taschenmesser abschaben. Man würde dabei seinen neuesten Designerslip sehen und vor allem seine neuesten Socken. Dann würde Bellichi ein Butterbrot holen, den Honig darauf schmieren und dieses Brot Greg anbieten, weil er der ältere der beiden ist. Beiden gemeinsam übrigens war und ist ein höllisch guter Humor! Und auch der Versuch, als Amerikaner die Wurzeln ihres Mannseins in Europa zu vertiefen. In Europa, dem Halbinsel-Zipfelchen im Westen der großen asiatischen Festlandsmasse. Einem Europa mit imperialer und kriegerischer Wesenskraft, aber auch mit großen kulturellen, zivilisatorischen und humanitären Leistungen. Beiden ist eine Unvoreingenommenheit zu eigen, die besonders deutschen Männern fehlt. Bellichi gestand mir einmal, daß er ziemlich sentimental sei. Gregory Campbell sagte, er sei viel zu romantisch, wie die meisten Amerikaner. Bellichi war für mich ein Mann, der besonders für das Element Feuer, d.h. Spritzigkeit, Kraft, Mut, Power, Grenzen setzen und Nein sagen können stand. Campbell repräsentierte für mich hauptsächlich das Element Wasser, d.h. (Mit-)Gefühl, Weichheit, tiefe Ruhe, Seele, Gelassenheit, Verbundenheit und ein tiefes „Ja" zur Welt, um sie und die darauf lebenden Wesen, wenn auch manchmal in tiefem Schmerz, zu umarmen.

3. Merkwürdige Auseinandersetzungen um Bellichi

In Bremen gab es merkwürdige Konflikte um Bellichi.

Es war an einem Freitagabend. Ich wollte zu einem Vortrag von Bellichi wie damals zu einem Vortrag von Gregory Campbell in einem der Bremer Bürgerhäuser, also einem Kulturzentrum. Als ich ankam, standen da fünf Mannschaftswagen der Polizei und ca. 20 Demonstranten der sogenannten autonomen Szene. Sie waren um die 25 Jahre alt. Sie demonstrierten gegen den „Gewaltverherrlicher Bellichi". Ich wollte in den Vortragssaal hinein. Ein Haufen Männer standen um Bellichi herum. Es ging nicht weiter. Eine sehr aufgeregte Frau mit hochrotem Kopf sprach mit einem der Männer, der den Vortrag für Bellichi organisiert hatte und bat ihn, auf sein Vertragsrecht zu verzichten und den Vortrag ausfallen zu lassen. Sie befürchtete gewalttätige Auseinandersetzungen im Haus. 50 interessierte Männer standen betroffen herum. Nach einer Weile entschieden Bellichi und sein Manager, den Vortrag in einem anderen Veranstaltungsraum der Stadt zu halten. Von Mund zu Mund wurde der Ort weitergesagt. Leider kamen dann nur noch 25 Männer zum neuen Ort. Warum die anderen nicht kamen, weiß ich nicht. Vielleicht hatten sie den neuen Platz nicht gefunden oder waren verunsichert.

Merkwürdigerweise hat die kleine Gruppe von Autonomen, Männer und Frauen, die eher aus dem feministischen Blickwinkel die Arbeit Bellichis betrachteten und ihm Faschismus vorwarfen, einen Teil ihres Zieles erreicht. Bellichi war verunsichert, vielleicht auch etwas enttäuscht, ängstlich oder traurig. Ich hatte den Eindruck, daß ihm als Amerikaner das kulturpolitische Terrain in Norddeutschland zu unbekannt war. Ich fand das schade. Auf seinem Vortrag beantwortete er hauptsächlich ähnliche Fragen, wie die, die im obigen Interview abgedruckt sind. Eine Woche später geschah in Hamburg das Gleiche. Seine Männerseminare wurden nicht mehr so gut besucht. Bellichis Arbeit in Norddeutschland war fürs erste beendet. Enttäuscht war ich über die bewußt verdrehten und verkürzten Zitate in den Zeitungen. Anscheinend war Bellichi mit seinen Thesen über Männer und Gewalt und seinem Ansatz, den Faschismus vorurteilsfrei zu erforschen, an ein deutsches Tabu gestoßen. Ich glaube, daß damit eine Chance vertan wurde. Das Verhalten der Bremer Kultureinrichtungen empfand ich opportunistisch und feige. Letztendlich aber war es die Möglichkeit zu einer Denkpause.

4. Moderne Männerarbeit in der Evangelischen Kirche Bremens

Erst 1999 erfuhr ich, daß Bellichis Bemühungen doch nicht ganz umsonst waren. Im Rahmen des Forschungsprojektes for! (ju:)® [17] tauchte er als Trainer und Mitglied des Beirates wieder auf. Albert Krüger und Götz Haindorff, beides Schüler von Bellichi, waren die Leiter. Ich bekam mit, daß sie sogar in Bremen einen neuen Versuch starten wollten und zwar erstaunlicherweise in Zusammenarbeit mit der Evangelischen Kirche Bremen. Ich fragte nach. Albert Krüger hielt tatsächlich einen Vortrag in Bremen. Der entsprechende Diakon, Herr Eike, war auch zugegen. Er gab mir ein Interview.

Sie bieten hier in Bremen zusammen mit for! (ju:)® Göttingen eine Fortbildung zum Boxinstruktor im Rahmen der kirchlichen Jungen- und Männerarbeit an. Haben Sie selbst schon einmal geboxt?

Ja! Ich probiere diese Fortbildung selbst aus. Als es losging zum Boxen, war ich so was von aufgedreht, nicht nur während des Boxens. Ich habe erst am nächsten Tag darüber sprechen können, was ich da erlebt habe. Alles lag plötzlich so offen da. Mich hat das sehr aufgewühlt. Die ganze Palette, das ganze Potential der Gefühle, Angst, Wut, Aggression war da. Ich stand unter einer wahnsinnigen Anspannung. Von null auf hundert! Eine Minute Boxen ist unheimlich anstrengend. Man hat ja auch noch diesen Kontakt zum Gegenüber. Nun bin ich ja von den 70er Jahren beeinflußt. Für mich war Streit etwas ganz Schreckliches. Bei einem Streit konnten meine ganzen Vorstellungen zusammenbrechen, die ich von einer Beziehung hatte. Ich mußte wirklich lernen, daß ich auch wütend sein kann.

Mir ging es genauso. Das Projekt, das Sie anbieten, betont eine positive Form von Maskulinität und Männlichkeit. Bekommen Sie da nicht mit der starken feministischen Fraktion in der Evangelischen Kirche Schwierigkeiten?

Das weiß ich nicht. Bisher ist das alles noch nicht so öffentlich, was ich da vorhabe. Aber erstaunlicherweise hatte ich es bei dem finanziellen Projektzuschuß erstmal mit zwei Männern zu tun. Einem Pastor und einem Lehrer. Sie kamen im Auftrag des Fortbildungsausschußes und wollten wissen, was ich da genauer mache. Über die Art der Fragen war ich teilweise ärgerlich und auch amüsiert. Sie verstanden die grundsätzliche Idee der Aggressionsbewältigung nicht. Sie hatten wohl ein anderes Bild von Mannsein. Ich habe sie dann durch mein persönliches Engagement überzeugt. Es war sofort das persönliche Mannsein auf dem Tisch, als ich über das Boxen erzählt habe. Und das war ihnen offensichtlich unangenehm. Ich habe im Bereich „Ringen" mal mit Jungen gearbeitet. Das war für die ein Erlebnis. Die Jungs hatten sich seit ihrer Kindheit nicht mehr körperlich gemessen.

Ich war positiv überrascht über eine Untersuchung der Kirchen Deutschlands. Im Vorwort steht, daß es eine Geschlechterspannung geben darf. Es wird beschrieben, daß die Rollenveränderung wahrscheinlich an ihre Grenzen stoßen wird und daß dies auch in Ordnung sei.

Die Evangelische Kirche verstand bis vor einigen Jahren unter Männerarbeit nur Gremienarbeit oder „Männer in verantwortlichen Positionen". Der Bereich Jungen- und Männerarbeit ist theologisch ganz wenig beackert. Da gibt es nur Franz Alt, der die weiche Seite Jesu beschreibt bzw. dessen friedliebende Seite. Wenn ich da an alttestamentarische Figuren wie Mose, Jona, David oder Hiob denke, dann kommen die schon näher ran an das, was sie in der Männerarbeit unter Archetypen verstehen. Damit könnte man sich mal beschäftigen. Das ist noch eine kirchliche Lücke. Ich selbst merke, daß ich mit dem Archetyp des Kriegers noch auf Kriegsfuß stehe. Ich dachte ja über Jahre, daß ich friedfertig bin.

Das kenne ich von mir auch.

Ich hatte allerdings immer in der Phantasie daran gedacht, wenn ich mal zuschlage, daß ich alles beseitige. Ich hatte Angst vor der eigenen Stärke, vor der eigenen Aggression. Ich hatte Angst, jemand zu verletzten. Heute weiß ich, daß ich damals viel mehr gewalttätigen Situationen unbewußt und unvorbereitet ausgesetzt war. Erst seitdem ich mich praktisch mit Aggression auseinandersetze, kann ich mehr differenzieren. Was ist Wut? Was ist Aggression? Was ist Abgrenzung? Und was ist Gewalt, die ich strikt ablehne. Von Grund auf bin ich ein harmoniebedürftiger Mensch.

Jungenarbeit wird immer noch mit Gewaltprävention gleichgesetzt. Machen die Jugendämter oder kirchlichen Stellen Fortschritte?

Der Leiter vom Bremer Jugendamt war da und will auch mit for! (ju:)® zusammenarbeiten. Der Lehrer aus Nordbremen wollte von mir wissen, ob ich nicht einmal als Boxinstruktor kommen könne. Als ich den Bremer Landessportbund nach einem Boxring fragte, wußten die sofort Bescheid. Die kannten dieses Konzept aus den USA. Auf höherer Ebene ist das leider noch kein Thema. Letztes Jahr erzürnten sich noch zwei Lehrer und meinten, ich käme in den Verdacht, nationalsozialistisches Gedankengut zu verbreiten. Es war mir nicht bewußt, daß da ein ideologischer Streit im Hintergrund schwelt.

for! (ju:)® setzt das Boxen auch als Heilungsritual ein. Es soll später über bestimmte Punkte des Rituals nicht gesprochen werden. Was sagen Sie als Kirchenmann dazu? Sehen Sie da keine Gefahren?

Nein. Wenn ich mit Jugendlichen auf Fahrt gehe, dann arbeiten wir auch mit Ritualen. Darüber zu sprechen, bringt nur Verwirrung. Meine Tochter hat auch ihre Geheimnisse. Das ist gut so. Damit hat sie ihre eigene Welt. Im kirchlichen Raum muß auch der rituelle Raum geschützt bleiben. Die sinnlichen Rituale nehmen auch in der evangelischen Kirche ständig zu. Wir lernen das schon seit den 80er Jahren von anderen Glaubensrichtungen. Natürlich kann ein Ritual immer mißbraucht werden, wie bei bestimmten fundamentalistischen Richtungen. Besonders in den USA. Da wird die Kraft des Mysteriums benutzt und der Leiter sagt: „Glaubt an mich!"

Ich habe gelesen, daß Männer mehr Firmen in Risikobranchen gründen als Frauen. Sind Männer mutiger als Frauen?

Das weiß ich nicht. Aber Männer sind oft da zu finden, wo es „brummt", das heißt, wo wirklich was bewegt werden kann. Die Börse ist eine starke Männerdomäne. Die klassische Macht für viele gesellschaftlichen Entscheidungen liegt gar nicht mehr in der Politik, sondern in der Wirtschaft. Frauen würden sagen: „typisch Mann" oder „Die sind machtgeil". Aber vielleicht riskieren Männer an diesem Punkt wirklich mehr.

5. for! (ju:)® Forschungsgruppe Jungenarbeit Göttingen

Dann setzte ich mich mit dem Programm der Forschungsgruppe selbst auseinander. In der Präambel der Programmbroschüre stand: „Männliche Identität ist als Gegenstand wesentlich schillernder und vielfältiger, als die oft sehr einfältigen stereotypen Sichtweisen über Männer vermuten lassen. Männer selbst haben durch ihre Jahrhunderte lange Vorstellung männlicher 'Überlegenheit' diese Stereotypen forciert. Der Mann der Zukunft wird nicht diskriminieren, sondern differenzieren: 'Der Mann ist nicht besser, er ist anders'. Dieser Wechsel bietet die Chance, männliche Lebensenergien anders zu dirigieren und einzusetzen – weg von Herrschaft und hin zu männlichem Einfühlungsvermögen, zu Kreativität, Autorität und Bindungsfähigkeit. Es gilt, das ganze innovative und lebensfördernde Potential, das Männer besitzen, mit zielstrebig-männlicher Entschlossenheit in die Welt zu bringen. Wir sehen eine wertvolle Aufgabe für erwachsene Männer und Frauen darin, jungen Männern auf ihrem Weg zu einer reifen und erfüllten Männlichkeit als bewußte und wissende Mentoren zur Seite zu stehen. Wichtige Vorraussetzung für diesen Prozeß ist, daß die Arbeit mit Männern und Jungen Spaß macht und auf integrierte und motivierte Art geschieht."

„Unsere Arbeit unterstützt speziell junge Männer auf ihrer Suche nach einer persönlichen Vision und 'ihrem' Platz in der Welt, dem Ort, an dem sie sich zu Hause fühlen und von wo aus sie die Welt inspirieren und bereichern."[18]

Ich wollte das Projekt genauer kennenlernen. Ich sprach mit Albert Krüger:

Bist Du ein Schüler von Bellichi?

Wie John Bellichi über Männer und Frauen spricht, was er an Erfahrung, Wissen und Spirit verkörpert und vermittelt – in diesem Sinne war er für mich ein Lehrer. Er hat mich und unsere Arbeit stets unterstützt. Vor allem hat er uns auf geistiger Ebene inspiriert. Seine unverwechselbare Art ist, mit einer Mischung aus Humor, Klarheit und Einfühlsamkeit Männer auf einen Weg zu bringen, von dem diese erst später sagen, daß es ihrer ist.

Du hast diese merkwürdigen Auseinandersetzungen um John mitbekommen?

Du meinst die Verleumdungen, Diffamierungen und körperlichen Angriffe auf seinen Vorträgen, vor allem in Bremen und Hamburg? Ja. Einige Männer und Frauen, die ich der „Antifa"-Szene zuordnen würde, fühlten sich durch Johns klare, direkte und provozierende Art vor den Kopf gestoßen. Andere wiederum waren froh, erleichtert und motiviert durch diese Art: „Endlich mal einer, der ausspricht, was ich denke und fühle, mich aber selbst in der Öffentlichkeit nicht traue". John hat eine herzerfrischende Art, Tabus anzusprechen. Er sprach das aus, was viele Männer empfanden: daß Frauen ja nicht nur die Macht im häuslichen Bereich hatten, sondern auch noch in unsere eigene Person als Mann eingedrungen waren. Was viele nicht hörten, war, daß John den Frauen dafür nicht die Schuld gab, vielmehr die Männer fragte, warum sie das zulassen? Vieles war damals nicht „common sense" – heute kräht kein Hahn mehr danach.

Aber da wurde doch denunziert. Bellichi als Faschist bezeichnet.

John hat polarisiert, Tabus aufgegriffen... Auf einer Veranstaltung in Hamburg haben mit schwarzen Masken Vermummte den Saal gestürmt. Die Teilnehmerinnen und Teilnehmer, insbesondere John, wurden bespuckt und getreten. John mußte die Polizei holen, um sicher nach Hause zu kommen – von einer demokratischen Auseinandersetzung keine Spur. Sie setzten die Mittel ein, die sie uns vorwarfen. Es waren Männer und Frauen aus der sogenannten „antifaschistischen, antisexistischen und autonomen Szene". John wurde zum Synonym für eine sogenannte „Back-lash"-Bewegung. Es war ein Klima, in der Emotionalität und Irrationalität sich die Hand gaben und alles, was nicht in das eigene Glaubenssystem paßte, denunziert, bekämpft und verunglimpft wurde. Faschist, Militärberater, Scientologe, Frauenfeind waren Begriffe, welche die Gegner benutzten, um zu bekämpfen, was in ihren Augen nicht sein durfte. Man kann es auch als geistige Brandrodung bezeichnen.

Das ist ja schon interessant. Ich habe das damals auch erlebt bei der „Roten Grütze" in den 70er Jahren. Wir wurden aus dem rechten politischen Lager angegriffen mit Mitteln der Denunziation. Ihr wurdet von links angegriffen?

Es waren Leute, die für sich in Anspruch nahmen, im alleinigen Besitz von Recht, Moral und ideellen Werten zu sein. Es ging um Ideologien und um linken Rassismus. Als „Anti-", „Linker" oder „Autonomer" hatte man das Recht auf seiner Seite, vor allem fühlte man sich beauftragt, das „Falsche" zu bekämpfen. Es war den wenigsten bewußt, daß sie mit den gleichen Methoden arbeiten, wie diejenigen, vor denen sie warnten. John hat diese Verlogenheit thematisiert und ist der Konfrontation nicht aus dem Weg gegangen. Ihm war klar, daß er als Projektionsfläche genutzt wurde und sich nutzen ließ – im positiven wie im negativen.

Wie kamt Ihr aus der Anfeindung heraus und zu dem auch heute erfolgrei-
chen Projekt for! (ju:)®

Die Ideologen wollten alles und jeden, der in irgendeiner Weise mit John zu tun hat oder hatte vernichten. Also gerieten auch wir in den Blickpunkt und wurden mit Diffamierungen und Verleumdungen attackiert. Zum Glück wußten wir um die Qualität unserer Arbeit. Wir hatten eine klare Vision von dem, was Jungen und Männer heute brauchen. Davon konnte uns keine Diffamierung abhalten. Wir hatten einfach die Erfahrung mit Jungs. Was sie brauchen, welche Form von Kontakt sie suchen, wie man entspannt mit ihnen arbeiten kann. Unsere Arbeit wird vielmehr von den Jungs getragen, mit denen wir arbeiten, als daß sie allein auf unserem Mist gewachsen wäre. Die Jungs und Männer vor Ort gaben uns die entscheidende Rückmeldung. Der entscheidende Schritt war jedoch, unser Wissen und unsere Erfahrung an den Ort zu bringen, an dem er besonders benötigt wurde: Schulen, Jugendzentren, Heime ...

Auch wenn es unangenehm und nervenaufreibend war, war uns klar, daß wir da durch mußten. Es war eine Art Feuertaufe, eine Herausforderung, der wir uns stellten. Nie haben wir behauptet, daß wir keine Fehler machen oder gemacht haben. Wir haben Federn gelassen, doch drehen wir anderen daraus keinen Strick. Diese Zeit hat letztendlich dazu beigetragen, daß unser Profil, die Qualität und die Inhalte unserer Arbeit verbessert wurden. Das tiefere Wissen, daß wir aus dieser Konfrontation nur gestärkt herausgehen, wenn wir die Herausforderung annehmen, hat uns zuversichtlich gemacht.

Die Klammer zum Konzept von Bellichi ist ja auf jeden Fall das Boxen.

Boxen ist eine von vielen Methoden, mit denen wir arbeiten. In dem, was diese Methode bei jungen Männern und auch bei erwachsenen Männern und Frauen auslösen kann, gibt es eine große Übereinstimmung zwischen John und uns.

Wer unser Programm jedoch gelesen hat, die Art unserer Arbeit erfahren hat und mit den Themen arbeitet, die wir anbieten, weiß um die spezielle Ausrichtung von for! (ju:)®. Das Boxen ist subjektiv für viele Männer, Frauen und Jungs sicherlich eine zentrale Erfahrung. Vielleicht ist die Klammer von der Du sprichst darin begründet, daß John Bellichi und dem Boxen sowohl etwas „Erschreckendes" als auch „Faszinierendes" anhaftet. Beim Boxen liegen jedenfalls beide Pole eng beieinander. Für viele ist diese Spannung kaum auszuhalten. Das Dunkle, das Tiefe, das Grausame, auch Gewalt ist ein Teil davon. Das Boxen bringt im Bruchteil einer Sekunde beides zusammen wie das Leben. Du spürst beispielsweise den Schlag und den Schmerz an Deinem Körper und gleichzeitig spürst Du den Kontakt des Gegenüber, zu dem Mann/der Frau, der/die diesen Schlag gesetzt hat. Das Faktum von Verletzung ist für uns jedoch kein so wichtiges Kriterium. Nicht deshalb, weil es so selten passiert, sondern, weil es vielmehr um unsere Reaktion auf das Ereignis geht:

Was mache ich aus der Verletzung?

Wie gehe ich mit der Verwundung um?

Verwundungen und Verletzungen finden täglich statt. Wenn das so ist, können wir ein ganzes Leben damit verbringen, wie wir uns davor schützen oder sie verhindern. Auf der Strecke bleibt das, was wir wirklich wollen. Unsere Arbeit ist darauf ausgerichtet, die Menschen in ihrer Verwundung stark zu machen.

Wie ist das zu verstehen?

Ein Beispiel. Auf der einen Seite ein afghanischer Junge, eine Schönheit, schmal gebaut, blauschwarz meliertes Haar und auf der anderen Seite ein pakistanischer Junge, klein, durchdringender Blick, kräftig gebaut. Sie sind dicke Freunde. Sie boxen miteinander. Ich weise sie darauf hin, sich zu konzentrieren und aufmerksam zu sein. Der afghanische Junge macht immer eine affektierte Kopfbewegung, wenn er seine Haartolle hochwirft. Alle lachen darüber zu Beginn des Kampfes. Vielleicht auch aus Angst. Nun passiert es. Genau in dem Moment, in dem der afghanische Junge seinen Kopf nach unten neigt und ihn, wegen seiner schönen Haartolle, wieder hochwerfen will, schlägt der pakistanische Junge zu. Nasenbeinbruch. Blut spritzt. Die Gruppe ist geschockt.

Was macht der Junge daraus? Der Getroffene wie der, der verletzt hat? Was macht die Gruppe daraus? Das weitere Umfeld? Der Junge muß ins Krankenhaus. Hier trifft er seinen Karate-Trainer, der ihn vollkommen entrüstet und ärgerlich fragt: „Wer war dabei? Wer hat das gemacht? Bist Du vollkommen übergeschnappt, Dich verprügeln zu lassen?" Sein Vater ist wütend und will wissen: „Wer sind die Betreuer gewesen, die schnapp ich mir?" Das männliche Umfeld reagiert auf die Verletzung des Jungen mit ihrer eigenen Erfahrung von Verletzung. Kampf und Rache ist ihre Antwort – damit bleiben sie in ihrem Teufels-Bezugssystem. Die Verletzung des Jungen ist jedoch nicht wirklich ein Thema für sie. Die Reaktion der erwachsenen Männer ist für den afghanischen Jungen sehr überraschend. Seinem Vater wird er sich in den Weg stellen, indem er ihm verdeutlicht, daß er sich dort nicht einzumischen hat: „Es war mein eigenes Ding, ich war nicht bei der Sache und trage allein die Verantwortung."

Was ist der Unterschied zwischen Gewalt und Aggression?

Ein Mann hat mir eine Geschichte erzählt, die er selbst erlebt hat. In seiner Kindheit wurden mehrere Kinder von einem Kind terrorisiert und gedemütigt. Sie haben sich nicht gewehrt und sehr darunter gelitten. Bis sein Vater sagte: „Wehr Dich!" Das hat er gemacht. Ist zu diesem Jungen gegangen und hat ihm mit schweren Stiefeln vors Schienbein getreten. Danach hat dieses Kind die anderen nicht mehr tyrannisiert. Das war ein Gewaltakt. Aber es führt zu dem Ergebnis, daß die Kinder nicht mehr tyrannisiert werden. Die Frage ist, in welchem Kontext man Gewalt und Aggression stellt. Wo sind die Grenzen? Das bedarf der Abwägung. In der pädagogischen Arbeit sind wir ständig mit solchen Fragen konfrontiert. Aggression und Gewalt werden häufig in einen Topf geworfen. Dabei geht die Tiefenschärfe verloren, die nötig ist, um Position zu beziehen, Handlungsoptionen auszutarieren und zu Entscheidungen zu stehen. Wir unterscheiden zwischen konstruktiver und destruktiver Aggression (Gewalt). Aggression ist lebensnotwendig, weil sie uns in ihrem Kern voranschreiten läßt (lat.: ag-gredi: angreifen, voranschreiten, herausfordern) und die Dinge in Bewegung bringt. Die Frage ist nicht Aggression – ja oder nein, sondern wie? Will ich in einer Konfliktsituation eine Lösung, muß ich zunächst einmal wissen, wer ich bin, was ich kann und wo ich hinwill. Je mehr ich mich in der Wahl der Optionen einschränke, um so größer ist die Wahrscheinlichkeit, eine Konfliktsituation nicht angemessen lösen zu können. In der Arbeit mit Aggression geht es um die innere „Erlaubnis", Erfahrungen zu machen, die ich bisher nicht zugelassen habe. An Stelle von alten, starren Bildern oder verschütteten Emotionen, tritt die Bereitschaft offen und aggressiv in die Welt zu treten.

Gilt das nur für Männer?

Nein! Für Männer und Frauen. Wobei Männer und Frauen verschieden auf dieses Thema zugehen und mit anderen inneren Bildern in Berührung kommen. Wir wollen Männern und Frauen Zugang zu Aggression ermöglichen, damit sie sie einsetzen, um ihre Vision zu verwirklichen. Sie lernen dabei, ob, wann und wie ihre Aggression zerstörerisch wird oder konstruktiv wirkt. Man muß dies wissen und auch Erfahrung darin gewinnen. Es existieren viele innere Bilder über Aggression. Diese sind überwiegend negativ gefärbt, sowohl bei Männern als auch bei Frauen. Dies riskieren wir im Boxkampf. Für Frauen ist es häufig vor Beginn eines Seminars unvorstellbar, einen körperlichen Kampf auszutragen. Ihre Bilder und nicht vorhandenen Erfahrungen halten sie davon ab. Männer dagegen haben seit ihrer Jugendzeit massenweise geistige Kämpfe gehabt, aber keine körperlichen. Durch die Erlaubnis kommt ihre persönliche Erfahrung und die Lust am Kämpfen wieder an die Oberfläche. Ihre Bilder sind nicht so sehr negativ belastet. Beide kommen in ihre Kraft, haben das Gefühl, für etwas einstehen zu können. Frauen vor allem erfahren die Qualität des Kontaktes im Kampf – etwas, was nicht rational zu erfahren ist.

Ihr habt ja noch das Calling Thunder®-Projekt?

Calling Thunder® ist ein dreitägiges Jungen-Seminar, bei dem die Arbeit mit verschiedenen auf Eisentonnen erzeugten Rhythmen in einer abschließenden Performance mündet. Der Wunsch, mit aller Wucht draufzuhauen, um Kraft in Kreativität und Rhythmus umzuwandeln – und tiefe Emotionen zu wecken: Das ist die Grundidee von Calling Thunder®.

Begeisterung und Euphorie ermöglichen einen direkten Zugang zu der eigenen Größe. Calling Thunder® bringt die Jungs mit ihrem eigenen (Lebens-) Rhythmus und der Gruppe in Kontakt. Klare Strukturen im Umfeld und das Wissen um die inneren Themen der Jungen kann transformatorischen Charakter haben. Die Jungs arbeiten nicht nur an einer vorgegebenen Performance, sondern auch an ihren inneren Themen. Sie bearbeiten die Eisentrommeln, daß nur noch ein Haufen Schrott übrig bleibt. In der Art, wie sie die Tonnen bearbeiten, bearbeiten sie auch ihre eigenen Themen. Wut, Enttäuschung, Schmerz und Freude. Sie schlagen mit einer gewaltigen Kraft endlos auf die Eisentonnen ein – und brechen plötzlich in ihrer Wut zusammen und weinen..., sind erschöpft.. und zufrieden. Da geht dann allerdings keiner von uns hin und fragt, welche Verwundung hast du denn? Erzähl doch mal, warum bist du wütend oder warum kloppst du denn da so drauf? Vollkommen irrelevant. Heilung und Tiefe entstehen häufig unerwartet und selbstdirektiv. Was wir als Männer und Frauen stellen müssen, ist der Rahmen und die Haltung, durch die das ermöglicht wird, was werden soll. Den Rest machen die Jungs selber.

Hat das mit Eurem Konzept des „Genius" von James Hillmann zu tun?

Ja, auch. Hillmann nennt das die Eicheltheorie. Im Samen der Eichel steckt bereits der ganze Baum, die große Eiche. Es ist zwar nicht sichtbar und materialisiert, dennoch vorhanden – die Äste, die Blätter und die Samen. Es ist alles fertig. Diese Sichtweise widerstrebt uns meistens in zweierlei Hinsicht: zum einen, weil wir uns festgelegt fühlen, zum anderen, weil wir glauben, wir müßten etwas tun, etwas verändern, damit es sich so entwickelt, wie wir es wollen. Hillmann sagt, wir sind bereits die Person, die wir sein sollen. Mit dieser Einschätzung steht er übrigens nicht allein da. Viele Philosophen in der Menschheitsgeschichte und in unterschiedlichen Kulturen haben sich mit dem auseinandergesetzt, was jenseits von Biologie und Erziehung liegt. Ein Beispiel: Manolete, einer der größten spanischen Stierkämpfer des letzten Jahrhunderts, ein Mythos zu Lebzeiten. Es wird von ihm berichtet, daß er als kleiner Junge sehr ängstlich und schüchtern gewesen sei. Er hat sich häufig hinter dem Rock seiner Mutter versteckt, hat nicht mit den anderen Jungs Fußball oder Stierkampf gespielt und immer viel geweint. Er war kränklich und wäre mit zwei Jahren fast an einer Lungenentzündung gestorben. Aus der Sicht der klassischen Psychologie könnte man sagen, da könnte etwas passiert sein. Mißbrauch? Dominanter Vater, überbehütende Mutter? Wir versuchen, aus dem, was sich zeigt, eine Erklärung in der Vergangenheit zu suchen. Das wäre eine Möglichkeit des Umgangs, nur sie kann bestimmte Dinge nicht erklären. Mit elf Jahren ging der Junge von einem Tag auf den anderen zum Stierkampf. Dort machte der junge Manolete seine erste Corridas, eine Übung, bei der die Bewegungen des Stieres nachgeahmt werden. Innerhalb von drei Wochen hatte er das Können, zu dem andere Jungen und Mädchen vier Jahre brauchten und keiner wußte, wie es dazu kam.

Die Eicheltheorie besagt, daß der Genius im Jungen wußte, daß er einmal Stierkämpfer werden würde. Und wenn Du vor einem mehreren Zentner schweren Stier stehst, würdest Du Dir auch keine Sorgen über das Wetter machen, sondern dich nach dem Rockzipfel deiner Mutter umschauen, der dir Schutz gibt. In diesem Sinne bestimmt die Zukunft die Vergangenheit. Das hat nichts mit Bewußtheit oder Unbewußtsein zu tun. Der Genius wird, wie in diesem Fall, plötzlich sichtbar. Der Genius steht für die Einzigartigkeit jedes Menschen und dafür, daß es sich lohnt, das zu machen, was wirklich unserem Wesen entspricht. Wir werden deshalb nicht alle Genies, fühlen uns aber in dem, was wir tun, erfüllter. Wir folgen unserem Ruf.

Du bist sehr überzeugt von Eurem Konzept.

Es funktioniert. Unsere Arbeit mit jungen Männern hat Kraft, trifft den Ton und spricht den Kerlen aus der Seele – oder wie es ein Ausbildungsteilnehmer formulierte: „Bodybuilding für die Seele".

Danke für das Interview.

IV. Naturritual

1. VisionQuest in der Bergwüste

In der Zwischenzeit, während die Göttinger ihr for! (ju:)® Modell aufgebaut hatten, war ich in Wildnisschulen in USA und Kanada und in Europa gewesen und hatte mich vor allem für die Gestaltung von Naturritualen interessiert.

Mein Leben war derweil immer noch geprägt vom frühen „Tod" meines Vaters und seinem Rückzug vor dem Leben. Ich war in Gregs Schwitzhüttenseminaren einigermaßen wach geworden. Ich sagte mir: „Du hast Deinen Vater sehr geliebt. Er ist früh gestorben. (Er war tatsächlich mit 61 Jahren am dritten Herzinfarkt nach langem Leiden gestorben.) Du siehst ihm ähnlich. Du bist ihm ähnlich. Versäume Dein Leben nicht! Was willst Du wirklich? Tu es jetzt! Wenn Du auch früh stirbst, hast Du das getan, was Du wolltest. Wenn Du alt stirbst, um so besser!" Die Todesübung bei Greg, bei der wir unseren eigenen Nachruf schreiben sollten, zeigte ihre Wirkung. Im gleichen Sommer, in dem ich das Bellichi-Seminar gemacht hatte, bekam ich das Buch von Steven Foster und Meredith Little „VisionQuest – Selbstheilung und Selbstfindung in der Wildnis" in die Hand. Es beschrieb eine Art Sterberitual, ein archaisches Fastenritual in der Bergwüste, wie ich es schon in der Heldenreise von Joseph Campbell, der übrigens nicht mit Gregory Campbell verwandt war, beschrieben fand. Ich setzte mich sofort mit einem Organisator, dessen Adresse auf der vorletzten Seite des Buches genannt war, in Verbindung.

Die Leiter und Leiterinnen waren Mitarbeiter der „School of Lost Borders" von Steven Foster und Meredith Little und nannten ihr Unternehmen „Beyond Bounderies". Kern dieser Visionssuche war ein Fastenritual, bei dem man vier Tage und vier Nächte alleine in der Wüste blieb. Es beinhaltete die typische Struktur der Heldenreise und die typischen Phasen:

1. Trennung vom bisherigen Lebensumfeld, seien es Beziehungen oder Arbeitsplatz / Aufbruch vom Alltag / Übertritt über die Schwelle
2. Verunsicherung und Erschütterung der bisherigen Lebensweisheiten und Erfahrungen, Abschied und Absterben alter Gewohnheiten / Prüfungen / Gefahren / Verwirrungen / Kreuzigung

3. Erkennen von neuen Lebenswahrheiten, Erlernen neuer Fertigkeiten und Fähigkeiten / Helfer / Gewinn des Elixiers
4. Einfügen in das alte (oder ein neues) Lebens- und Berufsumfeld / Transfer in den Alltag

2. Absichtserklärung und Medizinwanderung

Zur ersten Phase gehörte das Schreiben einer Absichtserklärung und eine sogenannte Medizinwanderung. Beides sollte noch in Deutschland vonstatten gehen.

In meiner Absichtserklärung, die man notwendigerweise einreichen mußte, hatte ich in meinem Schulenglisch, wohl mit einigen Fehlern, aber ehrlich geschrieben:

„Ich sitze gerade im Zug. Ich komme aus der Schweiz nach Norddeutschland zurück. Ich bin mit dem Kajak durch die Vorderrhein-Schlucht gefahren. Nachdem ich meinen Beruf als Schauspieler und Kulturmanager an den Nagel gehängt habe, habe ich eine sehr intensive Zeit mit dem Zen-Mönch und Initiationsmentor Gregory Campbell verbracht. Dabei entstand immer mehr der Wunsch, eine VisionQuest zu machen. Seit einiger Zeit trinke ich keinen Alkohol mehr. Ich bin sehr froh, davon loszukommen. Seitdem verändert sich mein Leben positiv. Aber auch viel Trauer und Wut um nicht gelebtes Leben während dieser Zeit kommen hoch. Vor allem Todes- bzw. Lebensangst. Ich merke jetzt erst, daß ich mich oft vor dem Leben zurückgezogen habe, aus Angst zu versagen oder verletzt zu werden. Ich würde gerne überprüfen:

Ob meine Entscheidung, mit der Schauspielerei aufzuhören, richtig war?

Vor allem, was kommt danach? Soll ich in die 'Männerarbeit' einsteigen?

Während einer der Schwitzhüttenrituale mit Greg sah ich ein rosarotes Herz mit einer goldenen Korona. Im Herzen war ein schwarzes Loch. Ich war bestürzt. Plötzlich verwandelte sich das schwarze Loch in einen schwarzen Stein. Das Herz öffnete sich und schwebte durch einen pinkfarbenen kitschigen Abendhimmel in einem typisch amerikanischen Canyon, der aussah wie bei einer Zigarettenreklame.

Was bedeutet das alles?

Herzliche Grüße Reinhold. "

Jeder Teilnehmer einer VisionQuest mußte also neben der bereits erwähnten brieflichen Absichtserklärung eine eintägige Fastenwanderung absolviert haben. Auf dieser rituellen Wanderung in der Vorbereitungszeit erhalten die Teilnehmer die ersten Hinweise für ihre viertägige Visionssuche. Diese eintägige Wanderung wird auch Medizinwanderung genannt. Das Wort Medizin kann dabei mit Kraft oder Lebensenergie oder Lebensessenz übersetzt werden. In irgend einem Wald, in irgend einer Landschaft, soweit wie möglich abseits von Menschen und ihren Siedlungen, streift der zukünftige Teilnehmer absichtslos einen Tag lang durch die Natur. Es geht nicht darum, einen besonders herausfordernden oder schwierigen Weg auf sich zu nehmen. Es ist auch nicht nötig, weite Strecken zurückzulegen oder die ganze Zeit zu laufen. Die Wanderung beginnt bei Sonnenaufgang und endet bei Sonnenuntergang. Am Anfang steht eine kleine Zeremonie, in der aus natürlichen Materialien eine einfache Schwelle markiert wird. Diese wird in dem Bewußtsein überschritten, daß dahinter eine andere als die gewohnte Welt beginnt – eine Welt, in der Landschaft, Ereignisse und Begegnungen symbolische Bedeutung haben. Der Weg soll nicht vorgeplant sein. Es geht darum, die Augen und Ohren offen zu halten. Es geht darum zu beobachten und wahrzunehmen. Der Macher und Aktionist ist in diesem Zusammenhang nicht so sehr gefragt. Ziel ist, daß sich bestimmte Symbole und allegorische Hinweise im Hinblick auf die Möglichkeiten, Begabungen und wirklichen Talente des Teilnehmers zeigen. Seine ihm gemäße, ihn ganz machende „Medizinkraft" soll das erste Mal hervortreten. Einen Gegenstand von besonderer Bedeutung und Wichtigkeit nimmt der Teilnehmer zur später folgenden VisionQuest mit.

Meine Medizinwanderung absolvierte ich im Taunus. Nachdem ich ein kleines Schwellenritual – ich legte einen Kreis von Blütenblättern mit kleinen Steinchen oben drauf, vollzogen hatte, zog ich im Morgengrauen los. Hasen hoppelten über den Weg. Die Vögel zwitscherten unverschämt laut. In der Ferne im Westen sah ich eine Burg auf einem Hügel. Es war ein warmer Sommertag. Bald ruhte ich mich auf einer Bank am Waldrand aus. Bremsen verjagten mich wieder. Eine Schar aufgeregter Reiter zogen auf ihren Pferden vorbei. Ich lies mich auf einer Lichtung im Halbschatten nieder. Rund um mich ein seidig weiches Licht. Das Gras war kniehoch. Weiter oben am Waldrand hörte ich ab und zu Spaziergänger. Obwohl ich gar nicht soweit von ihnen entfernt war, störte mich niemand. Ich lag entspannt an diesem geschützten Platz, an einen Apfelbaum gelehnt. Die Kirchenglocken läuteten um zwölf Uhr. Ich schlief ein. Vor-

her steckte ich noch einen Stock, den ich unterwegs gefunden hatte, in die Erde. Er war ein Markierungszeichen. Am Nachmittag, bevor ich weiterzog, brach ich den Stock entzwei. Die eine Hälfte ließ ich stecken. Die andere nahm ich mit und schnitzte daraus einen kleinen Speer. In einen kleinen Riß in der Spitze steckte ich die blaugemusterte Feder eines Eichelhähers. Für mich symbolisierte dieses rituelle Objekt die Verbindung von zwei Kräften des Mannes, Zärtlichkeit und Aggression, Gefühl und Kraft. Der kleine Speer mit der Feder sollte mich noch länger in meinem weiteren Leben begleiten. Just als ich mich noch mit dem Speer beschäftigte stand zehn Meter vor mir ein junger Hirsch. Er war überrascht und erschreckt, genauso wie ich. Er jagte zum naheliegenden Kornfeld und verschwand darin, tauchte jedoch einige Sekunden später wie ein schwebender Ballettänzer aus dem Kornfeld wieder auf. Dann orientierte er sich fast stehend in der Luft, wo es für ihn weitergehen konnte. Teilweise drehte er sich in der Luft und änderte die Richtung, Haken schlagend, wie ein Hase. Ich sah ihm bewegt und bewundernd zu.

Gegen Abend glaubte ich die Orientierung zu verlieren. Da sah ich die Burg ganz in meiner Nähe. Die Sonne stand neben ihr. Ein Reiter mit einem zweiten herrenlosen Pferd trabte in die Richtung der alten Gemäuer. Ich marschierte zügiger. Die Burg war nicht mehr weit. Die Sonne ging glutrot unter. Als ich bei der Burg ankam, war das Haupttor geschlossen. Ich kam nicht mehr hinein. Schlagartig fiel mir ein, wie weit ich mich von meiner Herkunftsfamilie, meinem Bruder und meiner Mutter, die noch lebten, entfernt hatte. Ich war ein Weltenbummler und Komödiant geworden. Ein Wanderer und Pilger, der jahrelang durch dunkle Kneipen gezogen war, immer auf der Suche nach Erfüllung und Wahrheit. Zu Hause, zurückgekehrt von der Medizinwanderung, wiederholte ich die kleine Zeremonie und löste damit die Schwelle wieder auf.

3. Bitten um eine Vision – Flehen um ein Traumgesicht

Im Frühherbst 1994 flog ich also nach Kalifornien. Eine Woche nach meiner Landung in San Francisco fuhr ich nach Big Pine. Jetzt stand ich mitten in der Bergwüste der Inyo Mountains im Naturreservat der Paiute-Indianer.

Hanbletscheyapi heißt das Visionsfasten in der Wildnis und Wüste bei ihnen. Es bedeutet 'Bitten um eine Vision – Flehen um ein Traumgesicht'. Dabei kann

*auch eine einschneidende innere oder äußere Erfahrung herausspringen. Sie
soll den „Quester" auf den richtigen Lebenspfad bringen.*

*Wie sollte nun aber das Flehen und Bitten um eine Vision gehen? Flehen, ein
altes Wort. Um Hilfe flehen nur die Armen. Bin ich arm? Vielleicht? 35°C im
Schatten und Minusgrade in der Nacht herrschen hier in der Wüste. Ich habe
nur einen Schlafsack, kein Zelt. Klapperschlangen und Pumas soll es in dieser
Gegend geben. Feigheit, Ängste und Aggressionen melden sich bei mir. Kurzum,
grundlegende Gefühle, die ich sonst verdrängte. Wird mir etwas bewußter, was
ich sonst nicht wahrhaben will? Der „Blinde Fleck" wie manche Psychologen
sagen? Ich kille eine Fliege vor lauter Nervosität.*

*Ein Gebet, das ich bei den Anonymen Alkoholikern gehört hatte, fällt mir
wieder ein.*

*„Gott gebe mir die Gelassenheit, Dinge hinzunehmen, die ich nicht ändern
kann, den Mut, Dinge zu ändern, die ich ändern kann und die Weisheit, das eine
vom andern zu unterscheiden."*

*Danach geht es mir besser. Vier Liter Wasser stehen mir pro Tag und Nacht
zur Verfügung.*

*Ich bin gut vorbereitet. Ich weiß, wie sich Klapperschlangen verhalten, wie
ein scheuer Berglöwe reagiert, daß die Skorpione nicht wirklich giftig sind.*

*In der dritten Nacht heult ein Kojote, in meiner Nähe. In der mondhellen,
sternklaren Nacht antwortet ihm sein Freund. Beide jaulen wie kleine Kinder.
Ich bin unsicher, gespannt und ängstlich, mag mir dies aber nicht eingestehen.*

4. Eine Flußfahrt in ausgetrockneter Wüste

*Die ersten drei Tage meiner VisionQuest verbringe ich in einem ausgetrockne-
ten Flußtal, einem Canyon. Er war so ausgetrocknet, wie mein Lebensstrom in
mir. Zwar war ich als Alkoholiker trocken geworden, doch was sollte ich jetzt
tun ohne diesen eleganten Weichmacher und dieses Lösungsmittel.*

*In dem kleinen versteckten Hochgebirgscanyon wuchs die eine oder andere
Krüppelkiefer. Sie hatten ihre Wurzeln tief in Felsritzen gesenkt. Die Bäume
waren grün, ebenso wie die Thymianbüsche um mich herum. Und je länger ich
nackig und im Halbschatten hockte, um so mehr bemerkte ich das Grün in der*

Wüste. Sollte auch ich meine Wurzeln tiefer in die Erde bohren? Das Wasser kam tief aus der Erde und ernährte die Pflanzen.

Ein Vogelschwarm zog mit viel Gepiepse wie ein einziges großes Gesamtwesen morgens nach Süden und abends wieder zurück nach Norden. Ich beobachtete, wie ein kleiner Vogel von einem großen Falken verfolgt wurde. Der schützende Schwarm war nicht in seiner Nähe. Der Kleine flüchtete sich geschickt in das Astwerk einer Kiefer. Der Falke mußte jäh abbremsen und flatterte verdutzt gegen die Äste. Der kleine Vogel schlüpfte auf der anderen Seite des Baumes davon und gewann dadurch Vorsprung. Aber die Jagd ging weiter.

In mir ratterten die Gedanken. Schutz der Gruppe suchen. Das Leben als Einzelgänger ist gefährlich. Listig sein. Eigene Stärken und Begabungen nutzbar machen. Blitzschnell zog ich meine Lehren. Die Natur hatte mir eine lehrreiche Geschichte erzählt.

In der Nähe meines Lagerplatzes fand ich ein Hirschgeweih. Es erinnerte mich an meine Medizinwanderung im Taunus und an den tanzenden Hirsch, den ich damals bewundert hatte. Ein Gefühl von Würde ergriff mich. Der feine Wüstensand staubte mich immer mehr ein. In meiner Nacktheit wurde ich gleichzeitig selbst immer tierischer. Ich spürte, daß ich mich mit Klauen und Zähnen wehren würde, wenn ich angegriffen würde. Oder flüchten, wie ein Hirsch und dennoch meine Würde bewahren könnte.

Dann bemerkte ich, daß ich doch ein ziemlicher Angeber war. Wenn irgendwo etwas raschelte, dachte ich sofort an eine Klapperschlange, auch wenn es nur ein Käfer war. Ich wollte einen Puma sehen, um dann großspurig von dieser Begegnung erzählen zu können.

Nach drei Tagen bekam ich Magenschmerzen. Es fühlte sich an wie Feuer im Bauch. Es war, als ob er glühte, als ob Kohlen in einem alten Ofen wieder angezündet wurden. Ich schrie, wie damals in meiner Jugend am Familientisch. Dann begann ich laut ein Lied zu singen:

„Schwarze Wolken ziehen dahin, bringen Regen und Trauer, ich weiß nicht wohin, wäre gern eine Happy Flower.“

Das Singen brachte mir etwas Linderung.

Ich sah einen größeren schwarzen Stein, der in der Uferböschung des Canyons zwischen zwei anderen Steinen eingeklemmt war. Er zog mich magisch an. Ich versuchte, ihn herauszuziehen. Würde die Böschung nachgeben, wenn ich ihn herausbekäme? Spült der Fluß diesen Stein irgendwann frei? Ich mußte über meinen Gedanken lachen. Hier mitten in der Wüste Wasser? Ich bekam wieder Magenschmerzen. Wieder und wieder sang ich das Lied und jammerte dazu. Wie lange war in diesem Canyon kein Wasser mehr gewesen? Ein Jahr, zwei Jahre? Von der Trockenheit her gesehen, machte es den Eindruck, als ob 500 Jahre kein Wasser mehr in diesem Bett geflossen war. Dennoch gab es dicke Bäume, die noch lebten. Alle Wüstenführer hatten mir erzählt, daß mehr Menschen in der Wüste bei überraschenden Gewittern und den dadurch verursachten Sturzfluten in Canyons ertrinken, als Menschen in der Wüste verdursten.

Immer wieder sang ich dieses Lied, monoton und wiederholend. Dann sprach ich wieder mein Gebet: „Gott, gib mir Gelassenheit, Dinge hinzunehmen, die ich nicht ändern kann, den Mut, Dinge zu ändern ..." Manchmal versprach ich mich absichtlich und sagte: „Gott, gib mir die Gelassenheit, Menschen hinzunehmen, die ich nicht ändern kann, den Mut, Menschen zu ändern, die ich ändern kann und die Weisheit zu erkennen, daß dieser Mensch ich bin."

Die Farben, das Rot, das Braun und das Grün wurden Stunde für Stunde immer leuchtender und intensiver. Die Thymianbüsche wurden zu Korallen. Kleine trockene Blätter zu Schmetterlingen, die durch den Wüstenwind flatterten. An den Schleifspuren im Gestein des Canyons sah ich das fließende Wasser. Ich stellte mir vor, wie vor hunderten von Jahren hier mitten in der Wüste ein Bach quirlte. Während ich mich übergab, hörte ich tatsächlich das Wasser rauschen. Ich grinste unbeholfen. Das sattgrüne Jagdgebiet der Paiute entstand vor mir oder besser gesagt in mir. Ich erlebte die Indianer bei der gemeinsamen Treibjagd auf Hirsche. Frösche quakten. Ich war wie betäubt, hatte das Gefühl, unter Wasser zu leben. Der Flußgeist kam zurück. Ich bekam Angst, in Ohnmacht zu fallen und sprach wie in Trance meinen Namen aus: R e i n h o l d. Plötzlich wurde aus Reinhold, Rhein – hold und Rheingold. Emeralde, eine der Leiterinnen, hatte dieses Wortspiel in der Vorbereitungszeit gebraucht. Sie kannte die germanischen Götter wie Odin oder Loki, den Feuerteufel. Sie, die jahrzehntelang bei den Indianern gelebt hatte, hatte noch ein Gespür für altes Stammeswissen und Naturvolkweisheiten. Das alte Märchen von Rheingold mit den Wassernixen, die das Gold bewachten, der Raub des Goldes durch Loki und den dunklen Zwerg Alberich fiel mir in diesem Moment ein. Mein Freund Annäus hatte mich einmal darauf hingewiesen, daß Richard Wagner diese verstümmelte Hollywoodfassung aus der ursprünglichen Edda, den vielen germanischen Erzählungen, zusammengeschustert hatte. Es schmerzte mich, daß die Nationalsozialisten viele alte deutsche Sagen mißbraucht und manipulierend benutzt hatten.

Plötzlich aber fühlte ich mich besser. Es war, als ob mein eigener ausgetrockneter Lebensstrom in mir wieder zu fließen begann. Wo war meine goldene Ausstrahlung solange geblieben? In dunklen, verräucherten Kneipen?

„Sonnyboy" hatten mich die Nachbarn als Kind genannt. In der Pubertät kamen die dunklen Wolken. Aber sie entluden sich nicht als fruchtbares Naß. Ich trocknete aus. Ich nahm Feuerwasser, also Alkohol. Dann brannte das Lebensfeuer hell. Aber die echten Gefühle, das Wasser, die Liebe zum Leben waren weiter blockiert und versickerten mehr und mehr in den Untergrund. „Wenn das Wasser im Rhein gold'ner Wein wär", summte ich in der Wüste vor mich hin „ja, dann könnt'ich mich besaufen ... ". Der Rhein war zur Kloake geworden. Vergiftet. Ich hatte in meiner Jugendzeit begonnen, mich zu vergiften. Ich wußte nicht, daß ich eine Allergie gegen Alkohol hatte. Alkoholkrank war, wie mein Vater. Ich funktionierte nur. In der Schule lernte ich aus Angst, aber die Liebe, vor allem die Liebe zu mir selbst, war mir abhanden gekommen. Die Aborigines (Australiens Ureinwohner) sagen: „Dein Land ist Deine Seele. Du bist ein Teil des Landes." Der Rhein ein Nutzgewässer, fiel mir dazu ein. Er sollte funktionieren, ich wollte das auch damals.

Der Raub des Goldes aus der Natur, wie er in der germanischen Ursprungssage beschrieben wurde, wurde mitten in der Bergwüste Kaliforniens zu einer symbolträchtigen Geschichte. Hier im ehemaligen Jagdgebiet der Indianer waren sogar einmal Goldgräbercamps entstanden. Ab und zu fand ich eine rostige Dose. Es gab noch gefährliche Stollen und Minen.

James Hillmann, der Psychologe fiel mir wieder ein:

„Wir sollten uns unsere Verletzungen nicht nur als Wunden vorstellen, die geheilt werden müssen, sondern als Salzminen, aus denen wir etwas Kostbares und Wesentliches gewinnen, ohne das unsere Seele nicht leben kann."

Da entstand in mir die Idee einer Flußfahrt, einer Pilgerreise für Männer auf Vater Rhein. Eine Reise ins Herz des Mannes. Vom Badusgletscher in den Graubündener Alpen über den wilden Vorderrhein und den Alpenrhein, den Oberrhein mit seinen dschungelartigen Flußauen. Weiter zum Mittelrhein, den Niederrhein bis zur holländischen Merwede und ins Meer. Die Auseinandersetzung mit dem Faschismus, der Romantik und Aufklärung, der Inquisition und der mittelalterlichen Mystik bis hin zur germanischen Irminsul, dem immergrünen Lebensbaum der Germanen. Und dann noch weiter zur weiblich geprägten Kultur der Kelten, einem Volk, das an Wasserfeen und Waldgeister glaubte. Die Pilgerreise sollte eine Reise vom Männlichen zum Weiblichen werden. Eine inter-

kulturelle Versöhnungsreise zwischen der alten Welt der Naturvölker und der modernen hochtechnisierten Welt. Eine initiatische Pilgerreise für Männer.

Überwältigt von der Größe der Vision las ich mir selbst den einzigen Text vor, den ich mitgenommen hatte. Das Gebet Saint d'Exuperys:

„Lehre mich die Kunst der kleinen Schritte! Ich bitte um Kraft für das rechte Maß, daß ich nicht durch das Leben rutsche, sondern den Tagesablauf bewußt wahrnehme, auf Lichtblicke und Höhepunkte achte und Raum finde für Augenblicke der Stille. Laß mich erkennen, daß Grübeln nicht weiterhilft, weder über die Vergangenheit noch über die Zukunft. Hilf mir, das Nächste so gut wie möglich zu tun und die jetzige Stunde als die wichtigste zu erkennen. Bewahre mich vor der Erwartung, es müßte im Leben alles glatt gehen. Schenke mir die Erkenntnis, daß Schwierigkeiten, Niederlagen, Mißerfolge und sogenannte Rückschläge eine hilfreiche Zugabe sind, durch die wir wachsen und reifen. Schicke mir im rechten Augenblick jemanden, der den Mut hat, mir die Wahrheit in Liebe zu sagen und laß mich deine Wahrheit aus meinem Innersten hören. Ich weiß, daß sich viele Probleme auch dadurch lösen können, daß ich nichts tue. Zeige mir, wo ich warten soll und gib mir die Geduld und das Vertrauen dazu.

Du weißt, wie sehr wir der Freundschaft bedürfen. Gib, daß ich diesem schönsten, schwierigsten und riskantesten und zartesten Geschäft des Lebens gewachsen bin. Verleihe mir die nötige Wachsamkeit, im rechten Augenblick ein Päckchen Güte – mit oder ohne Worte – an der richtigen Stelle abzugeben. Mach aus mir einen Menschen, der einem Schiff mit Tiefgang gleicht, um auch die zu erreichen, die 'unten' sind. Bewahre mich vor der Angst, ich könnte das Leben versäumen. Gib mir nicht, was ich mir wünsche, sondern was ich brauche.

Lehre mich die Kunst der kleinen Schritte."

5. Der brennende Stein und der schwarze Wolfshund

Dann stieg ich am vierten Tag der VisionQuest aus dem Canyon auf die Hochebene hinauf und zog für die letzte Nacht ohne Schlafsack in meinen Steinkreis. Ich kam mir nicht vor wie ein germanischer Held. Das, was ich unter Held sein verstand, kam mächtig ins Wanken. Ich verbrachte die letzte Nacht halb wach und halb schlafend. Ein tiefes Mitgefühl mit frierenden Hirten in allen Teilen der Welt kam in mir auf. Oder war es verdecktes Selbstmitleid? Ich mußte ein wenig schmunzeln. Hieß ich doch mit Nachnamen Schäfer. Da lag ich nun mit

Skimütze und Thermounterhosen. Ich hörte einen Hirten auf der Flöte in der Einsamkeit der Nacht spielen. Träumte ich oder war ich wach? Neid kam auf. Er hatte bestimmt Käse und Brot. Ich hatte nur Wasser. Mir war speiübel. Ich kam mir immer noch nicht wie ein Held vor. Dennoch mußte ich wieder lächeln. Lachen war aus Kraftmangel nicht mehr möglich. Der schwarze Stein im Bauch brannte wieder. Ich schlief ein.

Ein großer schwarzer Wolfshund erschien. Er sprang auf federnden Pfoten mit riesigen Sätzen auf mich zu. Ich bekam Angst. Er sah gefährlich und aggressiv aus mit seinen weißen Zähnen. Ich blieb stehen und atmete ruhig weiter, wie es mir damals Greg im Krankenhaus empfohlen hatte. Dann sprang er mich an. Er kaute vorsichtig auf meiner Hand herum, wollte spielen und nach Herzenslust herumtollen. Er kam meinem Gesicht mit seiner feuchten Schnauze immer näher und beschnupperte mich. Als er mich zärtlich ableckte... wachte ich auf. Es war früh morgens. Am Horizont stieg die Sonne in einem rosaroten kitschigen Himmel hoch.

6. Die Verwebung des alten mit dem neuen Leben

Ich flog zurück nach Deutschland. Als ich mich wieder zu Hause eingewöhnt hatte, begann ich konsequent, mein Vorhaben „Initiatische Reisen mit Männern" in die Tat umzusetzen. Der erste Teil sollte sich mit einer Art VisionQuest für Männer in einer europäischen Waldwildnis befassen. Der zweite Teil mit der Umsetzung der initiatischen Pilgerreise für Männer auf Vater Rhein. Er sollte sich mit mythologischen Geschichten und Figuren befassen, die um diesen europäischen Fluß angesiedelt waren oder noch sind. Vor allem wollte ich mehr über die Rheingold-Sage erfahren.

In den folgenden Monaten traf ich wieder öfter mit Greg zusammen und begleitete ihn auf seinen Seminaren. Gespräche und Informationsaustausch mit Freunden aus Männergruppen vertieften mein Wissen. Meine schamanischen und initiatischen Kenntnisse wuchsen. Studien über Rituale der nordamerikanischen Prärieindianer folgten und Fortbildungskurse an Wildnisschulen in Kanada und Europa. Gleichzeitig erinnerte ich mich an die vielen Männergespräche in dunklen verrauchten Kneipen und im „Milieu" aus meiner Trinkerzeit. Mir dämmerte, daß der schwarze Wolfshund aus der letzten Nacht der VisionQuest mich leiten könnte. Er war kraftvoll und dennoch zärtlich und spielerisch. Er

102

mußte von Natur aus einen guten Riecher haben! Er verband für mich in einem gewissen Sinne Kraft und Gefühl und auch Mut! Was ich im Traum der letzten VisionQuest-Nacht erlebt hatte, war für mich ein Sinnbild. Dieses Traumgesicht konnte zu einer Art Kompaß und Kraftquelle werden, so wie mein schwarzes Loch im Herzen und der schwarze Stein langsam zu Orientierungspunkten in meinem zukünftigen Leben wurden.

Zwei Fragen beschäftigten mich besonders. War es für deutsche Männer schwierig, ihre dunklen Seiten anzuschauen, weil ihre Väter über ihre Vergangenheit schwiegen? Konnten sie deswegen nicht in ihre volle Kraft kommen?

Eine warnende Tarotkarte kam mir in den Sinn: „Der Prinz der Schwerter".

„In den Mythen ist dieser Typus in den Frühlingsgöttern als der ewige Jüngling dargestellt, der Heilsbringer der Menschheit, der Verkünder des Erlösungsweges aus dem Leiden. Er ist der Genius, das göttliche Kind, dessen Schicksal es jedoch stets ist, früh zu sterben, wohl um ihm das Erlebnis zu ersparen, wie seine frohe Kunde im Laufe der Zeit in Dogmen erstarrt, wie auch er dem Alterungsprozeß unterliegt und wie seine Botschaft rissig wird, wenn er selbst in leidvolle Phasen gerät. Der Prinz der Schwerter verkörpert mehr die unreife Form dieses Archetyps, den neunmalklugen Besserwisser, den Luftikus, dessen Patentlösungen sich zwar allesamt interessant anhören, aber der Praxis in aller Regel nicht standhalten. Der Prinz der Schwerter verkörpert einen jungen Mann, mit klarem scharfen Verstand, fähig jedes vorstellbare Argument aufrechtzuerhalten und vorzubringen, unempfänglich für Bedauern oder Gewissensbisse, zungenfertig im „Zitieren aus den Schriften", geschickt und schlau, jede nur denkbare These zu unterstützen, gleichgültig gegenüber dem Schicksal eines zwei Minuten vorher erwähnten widersprüchlichen Arguments.

Im beruflichen Leben stehen wir in Situationen, die schnelle Entscheidungen verlangen. Dabei warnt uns diese Karte davor, in Scheinlösungen steckenzubleiben. Sie zeigt, daß unsere Pläne und Konzepte oft nur Schall und Rauch sind und daß wir gut beraten sind, sie kritisch zu überprüfen und auf realisierbare Maße zurechtzustutzen."[19]

Aber auch eine hoffnungsvolle, die Tarotkarte „Kunst", fiel mir ein und als ehemaliger Schauspieler, aber auch Lebenskünstler mochte ich sie natürlich gerne. Sie bedeutet:

„Harte Arbeit an Dir selbst, möglicherweise verbunden mit tiefgreifenden Erfahrungen von Tod, Abschied und Veränderung haben Dich auf diesen Zustand vorbereitet, in dem Transformation und Wandlung wie von selbst geschehen.

Sie symbolisiert auch die Verbindung von Feuer und Wasser, hell und dunkel, männlich und weiblich, Tod und Wiedergeburt als einen inneren Prozeß."[20]

Sie erinnerte mich auch an die Alchemie des Feuers und des Wassers bei den Schwitzhütten mit Greg und den anderen Männern...

C.
Männliche
Initiation

I. Das Weltbild der Naturvölker und der Bezug zur modernen Gesellschaft

1. Die Kraft, die aus der Wunde kommt

Ich begann, weiteres Informationsmaterial über Initiation von Männern zu studieren, um sie mit Erfahrungen zu vergleichen, die ich bei Greg und John Bellichi gemacht hatte. Ich wollte noch sattelfester werden. Ich wollte sozusagen vermeiden, daß ich von einem bockigen Pferd fiel. Im Gespräch mit Greg und anderen Männern erfuhr ich Erstaunliches. Ich wollte noch mehr wissen!

Der Weg der Männer – wo beginnt er, wie ist sein Verlauf, wohin führt er uns?

Im Initiationsritual (Initiation, lat. hineingehen), einer heiligen, kultischen Inszenierung der Naturvölker, werden junge Männer absichtsvoll verwundet. Im Rahmen zeremonieller Handlungen finden die Jungen eines Stammes so Aufnahme in die Gemeinschaft der „Alten Männer". Ich habe in Büchern und Zeitschriften blutige Bilder gesehen. Schmerzverzerrte Gesichter, abgefeilte Zähne, Narben am Körper. Auf der gleichen Seite weiter unten Fotos derselben jungen Menschen nach dem Ritual: tanzend, lachend, fröhlich, stolz. Ich war verwirrt und fragte mich: Was soll das? Aber ich fragte auch andersherum: Wie mögen wohl die alten Völker die heutigen Männer sehen?

„Aus der Sicht aller älteren Kulturen ist der moderne zivilisierte Mann von heute höchstens ein groß gewordener Junge, ein ewiger Jüngling, ein Überflieger."[21] Um als reifer, erwachsener Mann in die Gesellschaft aufgenommen zu werden, mußten sich früher alle Männer, wie schon zu Beginn des Buches beschrieben, einem Initiationsprozeß in Form eines Einweihungsrituals unterziehen. Die Initiation war ein Mysterium, ein geheimer Ritus. In traditionellen, hierarchischen Stammesgesellschaften geschah dadurch die Aufnahme eines jungen Mannes in die Gemeinschaft der Männer, die mit einem besonderen Status verbunden war. Es begann mit einem zentralen Ritual für die jungen Männer, für die „Jugendlichen" würden wir heute sagen. Bei weiteren Übergangssituationen wie Heirat, Einberufung in den Ältestenrat usw. wurden weitere Zeremonien der Einweihung gefeiert. Bei uns heute wird die initiatische Einweihung in kleineren, manchmal fast unmerklichen, sogar unbewußten Schritten vollzogen – wenn überhaupt. Einige wenige Rituale kennen wir noch, z.B. die Kommunion, Konfirmation, Jugendweihe. Selbst die Feier beim Erwerb des Führerscheins oder die große Party am Ende der Schulzeit erinnert an Initiationsrituale. Auch die heute weltweit verbreitete Beschneidung der Vorhaut bei kleinen Jungen geht auf alte Initiationsrituale zurück. Allerdings wird hier immer stärker über Sinn und Zweck im allgemeinen gestritten. (Ganz besonders gilt dies auch für eine Form der weiblichen Initiation: der Klitorisbeschneidung. Auch dieses Ritual wird auf der ganzen Welt diskutiert und die Frauen beginnen andere symbolhafte moderne Initiationsrituale zu gestalten.)

Während früher die Phasen der Initiation durch den klar vorgegebenen Weg der Männer und der Tradition bestimmt wurden, erscheinen bei uns diese Abschnitte als individuelle Entscheidungskrisen, die oft von Unsicherheit, Angst und Krankheit begleitet werden.

Ich begann mit eigenen Überlegungen.

Die in den traditionellen Initiationsritualen absichtsvoll herbeigeführte Verwundung scheint den jungen Männern die gleichen Chancen zur Wahrnehmung der Welt und des Erkennens wesentlicher Lebensprinzipien zu bieten, die sich Frauen eröffnen können, wenn sie Kinder gebären. Frauen riskieren grundsätzlich ihr Leben bei der Geburt und gehen dabei durch Wehen, Schmerz und manchmal auch Todesängste. Eine Frau berichtet: „Mein Körper fühlt sich an wie mittendurchgerissen, kein Organ schien mehr an seinem Platz zu sein. Doch das war jetzt plötzlich alles ganz unwichtig. Das Schlimme war vorbei und etwas Neues hatte begonnen. Etwas, das mir nun in Gestalt eines warmen feuchten Bündels in den Arm gelegt wurde. Langsam stieg ein beseeligendes Gefühl, eine Mischung von Rettung aus höchster Not und Vervollständigung in mir auf – während der Schwangerschaft hatte ich mich, mathematisch unkorrekt, wie ein halber Mensch gefühlt. Das Glück über meinen zweiten Sohn würde ich erst in den nächsten Tagen ganz fassen und durchleben können. Da war ich selbst ein neuer Mensch, die Qual nicht vergessen, aber trivial wie jeder Schmerz, der nicht mehr ist. Was von Erfahrung dieser Geburt bleibt, hat für mich metaphysische Dimension: Es birgt die Hoffnung, daß der Tod weniger schrecklich sein wird, weil man dies hier durchgestanden hat."[22]

In vielen alten Kulturen wird die Frau als der weisere Mensch angesehen. Sie hat angeblich mehr Weitsicht und Intuition, denn sie trägt das Leben in sich, das verkörperte Prinzip Hoffnung. Durch Zeremonien und Rituale wollen Männer offenbar gleichwertig werden.

2. Alte Männer braucht das Land

Wie schaffen es die „Alten Männer" der Naturvölker mit einem Ritual, das uns zivilisierten Menschen fremd und verdächtig ist, daß die nachwachsenden Männer verantwortungsvoll werden, lernen, als Krieger klare Entscheidungen zu treffen und dennoch wiederum liebendes Mitgefühl behalten?

Vielleicht vermitteln sie den Jungen im Rahmen einer heiligen Zeremonie die Einsicht in das, was mit ihnen als Mann geschehen kann und was allen Männern vor ihnen einmal geschehen ist. Vielleicht helfen die „Alten Männer" mit dem Ritual den jungen Männern zu einer Erkenntnis. Vielleicht ist ihre geheime und weise Formel: „Du warst verwundet, Du bist verwundet, wirst verwundet werden und wirst als Mann verwundet bleiben! Aber Du gehörst dazu. Diese Wunde verbindet uns und öffnet uns füreinander. Wir verstehen Deinen Schmerz. Wir lassen Dich nicht allein mit Deiner Scham, Trauer und Verletzlichkeit. Du bist schön, wild, männlich, verantwortungsvoll und sensibel. Du wirst unsere Gemeinschaft schützen."

Jeder geschulte Arzt weiß, daß eine Wunde Aufmerksamkeit und Energie anzieht, was sich im Schmerz ausdrückt. Und jeder Psychologe weiß, daß die Hinwendung an die Verwundung erst den Schmerz verstärkt und dann bewirkt, daß der Schmerz vergeht oder zumindest abgemildert wird. Durch die Rituale der „Alten Männer" vergeht der Schmerz, obwohl die Wunde blutet. Im Christentum erinnert die Herzwunde Jesu an diese spirituelle Tradition. Ähnliches Gedankengut gibt es im Buddhismus. Auch im Sufismus der Derwische taucht diese immerwährende Wunde auf. Die Botschaft dieser ewigen Geschichte ist vermutlich: Gehe den Weg des gebrochenen Herzens. Die Männer müssen bluten wie die Frauen, damit sie das Leben besser verstehen lernen und weise werden. Bildhaft bedeutet dies für mich, daß sie barfuß durchs Leben gehen sollen, über Steine und duftende Wiesen. Das Messer, das die Wunde im Initiationsprozeß schneidet, soll die Wunde auf einer höheren, geistigen Ebene heilen. Dies ist der Grundgedanke, der für Mitteleuropäer fremd klingen mag. Fremd klingt auch die Idee des verwundeten Mannes, der andere Männer, durch das Bekenntnis zu seiner Wunde und seiner Krankheit heilt. Zu beachten ist allerdings, daß der Heilungsbegriff nicht im westlichen Sinne zu verstehen ist, sondern im Sinne von Ganzwerden und dazu gehören, die Kranken und Schwachen, auch die eigenen inneren Schwächen und Krankheiten. Wenn diese benannt werden, wirken sie als eine Kraft, die aus der Wunde kommt. Krankheit als Weg ist ein modernes Schlagwort. Oder auch Krise als Chance!

Erkennen die Männer bei uns ihre wirklichen Stärken und Schwächen? Erleben sie den tieferen Sinn der Wachstumsprozesse und des immerwährenden Wandels alles Lebendigen? Erfahren sie etwas über ihre verborgenen und verbogenen Seiten, ihren „Schatten", ihre Krise, in der sich manche seit vielen Jahren befinden? „Warum sind Männer in unserer Gesellschaft oft gefährlich und neigen zu unkontrollierter Gewalt? Wissen sie nicht, was ein Mann ist und wie ein Mann sein soll? Warum wirkt ein Mann stolz und ist plötzlich doch nur noch ein überheblicher Angeber? Ist er rechtschaffen oder doch nur dumm und naiv? Warum sind unsere Männer heutzutage nicht in Balance? Entweder zu hart oder zu weich. Wußten die „Alten Männer" wirklich, was ein Mann ist und wie er sein sollte?

Naturvölker scheinen in ihren, manchmal auch blutig endenden, Kampfritualen eine Form der Bewältigung ihrer Aggression gefunden zu haben. Vielleicht konnten sie daher besser mit ihrer Wut umgehen. Boxen und Fußball erinnern daran. Die Männergemeinschaft half beim Abnabeln vom mütterlichen Herd. Fehlt dieses Wissen unseren Männern? Haben sie nicht gelernt, wie sie die dunklen Punkte im Leben zur Orientierung nutzen können. Es scheint so.

Was ich vorher nicht so genau wußte: In der Pubertät schießt plötzlich 20-mal soviel Testosteron durch den Körper des jungen Mannes wie vorher. Dieses Hormon ist zuständig für Aggression, Risikobereitschaft, Gewalttätigkeit. Der junge Mann muß lernen, es zu beherrschen. Testosteron ruft eine gewaltige Emotion hervor, die mit allem Männlichen verbunden ist. Aus dieser Emotion resultieren rauher Wettkampf, Machttrieb, Besitzstreben, Ehrgeiz und Brutalität, aber auch Unabhängigkeit, Mut, sexuelle Kraft und Wildheit. Wenn der Mann nicht wie in traditionellen Gesellschaften von „Alten Männern" eingeweiht wird, braucht er vermutlich mehr Kraft und Zeit, diese männlichen Begabungen und Qualitäten ausbalanciert anzuwenden. Schnell und unüberlegt hat er sich jedoch meist vorher schon in Gewalttaten verstrickt, ob sie politisch motiviert sind oder nicht, ohne richtig zu kapieren, warum.

Fühlt er sich bestraft, weil er so ist, wie er ist? Fühlt er sich mißverstanden und wird noch brutaler und härter? Aus eigener Erfahrung um mein verwundetes Herz weiß ich, Männer, die diesen „Schatten" kennen, fühlen einen kurzen und tiefen Schmerz. Wenn sie den Umgang mit ihm gelernt haben, werden sie wieder stolz. Sie sehen strahlend und selbstbewußt aus. Sie verwandeln wilde Aggression in geformte Kraft. Sie haben aus Kohle Gold gemacht. Männer, die diesen Weg scheuen, sehen verschlagen, verkommen oder kindlich und müde aus.

Eine initiatische Reise für Männer könnte zu einem Pfad der Initiation werden, zu einer bewußten Einweihung in die Kräfte und Geheimnisse, das Wissen, die Visionen und Aufgaben, die die meisten heute lebenden Männer nicht mehr zu kennen scheinen und verloren haben. Könnte eine MännerQuest der richtige Weg sein? Vorbereitet durch Schwitzhütten und Mentoring? Was mußte ich noch wissen?

3. Beseelte Natur in animistischen Kulturen und moderne Tiefenökologie

Ich las, daß Männer in animistischen Kulturen (Gemeinschaften, die an Geister und die Wirklichkeit der Seele glauben) im Rahmen von Übungen und Ritualen auch erfahren sollten, daß die Natur mit ihnen kommuniziert, daß der Mensch Teil eines Ganzen sei und seine individuelle Denkweise quasi eine optische Täuschung des Bewußtseins.

Ich studierte in der „Schamanischen Stiftung" des Michael Harner-Instituts. Michael Harner, ein amerikanischer Anthropologe, machte mit seinen Veröffentlichungen, z.B. in seinem Buch „Der Weg des Schamanen"[23] unter dem Begriff: „Core (Kern) Schamanismus", die oft komplizierten und verschlüsselten Rituale der Naturvölker einem breiteren Publikum in Westeuropa und Nordamerika verständlich.

Bei den verschiedensten Naturvölkern gibt es demnach eine Übereinstimmung über die Wahrnehmungspotentiale des Menschen. Jeder Mensch erlebt demnach eine alltägliche Wirklichkeit, die wir in der westlichen Industriegesellschaft mit „Realität" bezeichnen und eine nichtalltägliche Wirklichkeit, die bei uns mit dem Begriff „Traum" oder „Unbewußtes" umschrieben wird. Für die Naturvölker und vor allem für deren geistige Führer und Mentoren, die Schamanen, bestehen diese beiden Wirklichkeiten gleichberechtigt nebeneinander. Die Welten sind oft durch eine zentrale Metapher, den Weltenbaum verbunden. So „reisen" sie zwischen diesen Welten hin- und her. Geister („Spirits"), innere Lehrer und Krafttiere sind dabei die Medien, die jeder anrufen kann. In der nichtalltäglichen Welt existiert die zyklische Zeit oder auch Zeitlosigkeit im Gegensatz zur linearen Lebenszeit, wie sie in der alltäglichen Wirklichkeit herrscht. An dieser orientieren sich auch die modernen, westlich geprägten Menschen. Durch das Wegfallen des linearen und vergänglichen Zeitgefühls kann daher auch mit den Ahnen gesprochen werden. Auch das kollektive Bewußtsein des Stammes tritt auf dieser Ebene zu Tage. Die sogenannte Traumzeit der Aborigines (Australiens Ureinwohner) umschreibt diesen Zustand mit einem Wort, das für uns faßbar ist, eben: Traumzeit. Dies hat natürlich eine erhebliche Konsequenz für den Lebenswandel und auch für die Betrachtung des Todes. Stammesvölker fühlen sich in diesem kollektiven Bewußtsein total geborgen, obwohl es natürlich auch Machtkämpfe, böse Geister, Dämonen und abzuwehrende Gefahren gibt. Sie handeln auf beiden Ebenen dieser Wirklichkeiten und bevorzugen keine Seite von beiden. Naturvölker leben zwar in diesen Bewußtseinszuständen, verstärken sie aber auch noch mittels Trommeln, Rasseln, Gesängen, Tänzen und pflanzlichen oder tierischen Substanzen. Sie leben in einer Art Symbiose und Allverbundenheit mit der Welt.

Die klassische westliche Psychologie allerdings beschreibt all diese Prozesse und Erscheinungen als vom menschlichen Ego abgegebene Projektionen, also als Interpretationen des subjektiv gebildeten, menschlichen Geistes. Für den Hawaianischen Schamanen Serge Kahili King ist das Ich „eine nützliche Illusion."[24]

Im Zusammenhang mit diesen Erkenntnissen und Diskussionen stieß ich auch auf den Begriff der „deep ecology", also der Tiefenökologie. „Sie wendet sich gegen den oberflächlichen Umweltschutz, der sich nur auf die „mechanistische" Reparatur der Industriegesellschaft durch Mülltrennung, Katalysatoren, Filtereinbauten etc. beschränkt. Der „tiefe" Umweltschutz glaubt nicht mehr an ein übersteigertes, technologisches Machbarkeitsdenken, er will wieder eine gefühlsmäßige Hinwendung zur Natur. Der Hintergedanke: Wird der vielzitierte Bruder Baum nicht nur ein Bruder im Kopf, sondern auch einer im Herzen, dann steht der Umweltschutzgedanke auf festeren Beinen. Der Begriff, der anschließend daran auftaucht, ist der des ökologischen Selbst. Er bedeutet auch emotional verankertes Bewußtsein, das nicht nur Mitmenschen, sondern auch Tiere, Pflanzen und Steine als Schwestern und Brüder anerkennt."[25]

Teilweise scheint mir bei der Tiefenökologie die Nähe zu einer gewissen Romantik und Idylle gegeben. Leicht übersehen werden die wirklichen Prozesse in der Natur, die ja auch von Fressen und Gefressenwerden, Entstehen, Wachsen und Vergehen sowie Machtkämpfen geprägt sind. Grundsätzlich sollten durch Naturmeditationen die Menschen sensibilisiert werden, Rituale gefeiert werden, die die menschliche Gemeinschaft mit der Natur verbinden und ein Ökoweg der Tat auch unter Einsatz des eigenen Lebens (siehe Aktionen von „Greenpeace" und „Robin Wood") beschritten werden. Das Spektrum der Vertreter der Tiefenökologie reichte also von eher individualistischen und einfühlsamen Praktiken bis hin zu aggressiven politischen bis mitunter kriminellen Handlungen. In der ganzen Spannbreite taucht in diesem Zusammenhang auch der Begriff des „Grünen Kriegers" bzw. „Ökokriegers" auf.

4. Schamanisches Heilen und der männliche Mythos von Tod und Wiederauferstehung

Schamanisches Heilen, das von jeher eines der heilsamsten Rituale der Naturvölker war, wurde 1986 von der WHO (Weltgesundheitsorganisation) als offizielle Behandlungsmethode bei psychosomatischen Erkrankungen anerkannt.

Schamanisches Heilen vollzieht sich in einem schamanischen Raum. Es ist an die Schaffung eines gemeinsamen Energie- und Bewußtseinsfeldes gebunden. Archaische und archetypische Wahrnehmungs-, Denk- und Vorstellungsebenen werden lebendig. Die gängigen Verhaltensmuster und Abwehrmechanismen, die das Bewußtsein an der Oberfläche halten, aber gleichzeitig der Ich-Bildung dienen, lockern sich. Der zunächst erreichte Bewußtseinszustand kann als wach, rezeptiv und ungesteuert bezeichnet werden. Im Verlauf einer schamanischen Sitzung ist es möglich, durch Fokusierung der Aufmerksamkeit auf den tieferen Ebenen als dem individuellen Bewußtsein den angestrebten heilsamen Prozeß in Bewegung zu bringen.

Auch hier würde die Psychologie von Imaginationen (Einbildungen) und Spiegelungen sprechen. Geister, Dämonen und Helfer, die dem Menschen auf seinen Heldenreisen begegnen, sind nach modernen Wahrnehmungs-, Kommunikations- und Interaktionskonzepten meist nur das Ergebnis neurotischer oder krankhaft psychotischer Verzerrungen. Vergleicht man die Psychotherapie mit dem Schamanismus, geht es in den meisten Psychotherapieeinrichtungen eher um Ich-Bildung und Heraustreten aus der Gruppe, um Individuation als ersten Schritt, im Schamanismus eher um Ich-Hingabe und Eingliederung ins Ganze als ersten Schritt.

Männer lernen in den Stammeskulturen anscheinend durch bewußtes Leiden. Die Initiationskulte spiegeln eine Dynamik der Verwundung, manchmal sogar des Todes und der Heilung bzw. der Wiederauferstehung wider. Nach dem Absterben im Winter kommt sozusagen das neue Wachstum im Frühling. Die Naturprinzipien herrschen im Außen, aber auch im Innen. Die jungen Männer

113

werden eingegraben, gefesselt, eingesperrt oder müssen alleine in die Wildnis zu gefährlichen Tieren. Wenn sie das Ritual überlebt haben, ist ihre Kindheit zu Ende, also gestorben, und sie sind als Männer wiedergeboren. Die reale und symbolische Verwundung macht den gesamten Prozeß deutlich. Es geht dabei auch um Ich-Stärke und Ich-Hingabe (zwei polare Kräfte), um einen Kampf mit sich selbst und um Loslassen und Läuterung.

Auch der Christus der Juden wurde von den Römern ans Kreuz geschlagen. Er litt und starb letztlich für ein neues Bewußtsein, wie schon Franz Alt in seinem Buch „Jesus, der neue Mann" feststellte. Das alttestamentarische Prinzip „Auge um Auge, Zahn um Zahn" wurde abgelöst durch Barmherzigkeit und die Toleranz der Bergpredigt. Jesus starb, wurde nach drei Tagen begraben, um zu sehen, daß er nicht nur geblufft hatte und ist dennoch am dritten Tage wieder von den Toten auferstanden. Danach erfuhr er seine Apotheose, also Vergöttlichung, genauso wie sie uns Joseph Campbell in seiner Heldenreise beschrieb. Vergleichbar der Sonne im Frühling zu Ostern, wenn sie immer höher in den Himmel steigt, scheinbar wiederauferstanden nach der Todesstarre im Winter, als sie kaum über den Horizont kam. Dies gilt zumindest für die Nordhalbkugel der Erde. Ein zyklisches Naturmärchen des Todes, der Wiederauferstehung und natürlich auch ein Sinnbild des versteiften Phallus und der möglichen Impotenz. Die Geschichten der Juden und der Christen sind trotz historischer Bezeugungen, daß Christus wirklich gelebt hat, nichts anderes als moderne Heldensagen von damals. Sie beschreiben die Hingabe des alten Ego (Auge um Auge, Zahn um Zahn) für das neue Bewußtsein (Toleranz, Versöhnung). Die Vermutung liegt sehr nahe, daß sie von einem alten schamanischen Ritus der Naturvölker abstammen. Erstaunlicherweise benötigte die christlich-jüdische Version des Schamanentodes allerdings noch einen Außenfeind, nämlich die Römer. Im germanischen Ritus des Odin, des Gottes des Sturmes und der Ekstase, sind es neun Tage, die dieser sich selbst kopfüber am Baum aufhängt. Mit einem Schrei stürzte er danach hinab und lernte, die Runen zu lesen, was nichts anderes bedeutet als archetypische lebendige Energiemuster erkennen zu können und damit quasi magisch anmutende Macht zu erringen.

Ich weiß, daß ich hing am windigen Baum
Neun lange Nächte,
Vom Speer verwundet, dem Odin geweiht,
Mir selber ich selbst,

Am Ast des Baums, dem man nicht ansehn kann,
Aus welcher Wurzel er sproß.

Sie boten mir nicht Brot noch Met;
Da neigt' ich mich nieder
Auf Runen sinnend, lernte sie seufzend:
Endlich fiel ich zur Erde.
...
Zu gedeihen begann ich und begann zu denken,
Wuchs und fühlte mich wohl.
Wort aus dem Wort verlieh mir das Wort,
Werk aus dem Werk verlieh mir das Werk.

„Das rituelle Hängen, ähnlich einem schamanischen Initiationstod, erleuchtet Odin. Der ursprüngliche Erfinder von Schrift und Runen gilt auch als Gott von Licht durch Dunkelheit.

Odin, Gott des Krieges und des heiligen Zorns, sowohl zerstörerisch als auch selbstzerstörerisch, kann als der Gott (oder der Archetyp, Anm. des Verf.), der über der Geschichte unseres Jahrhunderts zu thronen scheint, gesehen werden. Er ist aber auch ein Schamane, der es verborgenen Kräften gestattet, ans Licht zu treten, der sie erhellt und in fruchtbare Kräfte verwandelt. Er ist ein Gott der Weisheit, die sich als Fähigkeit versteht, die dunklen und destruktiven Kräfte zu beherrschen und zu verwandeln, die sich in einzelnen, in Gruppen, in ganzen Gesellschaften winden. Mehr noch ist er Gott einer Weisheit, die widersprüchliche Pole und Kräfte in der Waage hält. Seine Weisheit versteht sich als Spannung und nicht als illusorische Leugnung des vermeintlich 'Bösen'.

Ebenso wie unsere Vorfahren ihre Dämonen beschwörten und bekämpften, indem sie ihnen in ihren Zeremonien freie Bahn ließen", schrieb Barba (berühmter Theaterlehrer, Anm. des Verf.) vor einigen Jahren in einem Artikel über sein Theater, „sind auch wir, Zuschauer und Schauspieler, hier beisammen, um den Aspekt Odins, der in unserer Dunkelheit lauert, zu demaskieren, um ihm selbst im Tageslicht entgegenzutreten."[26]

Auch im Sonnentanz der Naturvölker Nordamerikas „kreuzigen" bzw. hängen die Männer sich selbst.

Nach dreitägigem intensiven Fasten, Tanzen und Schwitzhüttenritualen piercen sich die Tänzer am vierten Tag die Haut über den Brustwarzen, führen

Holzstifte ein, an denen sie Seile befestigen, deren anderes Ende am zentralen Sonnentanzpfahl befestigt ist.

Nun werfen sich die Tänzer nach hinten, bis die Seile straff sind und die Haut sich dehnt. Dabei kann es bis zu einer Stunde dauern, bis die Haut reißt und der Tänzer „frei" ist.

„... Ich legte mich auf Büffelfell nieder, und die anderen Tänzer schauten in meine Richtung, bliesen auf ihren Adler-Flöten und tanzten, während ich mit der Heiligen Pfeife betete. Als Titus gepiercт wurde, half ich ihm aufzustehen und zog dann einen Holzstift durch seine Haut, um den Strick daran festzubinden. Titus tanzte und zog an dem Strick, bis der Holzspieß brach und frei war. Ich mußte ziemlich lange ziehen, bevor ich mich losreißen konnte und das Fleischopfer vollbracht war. Titus und ich werden unser Leben lang piercen, so lange, wie die indianische Sprache und Kultur lebendig sind ..." (Bericht eines 90jährigen Sonnentänzers, der mit seinem 15jährigen Urenkel tanzte) [27]

Dieser Bericht ist ein seltenes Beispiel einer Initiation, deren Tradition vom Greis an den Urenkel weitergegeben wird. Die Indianer zielen dabei auf die Einheit und Verbundenheit mit der großen Weltenseele.

Gerade Männer scheinen diesen Kreuzigungstod als Form der Ekstase – und Ekstase bedeutet ja aus dem Griechischen kommend 'hinaustreten aus dem alten Ich' – zu suchen. Zumindest in den alten Kulturen. Ekstase war anscheinend für die Männer eine Möglichkeit der Bewußtseins- und Seelenformung.

„Um in die Tiefen des kollektiven Bewußtseins (bei uns manchmal Unbewußtes genannt) vordringen zu können, muß der Schamane selber 'leer' sein. Psychologisch ausgedrückt, sein persönliches Unbewußtes sollte von jedem psychischen Ballast (Projektionen) frei sein, der seine geistige Beweglichkeit hindern könnte. In der Tat sprechen die Schamanen davon, daß sie keine Vergangenheit hätten (dies ist im Rahmen der Zeitlosigkeit auch nicht möglich, Anm. d. Verf.). Sie sprechen vom kleinen Tod, den man sterben muß, um Zugang zur anderen Welt zu bekommen. Ihre Einweihung besteht wie bei den Initianden darin, diesen kleinen Tod zu sterben. Er befähigt sie unbehelligt von eigenen Kümmernissen und Verdrängungen und Verleugnungen, die Tiefen ihrer Psyche auszuloten, wo sie in der Tat Zugang zu mehr und anderem Wissen finden als in ihrem Alltags-Bewußtsein.

Im Gegensatz zum eingeweihten Schamanen ist der 'normale' Mensch in der Regel zu sehr in seiner persönlichen Psyche gefangen, als daß er gleich Zugang zum Tiefenbewußtsein bekommt. Wenn er mit seiner Trommel auf Reisen geht, begegnen ihm erst einmal seine persönlichen Gespenster. Welche Gespenster auftauchen, ist nicht beliebig, sondern entspricht genau den psychischen Prägungen dessen, der trommelt. Es sind seine persönlichen psychischen Abonnements, die er zu sehen bekommt. Dabei kann es tatsächlich soweit kommen, daß er, um weitertrommeln zu können, einen kleinen Tod sterben muß – und es auch wirklich so erlebt. Die motorische Rhythmik gibt ihm dabei eine Art rituellen Halt wie eine Nabelschnur zum Ich-Bewußtsein, ohne den er diese Prüfung kaum bestehen würde. Wer ein solches Gespenst überwunden hat, findet sich auf einer tieferen Ebene des Bewußtseins wieder, auf der ihm neue Kräfte und eine andere Klarheit zugänglich sind. Hier begegnet er wiederum anderen Lebenslügen und Verdrängungen, die sein Fortkommen behindern suchen. Von Gespenst zu Gespenst dringt er immer tiefer in sein persönliches Unbewußtes vor. Er stirbt einen Tod nach dem anderen bis er ganz durchlässig und geläutert ist für das ursprüngliche Sein in der Welt. Das Trommeln allerdings und dies ist ein wichtiger Willensakt und muß eine unerschütterliche Absicht sein, beginnt bei der Reise und beendet die Reise."[28] Ich-Wille und Ich-Hingabe müssen zusammenkommen.

In der umfangreichen Untersuchung: „Männer im Aufbruch" der Kirchen Deutschlands steht zu Leid und Tod: „Zwar versuchen in modernen Gesellschaften Europas die Menschen, aus dem Leben das Beste herauszuholen. Dazu wird Glück optimiert und Leid minimiert. Leid und Tod aus einer Kultur zu verdrängen, die zudem das 'Leben als letzte Gelegenheit' versteht, liegt nahe."[29]

„Im Blick auf den Umgang mit Leid und Tod muß festgestellt werden, daß die neuen (gewaltärmeren) Männer keinen intensiveren Zugang zu diesem Gefühlsbereich haben als traditionellere Männer, die eher zu Gewalt neigen. Die neuen Männer erklären sich zwar häufiger bereit, über das Thema nachzudenken, haben aber weniger Praxis und Erfahrung als der andere Rollentyp. Die neuen (sogenannten „emanzipierten", Anm. d. Verfassers) Männer haben deutlich weniger Glaubenszugänge zum Thema. Es ist bei ihnen nichts Vergleichbares getreten, höchstens eine Leerstelle."[30]

5. Männer- und Frauenkultur in Stammesgesellschaften

„Die meisten Naturstämme der Nordhalbkugel entstanden aus einem klaren Interesse heraus. Alleine konnten die Menschen nicht überleben, also schlossen sie sich in halbnomadisierenden Gruppen zusammen. Die Eskimos z.B., die in ihren kargen Gebieten oft Hunger litten, fanden sich zu Jagdgemeinschaften zusammen. Sie lebten egalitär und gleichgestellt. Eine soziale Hierarchie entstand in dieser 'Eskimogesellschaft' durch die unterschiedliche Tüchtigkeit und Fähigkeit der Jäger, ihre Familien mit Nahrungsmitteln und Rohmaterialen zu versorgen."[31] Derjenige, der nicht soviel hatte und konnte, kam in die Schuld. Seine Familie hatte das Recht, ihn zu verlassen, da er sie nicht versorgen konnte. Da er aber alleine nicht leben konnte, mußte er die Protektion eines besseren Jägers suchen. Je nach Fähigkeiten wurden die Rollen verteilt. So entstand eine Stammeshierarchie und ein soziales Gefüge. Durch die größeren Einheiten der männlichen Jagdbünde mußte nicht mehr täglich gejagt werden. Zeremonien, künstlerische und soziale Tätigkeiten wurden entwickelt. Zum Beispiel das Ritual des spirituellen Kanus. Die Männer setzten sich nacheinander auf den Boden und formten durch ihre Sitzpositionen die längliche Gestalt eines Bootes mit Bug und Heck. An der Spitze saß der Frontmann, dahinter der Hauptjäger mit der Harpune. Am Ende saß der Steuermann. Dann fuhren sie, bevor sie wirklich auf die Jagd gingen, die Strecke in Trance und imaginativ bzw. in der nichtalltäglichen Wirklichkeit ab. Zu Klängen der monotonen Rhythmen der Trommeln sahen sie auf dieser Reise Unwegsamkeiten, Gefahren und das mögliche Jagdglück. Sie stimmten sich damit auf den Gruppenrhythmus ein, ein Psychologe würde sagen, sie überprüften den Stand der Interaktion und Kommunikation untereinander und miteinander. Sie probten den Stand ihres Zusammenhaltes und wie wach, präsent und in welchem „Swing" er in Bezug auf das bevorstehende Abenteuer war. Es waren sozusagen gruppendynamische Abstimmungen, wie sie manchmal im Theater vor wichtigen Aufführungen im Theaterensemble praktiziert werden. Oder auch bei Sportteams, zum Beispiel im Basketball, wenn sich alle anfassen, die Köpfe zusammenstecken, um die Kraft der Gruppe zu spüren.

Die Walfängerbünde wurden zu Trägern der Tradition. Die Abläufe und Rituale der Jagd waren teilweise geheim. Die Führer „besaßen" die Lieder, sie wußten, wie man sich während der Jagd zu verhalten hatte, und sie kannten die Mittel, um die Danksagungszeremonie zu organisieren. Da die getöten Tiere in einer animistischen Kultur als Verwandte betrachtet werden, waren diese Anerkennungsrituale für das erlegte Tier absolut notwendig und sinnvoll. Sie konnten von anerkannten Jägern geerbt oder gekauft werden. Dadurch erlangten sie Macht. Das heißt auch, daß die Orte der Jagd und die Gefahrenquellen der Jagd nur ihnen oder zumindest der Männergemeinschaft bekannt waren. Bündnisse wurden allerdings nur solange geschlossen wie sie erfolgreich waren. Die Frau

118

des Bootsbesitzers und ihre Helferinnen waren für das Vernähen der Felle zuständig. Sie mußten beste Qualität abliefern, um so die Sicherheit der Wasserfahrzeuge zu gewährleisten. Von der Qualität und der Schönheit des Bootes hing das Wohlwollen des Wales ab. Es hieß, er wolle sich nur einem ihm würdigen Jäger ergeben.

Ein anderes Ritual mancher Naturvölker, von dem mir ein Mann erzählte, ist uns Europäern auch fremd: Mütterliche Frauen nehmen die heimkehrenden Krieger nach blutigen Auseinandersetzungen zur Brust. Sie nähren die seelisch trauernden Männer mit ihrer Liebe wie kleine Kinder und befreien sie dadurch aus dem Trancezustand, der sie im Kampf geschützt hat. Sie ermöglichen ihnen die Rückkehr zu einem friedvollen Umgang untereinander. Wie geht es den aus dem Balkan heimkehrenden deutschen Soldaten der KFOR- und SFOR-Truppen, den Männern, die von unserer Gemeinschaft aus politischen Gründen dahin geschickt wurden? Diesen jungen Menschen, angesteckt vom Schmerz der Opfer von Vertreibung, Vergewaltigung und den Angehörigen von Opfern von Massakern? Sie wurden mit Schmerz und Leid angefixt, wie von einer Droge. Wie die aus Vietnam heimkehrenden Männer reagierten, ist allgemein bekannt: mit Selbstmord, Vergewaltigungen, Depressionen. Eigene und miterlebte Greueltaten haben sie traumatisiert. Schon während des Krieges nahmen sie betäubende Suchtmittel, wie Heroin, Opium und Morphium. Viele landeten in psychiatrischen Anstalten. Ein gemeinsames, gemeinschaftliches und spirituelles Ritual, das die Männer hätte „entgiften" können, fand nicht statt. Das An- und Ausziehen der Uniform, die nicht nur den Einzelnen anonymisiert, sondern auch die Kriegsbemalung symbolisch repräsentiert, genügt nicht. Die Gesellschaft und ihre alten Generäle verraten die jungen Männer an diesem Punkt, sie lassen sie fallen. Grundsätzlich weiß gleichzeitig jeder junge Mann in seinem Innern, daß er in einer Krisensituation verpflichtet ist für die Gemeinschaft, zu der er gehört, die Kohlen aus dem Feuer zu holen, sei es als Soldat oder als Zivilist. Männer wissen das instinktiv und bilden einen Panzer um ihre Brust und um ihr Herz, um nicht zu verletzlich zu sein. Dennoch sind sie stolz und bereit, der Gemeinschaft zu dienen.

II. Ambivalenz

1. Männerbünde als Machtinstrument?

Oft wird behauptet, daß Männerbünde nur dazu dagewesen seien, um die Herrschaft der Männer aufrechtzuerhalten. Sie hätten die Aufgabe gehabt, die Komplementarität der Geschlechter und ihr Aufeinander-angewiesen-sein zu leugnen. Im Gegensatz zu meinen Überlegungen der Entwicklung und Erweiterung der psychischen Qualitäten des Mannes, meint man, daß die symbolische Aneignung weiblicher Funktionen wie der Menstruation bei der Beschneidung nur zum Machterwerb der Männer schlechthin geführt habe. In solchen Berichten sind die Frauen immer das Opfer, die Männer immer die Täter. Unberücksichtigt bleibt die Tatsache der erotischen und sexuellen Anziehung beider Geschlechter zur Zeugung der Nachkommen, die die Alten später versorgen mußten. Das gegenseitige Aufeinander-angewiesen-sein und die Ergänzung der Fertigkeiten wird vergessen.

Plausibler scheint mir eher ein Initiationsspektakel der Indianer von Feuerland, das die wirklichen Entwicklungen und die Realität widerspiegelt.

„Auch bei den Feuerland-Indianern in Südamerika bestand der Höhepunkt der Initiation in der Offenbarung, daß es sich bei den Geistern, die den Jünglingen in ihrer Kindheit Angst bereitet hatten, um maskierte Männer handelte, deren Maskeraden dazu dienten, die Frauen und Kinder zu ängstigen, um sie besser unter Kontrolle zu halten. Aus Mythen, die geheim gehalten wurden, lernten die Initianden, daß einst die Frauen geherrscht hätten, aber es sei dann den Männern gelungen, die Macht zu erobern, die es nun zu erhalten galte."[32]

Das Maskentheater beschreibt die entstehende Dynamik eines Geschlechterkampfes und Geschlechtertanzes, der bis heute angehoben hat und heute mit interessengebundenen, hochkomplizierten, wissenschaftlichen Forschungen weiterbetrieben wird. So behaupten die Sozialisationsforscher der 68er Generation und ihre Jünger, daß jeder jede Rolle, egal, ob männlich oder weiblich spielen könne. Die neueste Gehirnforschung beweist jedoch, daß eine biologische Vorprägung das weibliche oder männliche Gehirn in einem sehr frühen Stadium formt und zwar mit den alten bekannten gegensätzlichen Vorurteilen oder sich ergänzenden unterschiedlichen und anziehenden Qualitäten. Je nachdem, aus welchem Blickwinkel man dies sieht.

Es scheint für die Entwicklung beider Geschlechter notwendig zu sein, diesen Tanz zu tanzen.

2. Der ambivalente Held – früher und heute

Warum gerade initiatische Rituale in Deutschland erst einmal verdächtig sind, liegt aus historischen Gründen nahe. Sie gehen besonders tief und setzen besondere Qualitäten frei. Aber wenn sie nicht stattfinden, initiieren sich junge Männer selber. Meist bleibt eine solche Initiation durch das Fehlen der Mentorschaft eines „Weisen Alten" auf halbem Wege stecken und entfaltet unter Umständen eine gefährliche Ambivalenz.

Da initiatische Rituale eine besonders starke Form des Erkenntnisgewinns sowie auch ungeahnte Beeinflussungsmöglichkeiten öffnen, will ich an dieser Stelle besonders darauf hinweisen, daß jedes Verhaltensmuster und Konzept bipolar ist. Das heißt: es hat sowohl positives als auch pathologisches Material, es hat Stärken und Schwächen. Diese Stärken und Schwächen folgen keinen einfachen Schwarz-Weiß-Mustern, sondern stellen sich je nach Situation, Ausgangskonstellation und Prozeßentwicklung in einem äußerst differenzierten Licht dar. Es scheint so, daß in größeren Massengesellschaften eher als in kleinen Stammeseinheiten durch Unachtsamkeit und menschliche Schwächen pathologisch aktivierte archetypische Muster eine starke zerstörerische Kraft entwickeln. Sie können, wenn sie unbewußt aktiviert werden, mühelos Individuen als auch ganze Völker in einen Rausch versetzen. Gregory Campbell schrieb einmal: „Als Wagner komponierte, war er gewiß auf einer schamanischen Ebene von offener Erfindung und unsterblichen Möglichkeiten. Ich meine, daß er sein Leben lang zwei Anschauungen hatte, die die Quelle der Inspiration für seine Musik waren. Er war der Überzeugung, daß Erlösung nur durch Liebe unter Menschen (und Liebe, so meinte er, war vor allem in Frauen zu finden) bewirkt werden kann und daß nur die ewige Wirklichkeit die Menschen interessieren sollte.

Er sah mit großer Klarheit, daß die Welt, die wir allgemeinhin als wirklich ansehen, nur die fließende oder immer wandelnde Spiegelung der unsichtbaren, aber wahrhaften ewigen Wirklichkeit ist. Die ewige Wirklichkeit ist bewohnt von Geistern (um ein älteres Wort zu benutzen) oder Archetypen (um ein modernes Wort zu gebrauchen). Diese Wirklichkeit wird betreten in Phantasie, Visualisation, Meditation und/oder Tod. Wagner hat allerdings nicht immer klar gesehen, daß die ewige Wirklichkeit einen letzten Grund hat und daß dieser Grund die bescheidene Erde ist, die auch unsere Körper aus Blut und Knochen einschließt. ...

Die Ausdrücke 'Imaginäre Welt' oder 'Archetypische Ebene' mögen einigen nicht vertraut sein, aber diese Ebene wird und wurde immer bewußt von Schamanen, Mystikern und erfahrenen Meditierenden besucht. Diese archetypische Ebene (manchmal 'Unterwelt' genannt) wird auch von Künstlern wie Wagner besucht, aber leider ziemlich steuerlos."[33]

Beispiele für die Bi-Polarität archetypischer Muster:

• Krieger:

Im besten Falle schließen die Menschen sich zusammen, um sich oder andere zu verteidigen. Im schlimmsten Fall bricht alles in einem sinnlosen Gemetzel zusammen.

Die Energie des Kriegers gehört zu den vergiftetsten Aspekten unserer Gesellschaft. Wir verabscheuen alles was mit Gewalt zu tun hat und gleichzeitig werden wir förmlich von ihr überspült. Wir haben das Gefühl für den richtigen, ausgewogenen Einsatz von Macht und Aggression verloren. Das Hagakure, der traditionelle Ehrenkodex der japanischen Samurai, beschreibt in einem ergänzenden Sinnspruch das, was mit dem inneren Wesen des Kriegers gemeint sein könnte: „Ich fürchte nichts, ich habe nichts, ich begehre nichts – ich bin frei."

• Herrscher:

Im besten Fall ist dies die höchste und verantwortlichste Form von „Adel verpflichtet": Die Habenden helfen den Habenichtsen wohlwollend und staatsmännisch. Im schlimmsten Fall ist die Kultur blasiert, snobistisch und imperialistisch.

• Liebender:

Im besten Fall fühlen die Menschen sich gut, haben innige Beziehungen und das Leben ist herrlich. Im schlimmsten Fall wird der Friede durch Eifersucht, Gezänk und Klatsch erschüttert oder durch unterdrückte, nicht eingestandene Konflikte unterminiert.

• Magier:

Im besten Fall beruht das verwandelnde Tun auf gegenseitiger Verbundenheit und Demut. Im schlimmsten Fall ist es manipuliert, unausgewogen und vom Ich motiviert, oder es wird wirkungslos, weil abweichende Visionen nicht angemessen behandelt werden oder nicht erkannt wird, daß die Bedürfnisse sich im Laufe der Zeit ändern.

• Weiblich:

Im besten Fall sind dies kraftgebende, fürsorgliche, harmonische Kulturen, die zahlreiche Verhaltensweisen zulassen. Im schlimmsten Fall werden Konflikte unterdrückt und die Konformität wird durch Klatsch und ein Netzwerk von Scham und drohender Ausschließung verstärkt.

• Männlich:

Im besten Fall lehren diese Kulturen Mut, Disziplin und die Aufrechterhaltung hoher Maßstäbe im Interesse des Gemeinwohls. Im schlimmsten Fall sind sie gefühllos, ausbeuterisch, imperialistisch und destruktiv für die Erde.

So sollte die SS als vollkommenste organisatorische Ausprägung der nationalsozialistischen Ideologie nicht nur als Elitekampftruppe dienen, sondern tiefergehender Träger neuer Männer sein. Die SS-Ideologen griffen dabei auf das Wort Männerbund zurück, wobei sie unterschiedlichste Forschungsergebnisse aufnahmen und uminterpretierten. Vor allem Himmler und die Wiener Schule um R. Much entwickelten ein Bild von ekstatischen Männergruppen, indem sie diese als staatstragende Kraft und „eigenste Begabung der nördlichen Rasse" interpretierten. Die Wurzel aller Religionen und Kultur sei ein ekstatisches und emotionales Erlebnis im Männerbund. Konkretisiert sah diese Wiener Schule das ekstatische Erlebnis in den Formen des Totenkultes, der Tierbesessenheit und der Maskenzüge, wie sie von den Männergemeinschaften der Naturvölker, im 3. Reich primitive Völker genannt, praktiziert wurden.

Hier wurden besonders die Berserker (Bärenfelleute), ein germanischer Kriegermythos herbeizitiert, die sich mittels Drogen (Tollkirsche als Alkaloid) in Kriegsekstase versetzt und in einem schamanischen Prozeß der Energiegestaltveränderung (Shape-Shifting) wie Bären gekämpft haben sollen. Die Werke Nietzsches wurden ebenso herangezogen, wie auch die Schwerttänze aus dem altindischen Rigveda, und mit den ekstatischen griechischen Dionysischen Kulten verknüpft. Da Gefolgschaft und Treue schon seit Tacitus als zählebigste Tugenden der Germanen galten, war dies das verbindende Element, das alles zusammenhalten sollte, obwohl gleichzeitig bekannt war, daß die Germanen in kleinen anarchistischen Gruppen lebend, genau in diesem Punkt den Römern unterlegen waren.

Schon nach dem 1. Weltkrieg bildeten sich in der bürgerlichen Jugendbewegung ordensähnliche Jungenbünde, besonders auch im Odenwald. Der Kreis der Freunde um das Lagerfeuer wurde zur sakral erlebten Gemeinschaft.

Es erwies sich aber auch, daß in den jungenschaftlichen und männerbündischen Gruppen Potentiale von Widerstand erhalten blieben. Lieder und Schriften, Gruppen und Fahrtenstil dieser Bünde wurden zu Ausdrucksformen subkultureller, ja subversiver Gemeinschaften gegen den Monopolanspruch der Hitlerjugend.

Festzuhalten bleibt hier besonders: Wenn Männer nicht ihren eigenen individuellen Heldenmythos leben, sind sie immer gefährdet, zugunsten des jeweiligen Trends sich als Helden mißbrauchen zu lassen. Die einzige Chance, daß dies nicht geschieht, liegt darin, daß sie immer wieder überprüfen, ob die vom Gruppengewissen geforderte Loyalität mit ihrem persönlichen Gewissen vereinbar ist. Zu wünschen ist, daß Männer nicht durch Ego-Gehabe, sondern durch Ich-Stärke in sozialen Gruppen leben können und mit ihrer Vision zu einer Gemeinschaft beitragen können.

„Viele Neonazis sind keine Nazis, weil sie gegen Juden wären, sondern weil sie verlorene Söhne sind, die sich gegen ihre Mütter wehren und nach dem fehlenden Teil ihres Vaters suchen. Sie sehen, daß ihr Vater ein bürgerlicher, bürokratischer, langweiliger Mann geworden ist und fragen sich, wo sein Mumm und seine natürliche Autorität geblieben sind. Seine Machtlosigkeit in der Familie und in der Welt wollen sie dadurch ausgleichen, daß sie sich selbst stark, mächtig und aggressiv verhalten und den Gegner überwältigen. Ihr innerer Kampf ist zu einem äußeren geworden. Sie sind in den Einflußbereich des Schattenkriegers gelangt und werden bis zum Letzten kämpfen, weil ihr Leben davon abhängt. Ihr Verlangen nach dem Vater ist zu Haß deformiert, Haß gegenüber anderen, aber am meisten Haß auf sich selbst." [34]

Die Biographie des bekannten Neonazi-Aussteigers Ingo Hasselbach kann als Beispiel dienen.

Hasselbachs Vater, ein überzeugter Kommunist, übersiedelte in den 50er Jahren nach dem Verbot der KPD aufgrund politischer Verfolgung mit der Familie von der BRD in die DDR. Dort avancierte er schnell zum Starjournalisten der Kommunistischen Presse. Noch heute arbeitet er in Berlin als Redakteur einer antifaschistischen Zeitschrift.

Nach der Trennung von Hasselbachs Mutter brach der Vater jeden Kontakt zu seinem Sohn ab. Auch heute noch wünscht er, nicht auf seinen Sohn hin angesprochen zu werden. Hasselbachs Stiefvater läßt Ingo in ein Internat einweisen und entfernt ihn so aus der Familie, als Ingo's Mutter ein weiteres Kind erwartet.

Ingo Hasselbach, ein Junge mit zwei Vätern, aber ohne Vater!

III. Männergruppen heute und moderne Initiation

1. Unterschiedliche Richtungen – Kontroverse Meinungen

Moderne Männergruppen versuchen, sich grundsätzlich mit männlicher Identität und den damit zusammenhängenden Bildern und Vorstellungen von Männlichkeit auseinanderzusetzen. Wie Bellichi im Interview sagte, hat die Männerbewegung allerdings bisher im Gegensatz zur Frauenbewegung ein Minimum an Veränderung bewirkt. Während die Frauenbewegung mit welchen Zielen auch immer breitere Bevölkerungsschichten durchdrungen hat, hat die Männerbewegung bisher nur in einer kleinen gebildeten Mittelschicht Fuß gefaßt.

„In den 90er Jahren waren die Treffen in kleinen Kreisen organisiert. Die notwendigen Informationen liefen über Mundpropaganda oder Kleinanzeigen. Vertiefende Selbsterfahrung verbunden mit experimentellen Übungen aus der humanistischen Psychologie bestimmten das Zusammensein. So sollte zum Beispiel in Form eines Blitzlichtes jeder Mann über seine momentane Stimmung berichten. Oft war der eine oder andere Mann geschulter Psychologe oder Körpertherapeut und bot Wissen und spezielle Trainings zur Erweiterung der Selbsterfahrung an. Themen waren: unbefriedigende Partnerschaften, Sexualität, Homosexualität, männliche Freundschaften, Ökologie, Gewalt und Leid."[35]

Durch das Bekennen zu eigenen Schwächen sollten die wirklichen Stärken der Männer Kontur gewinnen. Dabei sollten sie sich ihres emotionalen Korsetts entledigen. Es sollte Gefühl gezeigt werden und darunter wurden meistens Trauer, Weinen und Freundlichkeit gemeint. Die Gehirnwäsche in den Medien, die dem Mann einhämmerten, wie er sein soll, wurde kritisiert. Die Männer versuchten, sich selber zu befreien. Männerbüros und Männerzentren entstanden. Das erste bundesweite Männertreffen fand schon 1985 in Bremen statt. Große Aufmerksamkeit zog das Thema „Männer und Gewalt" auf sich. Zwischen grenzensetzender oder konfliktgestaltender Aggression wurde kaum unterschieden, obwohl ab und zu auch das Thema „Kraft und Vitalität" anklang. Die Frauen fingen langsam an, sich über die mangelnde Leidenschaft der Männer zu beklagen. Dennoch wurde die gesellschaftliche Konstruktion vom neuen Mann-Sein plakativ dem traditionellen Männerbild in Selbstkasteiung entgegengestellt. Es wurde schlicht behauptet, daß die Männer nur richtig sozialisiert und sich selbst erziehen müßten. Letztlich wurden Männer immer noch aus feministischer Sicht, was nicht unbedingt weibliche Sicht bedeutet, gesehen. Die entstehenden initiatischen Männergruppen, die das Bild eines verantwortungsbewußten, starken und dennoch sensiblen Mannes entwickelten, wurden mißtrauisch beobachtet. Diese Richtung, deren Wurzeln zum Teil in der „Wild Men Bewegung" der USA zu finden sind, wurde als Maskulismus im Gegensatz zum Feminismus diffamiert. In einem Artikel der Zeitschrift „Geo Wissen" wurden unter der Überschrift: „Männerkrise" diese Männer als gefallene Helden bezeichnet. „Dem American Hero ist das Fundament weggebrochen, auf dem er einst sein Selbstbewußtsein gründete – der Mythos von seinen unbegrenzten Möglichkeiten. Nun sucht er Trost in einer der neuen Männerbewegungen."[36]

Dadurch wurde eigentlich nur bestätigt, daß die Männer oft Helden waren und sich zur Zeit auf ihrer Heldenreise am Tiefpunkt befanden, an dem Punkt, der im Ritual der Naturvölker und im Schamanismus als „Zerstückelung" und „Tod" bezeichnet wurde. Auch bei den Männern tauchen an diesem Transformations- und Wandlungspunkt enorme Ängste auf. Der Dynamik der Heldenreise entspricht dies allerdings. Altes soll unter Schmerzen losgelassen werden wie das Kind aus dem Leib der Mutter. Neues soll mit Freude begrüßt werden. Merkwürdigerweise werden die dabei entstehenden Kräfte und Fähigkeiten der Männer entweder angezweifelt oder als Gewaltpotential mißachtet. Daß in jedem Entwicklungspotential, also auch im männlichen, sowohl Risiko als auch Chance liegen, wird nicht begriffen. Die Bi-Polarität als grundlegendes Prinzip jedes Verhaltensmusters wird nicht gesehen. Dagegen wurde die kulturell erreichte Konstruktion des „emanzipierten" und „gewaltfreien" Mannseins diametral gegenübergestellt. Durch die neuesten Ergebnisse der Hirnforschung, die von einem weiblichen und einem männlichen Gehirn sprechen, kam neuer Gesprächsstoff in die Männergruppen. Selbst die bundesweiten Männertreffen, die seit 15 Jahren stattfinden und das Männermagazin Switchboard spiegelten diesen neueren Diskurs um das Maskuline und Feminine, das Männliche und das Weibliche, wider. Dem antisexistischen und antipatriachalen Männermagazin Moritz ging die Luft aus. Die Frage „was männlich sei" wurde seitdem öfter gestellt und vom Gewaltbegriff getrennt. Dies war ein Durchbruch, fand doch die Jungenarbeit bisher nur unter dem Aspekt der Gewaltprävention statt. An der Hamburger Universität begann eine Ausbildung zum Männerarzt. Das Gesundheitsbewußtsein der Männer begann sich zu entwickeln.

Trotz wirklich gegensätzlicher Sichtweisen ist jedoch allen Männergruppen die Generationen übergreifende Frage gemeinsam: „Welche Form von männlicher Kultur wollen wir leben?" Und als zweite Frage: „Wie stehen Männer zu der sich in den 90er Jahren in verschiedenen Facetten erweiternden Frauenkultur bzw. zu einer Kultur der Weiblichkeit?" Eine weitere Frage ist, inwieweit sich die traditionell überlieferte Kultur in Deutschland und Europa zersplittert. Staat, Gesellschaft und Kirche sowie Medien geben keinerlei allgemein gültige Werte und Traditionen vor. Jedes Individuum muß seine eigenen sozialen Werte schaffen. In dem Maße, in dem die Atomisierung, das heißt die Individualisierung der Gesellschaft voranschreitet, werden kleinere selbständige Gesellschaften und Gemeinschaften innerhalb der Gesamtgesellschaft entstehen. Das heißt auch, daß jeder Mann entscheiden muß, welche Rolle er in der Gesellschaft spielen will.

2. Die vier Kräfte der männlichen Natur: Wo stehe ich? Wohin gehe ich?

Nachdem ich mich im wahrsten Sinne des Wortes Stück für Stück mit meinem eigenen Leben als Mann auseinandergesetzt hatte und mich über Männer kundig machte, erforschte ich das Konzept der „Vier Kräfte des Medizinrades", der „Vier Grundarchetypen". Als erstes hatte ich es von Joan Halifax kennengelernt, einer amerikanischen Schamanin. Dann hatte ich es von Gregory Campbell und auch von John Bellichi gehört. Auf der Visionssuche in der Bergwüste wurde es mir bekannt gemacht. Im Buch „VisionQuest" von Steven Foster und Meredith Little hatte ich davon gelesen.

Das Grundkonzept kommt sowohl meinen persönlichen Erfahrungen nahe als auch den aktuellen Bedürfnissen und Entwicklungsmöglichkeiten von heutigen Männern in Deutschland. Obwohl Männer im Gründen von Firmen mutiger sind als Frauen, brauchen sie in einer immer stärkeren bürotechnisierten Informations-, Kommunikations- und Dienstleistungsgesellschaft ein Gegengewicht, um ihr Grundpotential männlicher Sinnlichkeit und männlicher Kraft neu zu erforschen. Dann können sie es umso sinnvoller in die Gemeinschaft einbringen, gewinnbringend für ihre Partnerin, aber auch besonders für jüngere Männer.

Die meisten Naturvölker schufen strukturierte Rituale, mittels derer sie die geistigen, körperlichen und seelischen Kräfte, Begabungen und Talente der Männer zu entwickeln halfen und bewußt machten. Die Männer erkannten dabei ihre

Stärken und Schwächen. Aber auch heute haben Männer, sowohl privat als auch beruflich, innere und äußere Herausforderungen zu bestehen. Selbst erfolgreiche Männer haben Schwierigkeiten, Neues und Unbekanntes auszuprobieren, gehört doch das Eingeständnis dazu, daß das bisherige Verhalten den entsprechenden Lebenssituationen noch nicht ganz gerecht wurde. Eine moderne Initiation in die vier Kräfte der männlichen Natur, die den vier Himmelsrichtungen, dem Zyklus der Jahreszeiten, den Lebensaltern, den vier Elementen: Feuer, Wasser, Erde und Luft und den vier Grundarchetypen des Mannes: König, innerer Krieger, Magier und Liebhaber entspricht, bietet dabei Orientierungshilfe. Sie bietet aber auch Männern die Möglichkeit der grundsätzlichen Bestandsaufnahme mit der Frage: „Wo stehe ich? Wohin gehe ich?"

Steven Foster schreibt in seinem neuesten Buch, das er mit Meredith Little unter dem Titel „Die vier Schilde" in einer sehr guten deutschen Übersetzung von Haiko Nitschke herausgebracht hat, über eine Kultur, die uns der Fähigkeit beraubt, den eigenen Mythos zu leben, so daß soziale Rollen nur zu leicht von uninitiierten Männern besetzt werden. „Wo sind die Männer, die ganz männlich sind, ganz menschlich?" fragt er. „Es gibt sie, aber ihre Zahl ist bedauerlicherweise klein. Es ist heutzutage nicht einfach, volle Männlichkeit zu erreichen. Manche von uns versuchen es noch nicht einmal. Eine Art von sturer Energie in uns muß uns dauernd vorantreiben, Pfade hinunter, die dunkler, weniger befahren, tragisch, verboten sind, Pfade, die wieder und wieder ein umfassenderes Selbst erfordern. Wir modernen Männer leiden am schlimmsten unter dem Fehlen kulturell gebilligter Riten des Mannseins. Tief im Innern dieser Wunde schreit unser kleiner Junge, stampft mit den Füßen im Schlamm und beklagt seine Unfähigkeit, seine eigene Wahrheit zu leben, der Held (innerer Krieger, Anm. d. Verf.) zu sein, der Liebhaber, der König, der Zauberer (Magier, Anm. d. Verf.), all das, wovon er weiß, daß er es selber ist.

Wir fangen also an, uns selbst zu initiieren, wie ich es zu Beginn des Buches beschrieben habe. Nehmen Drogen, und dann fangen wir an, uns selbst zu initiieren und taumeln durch die dunkle Zeit des Herbstes in der Jugend. Ohne Unterstützung von älteren Männern. Da uns vieles mißlingt, sind wir auch noch mit Schuld und Reue geschlagen."[37]

Wir brauchen lange, um unsere eigene Lebensgeschichte und Dynamik der männlichen Heldenreise zu verstehen. Die vier Schilde (Energiefelder, im folgenden manchmal auch als die vier Kräfte, die vier Elemente, die vier Lebensalter, die vier Jahreszeiten benannt) existieren nicht nur im Außen der Natur, sondern genauso im Inneren des Mannes. Zyklisch und in einer Spirale gehen wir durch diese Zeiten bis ans Ende des Lebens. Die Dynamik aber beinhaltet ein Wechselspiel, Gegengewicht und einen immer wieder herzustellenden Ausgleich. Ein Mann, der seinen Sommer als Junge nicht in vollen Zügen erlebte, wird im Winter als erwachsener Mann daran erinnert, was ihm vorenthalten blieb.

3. Das System der männlichen Kräfte

Sommer

warmes Wasser / Süden / Kindheit / Liebhaber / Fähigkeit zur Trauer / Körper	
Der Körper des Jungen	Frühe und späte Schäden des Schildes
• Sexuelles Spiel • Lustprinzip • Instinkt • erkennt nicht die Folgen der Handlung • Unschuldig • Neugier • Experiment • Stärke erproben • erfindungsreich • wettkämpferisch • zärtlich • vernichtet das Böse durch Zauber will geliebt werden • „mein" ist wichtig • kann nicht nachfühlen • ist zu Grausamkeit fähig • schaut nicht auf sich selber • er braucht Grenzen von Vater und Mutter	• fühlt sich im Körper nicht wohl • fürchtet sich vor dem Körper • Abwehrsystem chronisch überspannt • Furcht vor Gefühlen • sexuell gehemmt • überdreht oder verdreht • vermeidet Erfahrungen, die sein Ego schmälern • materialistisch bedenkenlos • sucht Stellvertreter-Höhepunkte wie Zuschauersport Fallschirm springen, Bungee-Jumping • sexuell aggressiv • versucht zu dominieren, zu entwürdigen • Sexprotz, Angeber, Spezialist, Nachäffer, Strahlemann, harter Bursche

dunkle Erde / Westen / Jugend / Magier / Fähigkeit zur Angst / Seele

Die Psyche des jugendlichen Mannes	Frühe und späte Schäden des Schildes
• Inwendigkeit • Selbstbewußtheit • Konfrontation mit Schwächen, Ängsten und Fehlverhalten • Schuldgefühl • Besessenheit • Gefahren • Verletzungen • unumkehrbare Folgen von Handlungen • Empfindsamkeit als Liebhaber und Mitgefühl für Angehörige • unser „Inneres Bild von Frau" ist von unserer eigenen Mutter bestimmt • wir müssen uns selbst annehmen, wie wir wirklich sind • neben dem ICH gibt es noch ein DU • aus Fehlern lernen • mein Vater ist auch nur ein Mann unter anderen • du stehst gleichberechtigt neben Deinem Vater	• hängt zu Hause herum • hin- und hergerissen zwischen Wegkommen und in der Familie bleiben • will keine Anleitung annehmen • Entschlußlosigkeit, Kraftlosigkeit • das Opfer spielen • Depression • Selbstablehnung • Melancholie • Phantasien von Selbstmord • Mißachtung der Pflichten als Vater und Ehemann • Verliert sich in Selbstmitleid, Schuld und Reue, Sucht und Süchte • persönliche Ausschweifungen • Alkoholmißbrauch • Selbstmord • kann seine Zunge nicht zügeln • gründet männliche Seilschaften • Intoleranz • kann nicht zugeben, daß er Unrecht hat • fährt auf Körperkult ab • scheinheiliger Pharisäer

kristallklare Luft / Norden / Erwachsener / König / Fähigkeit zur Freude / rationaler Verstand

Der Verstand des erwachsenen Mannes	Frühe und späte Schäden des Schildes
• Selbstbeherrschung • erfahrene Intelligenz • Zusammenarbeit • andere unterstützen, vor allem Kinder • politisch tätig werden • Nächstenliebe • Mitgefühl für den eigenen Vater • er trägt wie sein Vater initiatorische Wunden • hat sich von der Mutter abgelöst • bedächtig, vernünftig • kann viele Rollen spielen • entschlossenes Handeln • erinnert sich an die Sterblichkeit • die Jahreszeiten ziehen kreisartig immer schneller vorüber • er hat eine Vision, in die er andere mit einbezieht • er wird Mentor für junge Männer • Berater • handelt in Übereinstimmung mit den Gesetzen der Natur • fragt danach, welche Technologie sinnvoll ist • Mitgefühl, Verläßlichkeit • schaut ohne Bedauern auf die Vergangenheit zurück und wendet das Gelernte für die Zukunft an • er lebt auch die anderen Schilde	• Das ist mir zu kompliziert ... • geistloses Reden • keine wirkliche Überzeugung haben • braucht Marionetten um sich herum • es ruht latente Gewalt • sein Verhalten beruht auf Projektionen gegenüber seiner Mutter • betreibt intellektuelle Verfolgungsjagden • starrt auf Dogmen und Selbstdisziplin • unterwirft alles dem Prinzip Verantwortung • Arbeitssucht • unzugängliche Liebhaber-Statue • rationale Kontrolle • Ausbrennen • lebensbedrohliche Krankheit • neurotische oder psychotische Episode

- das Heilige und das Profane gehören für ihn zusammen
- er weiß, daß der Winter in einem Frühling endet

Frühling

heißes Feuer / Osten / Ältester / Krieger / Fähigkeit zur guten Wut / Geistigkeit

Die Geistigkeit des alten Mannes	Frühe und späte Schäden des Schildes
• Spirituelle Ekstase • höhere Einsicht • Wandlung zur neuen Geburt • der Künstler, der Dichter • den Gott in sich feiern • sich selbst neu erfinden • Schelm, Narr, Schauspieler • selbst vergessen tanzen • Ekstase • sich wie eine Frau anziehen • auf den Hohepriester spucken • Funkeln in den kleinen Augen	• Nichtachten der Natur als heilig • Mißachtung des Körpers • sich im Licht verstecken • ausgeflippt • Einsamkeit des Süchtigen • ein Mann mit einer alles verschlingenden Aktentasche • Überfluß an Visionen, die nicht umgesetzt werden • Zynismus • Verbitterung des alten Mannes • von Erleuchtung zu Erleuchtung schwirren

Aus der Spannung zwischen der natürlichen Entwicklung der Schilde und ihren frühen und späten Schäden ergeben sich die jeweiligen Lernaufgaben automatisch. Ich nenne dies einen initiatorischen Nachreifungsprozeß. Hier setzt die MännerQuest an.

4. Zur Dynamik der vier Kräfte

Männer gehören zur Natur und müssen deshalb jederzeit eines der Gesichter der Natur in der Maskerade verkörpern, sagt Foster an einer Stelle seines Buches. Er sieht damit das Leben als heiliges und gleichsam banales Lebenstheater und sakrale Maskerade. Wir müssen verschiedene Rollen im Leben „spielen", indem wir unserer eigenen Natur gemäß handeln. Manchmal bleibt man in einem Schild stecken und die Drehbewegung der jahreszeitlichen Maskerade stockt, nur um nach einer Pause (d.h. bewältigter Krise) gewöhnlich wieder in Gang zu kommen – manchmal aber auch gar nicht mehr.

Foster beschreibt daher folgendes Szenario:

„Ein Mann geht zur Arbeit und erfährt, daß er gerade entlassen wurde. Das Kind in ihm reagiert mit Emotionen wie Ärger, Angst und Erbitterung. Sein Blut kommt in Wallung, sein Adrenalinspiegel steigt. Er haut auf den Tisch und verstaucht sich seinen Knöchel. Darauf achtet er aber nicht. Das Schmerzgefühl paßt zu dieser Situation.

Diese kindliche Reaktion kennzeichnet seine Reaktion als Junge, sie ist normal, wenn nicht sogar angemessen. Bleibt die Reaktion des Sommer-Jungen aber die einzige Reaktion, bekommt er sie nicht mehr in den Griff, dann gerät er letztlich in mehr Schwierigkeiten als ihm lieb ist. Die Welt kann sich den Sommer nicht auf immer bewahren. Es gäbe dann keine Inwendigkeit, keine Reife, keine Ernte, keine Geburt. Nachdem er sich durch den Sommer-Schild (Sommer – Maske, Anm. d. Verf.) aufgeführt, ausgedrückt, zum Handeln gebracht hat, wird er bedrückt, in sich gekehrt und gehemmt (Herbst).

Erinnerungen quälen ihn. Er blickt auf seine Anstellung zurück und fragt sich: 'Womit habe ich das verdient?' Er erinnert sich an all die Gelegenheiten, wo er sich wie ein Kind aufgeführt hat. Er sieht sich durch die Augen seiner Mutter oder anderer Frauen, womöglich in einem beschämenden, deprimierenden Licht. Er fühlt sich als hilfloses Opfer. Seine Fehler marschieren auf der Leinwand seines Bewußtseins vorbei und vermitteln ihm das Gefühl, ein Versager zu sein. Vielleicht denkt er sogar an Selbstmord. Der Mann muß den dunklen Ort betreten, an dem das Sommer-Kind initiiert wird. Wie sonst kann er die Härte des Winters (Arbeitslosigkeit) als reifer Erwachsener durchstehen? Initiation ist Vorbereitung. Der Herbst existiert als Bestätigung, daß das Sommer-Kind nicht länger regiert. Bleibt der Mann allerdings im Herbst-Schild stecken, dann wird er für sich selbst und für die Familie, die er versorgen will, zur Last.

Ein kriselnder Jugendlicher kann den Härten des Winters nicht gerecht werden, jedenfalls solange nicht, bis er den Übergang durch den Herbst vollbracht hat.

Sind seine Schilde hinreichend gesund, kommt er irgendwann im Winter an – als vernunftgeleiteter Mann. Die Gefühle des Jugendlichen werden zu planvollem Handeln. Aus den Gefühlen der Hilflosigkeit entsteht ein Plan, ein Handlungsablauf, eine Entschlossenheit zu tun, was getan werden muß. Er überlegt, wägt die Fähigkeiten gegen die Notwendigkeiten ab und steckt den zukünftigen Kurs ab. Er nimmt sich zusammen und tut alles, was nötig ist, um die Beziehung zu der Firma zu beenden. Die Fähigkeit, harte Zeiten zu verkraften, sich physischen und psychischen Schlägen auszusetzen, durchzuhalten, irgendwie weiterzumachen, – das ist es, was ihn zum Frühling bringen wird. Da gibt es keinen anderen verläßlichen Weg.

Erkenntnis ist eine Belohnung, kein Glückstreffer. Wenn der Herbst-Schild des Jugendlichen nach dem Frühling strebt, dann führt der einzige Weg dorthin durch den Tod des Winters. Sollte der Mann allerdings hinter dem Winter-Schild verschanzt bleiben, dann wird er kalt und rational und versteckt allen Schmerz, den er vielleicht fühlt, hinter der spröden Maske der Selbstkontrolle. Das Überleben wird dann zu einer grimmigen Schlacht mit dem endlosen Winter. Die Saat der Wiedergeburt wird in der Kälte sterben.

Wenn er dann den Frühlings-Schild aufnimmt versteht er, warum ein solches Unglück in sein Leben getreten ist. Die augenblickliche Niederlage verwandelt sich in einen Sieg. Aus dem toten Boden bricht neues Leben hervor. Er sieht mit den Augen der schöpferischen Vorstellungskraft über den Bereich seines gegenwärtigen Mißgeschicks hinaus. Er sieht, was er tun kann, um sein Leben und das seiner nächsten zu verbessern.

So sehr er es sich auch wünscht, er kann die Maske der Aufklärung nicht endlos tragen. Er muß dafür sorgen, den Ausbruch des Sommers zu überleben, die Wiederkehr kindlicher Emotionen, die harte Wirklichkeit eines Lebens ohne Arbeitsplatz oder die Notwendigkeit, einen neuen Platz in einer sehr körperlichen Welt zu finden, in der Raubtiere Beute schlagen und Sirenen der Verstreuung verlockend singen. Sollte er hinter der Maske des Frühlings steckenbleiben, wäre er von geringem Nutzen angesichts seiner Existenz, die den Einsatz der anderen drei Schilde erfordert: seinen Körper, seine Psyche, seine Vernunft.

Wie lange braucht das natürliche Selbst, um durch die Jahreszeiten zu gehen – sich vom Reiz zur Erinnerung, zum Denken, zur Erneuerung zu bewegen? Einen Augenblick, ein paar Minuten, ein paar Tage, ein paar Monate, ein Jahr, ein Leben lang. Eine einzelne Drehung kann manchmal abgekürzt (oder verlängert) werden, indem man gleichzeitig mehr als ein Schild betätigt. Der Bewußtseinsfluß ist oft davon geprägt, daß alle vier Verkörperungen (Masken) kommen und gehen, wie kleine und größere Themen einer Symphonie, die allein oder gemeinsam entstehen und vergehen. Solche schichtartige Verflochtenheit und Überlagerung wird oft als chaotisch und regellos erlebt, tatsächlich aber ist sie der Stoff, durch den das natürliche Selbst selbständig wird.

Die Zeitspanne, die jemand in einer Schild-Verkörperung zubringt, hängt also von der Stärke des jeweiligen Schilde-Systems ab. Ist das Reizereignis stark, wie etwa der Tod eines geliebten Menschen, dann können in kurzer Zeit verschiedene Masken benutzt werden. Ein Todesfall kann das Selbst aber auch für eine beträchtliche Zeit in einem einzelnen Schild festhalten, etwa im Herbst-Schild der Trauer. Manche Menschen trauern jahrelang. Solche Verkörperung eines Schildes ist einem Lebensdrama unangemessen, das letztlich auch die Tätigkeit anderer Schilde erfordert."[38]

5. Moderne initiatische Männergruppen

Die Männer, die bei Gregory Campbell und John Bellichi, aber auch anderen Männertrainern zum Beispiel beim Männerbüro Göttingen, Männergruppen besucht hatten, fingen ab 1994 an, eine bestimmte neue Richtung zu etablieren. Teilweise geschah dies unabhängig davon, was in dieser Zeit Steven Foster erarbeitete und natürlich nicht so brillant. Dennoch bewegten wir uns in eine ähnliche Richtung. Ich nenne sie initiatische Männerarbeit bzw. initiatische Männergruppen. Jeder wählte die ihm eigene Form. Über unser selbstverlegtes Magazin „Der Weg der Männer" blieben wir im Kontakt und im Austausch.

Ich selbst hatte seit meinem Entschluß, nach der VisionQuest in den USA 1994, mein Hintergrundwissen um Männer und Initiation wie schon beschrieben zu erweitern versucht. Gleichzeitig gründete ich mit zwei Freunden aus der Männerserie von Greg ebenfalls eine Männergruppe. Es war wahrscheinlich die kleinste Männergruppe der Welt, denn wir waren nur zu dritt. Ich traf mich mit Peter und Siegfried einmal im Monat in einem Cafe. Wir nannten es „Ambivalente", obwohl es „Ambiente" hieß. Aber eigentlich waren wir vier Männer über all die Jahre. Denn es gab da einen Kellner, der uns bediente und den wir dafür bezahlten. Wir trafen uns zu jeder Jahreszeit, Frühjahr, Sommer, Herbst und Winter. Auch wenn in uns selbst die Herbststürme tobten und wir uns mitten im Sommer zu einer winterlichen Depression zurückzogen. Wir lachten und waren betroffen über das, was mit dem Einzelnen, anderen Männern und Frauen und mit uns selbst geschah. Es war eine Art rituelles Männerfrühstück, eine Art moderner Stammtisch. Max aus Bremen, Henning aus Kiel, Annäus aus Hamburg, Klaus aus Bad Soden, Thomas aus Hannover und andere Männer gründeten solche initiatischen Männergruppen, die „Men Circle" genannt wurden, da sie sich als Heilkreis verstanden. Sie waren nicht hierarchisch gegliedert. Die Leiter wechselten sich möglichst ab. Sie wurden durchschnittlich von drei bis zehn Männern besucht. Die Männer, die mehr Erfahrung hatten, veranstalteten gleichzeitig Seminare, um ihre Erkenntnisse an andere Männer weiterzugeben. Wir besuchten uns gegenseitig und blieben auch durch die Seminare gut miteinander verbunden. Das Magazin „Der Weg der Männer" war das Forum, in dem wir die Gruppen ankündigten und Informationen austauschten. Die Meinungsbildung war dadurch vielfältig. Auch Greg als der Älteste und Initiationsmentor veröffentlichte ab und zu etwas über Männer, die sich nicht zu den initiatischen Gruppen zählten.

Grundlegendes und zentrales Thema war für uns alle immer der heilsame Aspekt einer lebenslangen Initiation, die uns befähigen sollte, als Mann den Lebensschmerz und die Lebenslust genauso zu spüren wie Frauen, die dies auf andere Weise tun, und schöpferisch damit umzugehen. Wir versuchten, die Stärke aufzubringen und die Fähigkeit, den Lebensschmerz anderer Männer zu verstehen und, wenn sie leiden, zu versuchen, sie zu unterstützen. Gemeinsam mit Männern wollten wir das Leben und den initiatorischen Wandel durch die vier Zeiten und Elemente genießen. Oder anders gesagt: als Männer nachzureifen und jungen Männern bei der Reifung durch Initiation auf angemessene Art und Weise zu helfen, war mir ein besonderes Anliegen.

Ich versuchte eher intuitiv den:

- Mann des Sommers, also den körperlichen und sinnlichen Mann in mir zu befreien.
- Mann des Herbstes, der sein Innenleben und seine verbotenen Wünsche kennt, also meinen Schatten, zu akzeptieren.
- Mann des Winters zu stärken, indem ich mich zur Verantwortung aufrief, um für mich selbst und andere zu sorgen und zu planen.
- spirituellen Mann, den schöpferischen Dichter der menschlichen Liebe, den Narr und Schelm in mir zu erkennen.

138

Ich beschäftigte mich leidenschaftlich damit, wie die Dynamik und das Zu-sammenspiel der Kräfte vonstatten ging und stellte weitere Grundfragen:

- *Wann ist ein Mann im Gleichgewicht und wann nicht?*
- *Wann ist ein Schild geschädigt?*
- *Wann fehlt der Ausgleich durch ein anderes Schild?*

Mir wurde immer bewußter, daß der Blick zum gegenüberliegenden Schild eine Chance des Ausgleiches enthielt. Also blickte ich vom Sommer zum Winter und vom Frühjahr zum Herbst und umgekehrt.

Ich ordnete meine Themen immer wieder den Schilden zu, schickte sie auf meine Art durch die „Vier Schilde", kreise sie zumindest ein und hielt die Er-gebnisse schriftlich im Magazin „Der Weg der Männer" fest. Ich nutzte alles, was ich über mich und andere Männer erfahren konnte.

Dazu kamen meine Erfahrungen aus der Jungenarbeit, die ich nebenher mit Henning, der damals in Kiel wohnte, begann.

Aber das Entscheidende war: Wir redeten nicht nur, sondern handelten und setzten es einfach in die Praxis um.

Ich wußte, daß ich mich trauen mußte, Fehler zu machen und dennoch meine Vision im Blick zu haben. Ich vertraute auf die „Vier Kräfte".

John Hawkens, ein Mann aus Cornwall, erzählte mir von einem besonderen Medizinrad:

Im Süden im Sommer ist das Kind.
Es sagt: „Ich traue mich Fehler zu machen!"
Im Westen im Herbst ist der junge Mann.
Er sagt: „Ich lerne aus meinen Fehlern!"
Im Norden im Winter ist der Erwachsene.
Er sagt: „Ich lerne aus den Fehlern anderer Menschen!"
Im Osten im Frühling ist der alte weise Mann.
Er sagt: „Ich lerne aus den Fehlern meiner Lehrer!"

Wir waren Spezialisten für manche Gebiete bzw. wollten es werden. Max kümmerte sich zu dieser Zeit um das Thema Ökokrieger, aber auch um den orga-nisatorischen Ablauf von Men Circles. Henning bereitete ein initiatisches Pro-jekt für junge Männer vor und schrieb etwas zur Gesundheit von Männern. Ich war der Experte für Sucht und Suche, VisionQuest und Wildnis, Klaus wurde immer fitter, was das Layout und die Herstellung des Magazins betraf. Greg sagte etwas über alte Männer. Und alle zusammen fühlten wir uns natürlich als

Meister des Sex und der Erotik, aber es gab natürlich noch mehr und andere Männerthemen ...

- Sex und Erotik
- Alkohol, Sucht und Suche
- junge Männer und Initiation
- der grüne Krieger
- Partnerschaft
- Väter
- Körper und Gesundheit

Sex und Erotik

Lust, Genuß und vor allem Sex war natürlich immer ein Dauerbrenner in den Men Circles. Immer wieder tauchten die Fragen auf: „Was wollen wir Männer denn eigentlich lieber? Spielerische Erotik oder sexuelle Kraft? Fällt es Männern schwerer, sich ein tiefes Bedürfnis nach Liebe einzugestehen? Können sie einfacher sagen, daß sie Sex wollen? Liegt den Frauen mehr am Austausch von Gefühlen und Zärtlichkeiten? Geben Frauen nicht gerne zu, daß sie Sex wollen?"

Ein Mann erzählte einmal in der Runde:

„Nach einem Männerseminar in der Natur nahm ich in meinem Körper ein Gefühl wahr, das jenseits von meinem normalen Denken war. Ich spürte eine männliche intuitive Kraft, etwas animalisch Bitteres in meinem Körper, auf meinen Lippen. Ich nahm mich stärker als je zuvor als Mann wahr. Erstaunlicherweise war dieses Gefühl nicht auf meine Genitalien bezogen, sondern auf meinen ganzen Körper. Obwohl ich eher schlank bin und nicht allzu sportlich, zog ich los. Immer bereit, präsent, leuchtend. Frauen drehten sich unwillkürlich nach mir um. Ich fühlte, daß die Frauen ein Gegenpol zu mir waren, ich spürte, daß mir etwas fehlte. Ich dachte mir: Nur wem etwas fehlt, der hat etwas zu bieten. Ich bin ein Mann, mir fehlt eine Frau. Eine tiefe Sehnsucht erfaßte mich.

Ich war immer noch nicht direkt sexuell fixiert. Es fühlte sich eher ekstatisch, spirituell an. Meine Stimme war tief und sonor und fand in meinem Körper einen guten Resonanzboden für einen natürlichen Ausdruck. Ich rief zwei Freundinnen an. Beide wollten mich auf der Stelle erleben, als sie hörten, daß ich ein Männerseminar gemacht hatte. Wir trafen uns in einem Park, gingen zu dritt spazieren, unausgesprochen bekam ich Anerkennung für meine geile, männliche Ausstrahlung. Eine tiefe, gegenseitige Akzeptanz des Männlichen und des Weiblichen stieg in uns allen auf. Diese sexuelle Energie war reine Lebensenergie. Wir gingen nicht zusammen ins Bett. Dennoch war alles wie erleuchtet, luzide und transparent. Es gab keine Regeln. Alles funkelte und sprühte vor Leben. Die Freude der Frauen sprang mich aus ihren Taillen an, pralle Hintern, Herzensglut und Herzenslust, wir lachten und genossen das Leben."

John Bellichi sagte einmal in seiner Runde: „So sehr Männer Sex mit Frauen wollen und brauchen, was sie noch mehr brauchen ist Freundschaft mit Männern. Der Mann muß lernen als Mann mit einer Frau zu reden, das heißt, er muß wissen, was er mitteilt, wenn er sich mit einer Frau unterhält. Einige Dinge, und das sind nicht wenige, bespricht er lieber mit seinen Freunden."

Ich selbst kam im Laufe meiner Wochenenden mit Männern und meinen eigenen Liebeserfahrungen mit Frauen zu der Überlegung: ein Mann lädt sich bei Männern auf, eine Frau bei Frauen. Das heißt, ein Mann kann sich in seiner spezifischen männlichen Wesensart besser begreifen, wenn er männliche Freunde hat. Wenn Mann und Frau zusammenkommen, miteinander sprechen, sich lieben, tauschen sie sich aus. Dabei „entladen" sie sich. Wenn aber beide zu lange unbewußt zusammenhocken oder liegen, weiß am Ende keiner mehr, wer eigentlich wer ist.

Klaus druckte eine schöne Geschichte von einem anderen Mann ab, der ein Männerseminar zum Thema Sex und Erotik in unserem Magazin geleitet hatte:

„Ich bin ein rattenscharfer Typ", sagte Toni in der Vorstellungsrunde einer Gruppe, „und ich möchte mal so viel vögeln, wie ich nur kann." Ich verstand ihn gut. Er erwartete von mir Ratschläge, und ich gab sie ihm, denn ich war der Gruppenleiter. „Ich kenne eine Dame, die den Sex liebt und sicherlich zu gewinnen wäre", sagte ich. In der Mittagspause rief ich sie an. Sie lebte zufällig in der gleichen Gegend wie Toni, war zuhause, lachte über den Vorschlag und war sofort einverstanden. Die beiden trafen sich, hatten ein paar heiße Nächte und gingen wieder auseinander. Sie war ihm nicht schön genug, und er merkte, daß seine Unzufriedenheit mit dem Leben, nicht mit sexueller Befriedigung aufzuheben war. Außerdem war sie ihm geistig überlegen, was er nicht ertrug. Ich hatte ihm vermittelt, was ich in seinem Alter selber gerne gehabt hätte: eine Frau, die mir zeigt, wo's sexuell langgeht und einen väterlichen Freund, der mir die männliche Seite zeigt. Beides hatte ich nicht. Doch es war wohl so, daß ich es, voll unter hormoneller Steuerung stehend, in diesem Alter auch nicht verstanden hätte. Ich bin froh, daß ich nicht mehr zwanzig bin, hauptsächlich deshalb, weil meine damalige Blindheit mir so viele schmerzhafte Erfahrungen eingetragen hat. Aber „rattenscharf" war ich damals auch – oft bin ich es heute noch, nur mit mehr Verstand. Dafür habe ich auch genügend Lehrgeld bezahlen müssen. Es hat sehr lange gedauert, bis ich gewagt habe, ich selbst zu sein, und das Ergebnis ist anders, als ich es gewünscht hatte. Wenn ich mich aus heutiger Sicht selbst beraten könnte, was würde ich zum jungen Mann von damals sagen? Vielleicht kämen diese fünf unmoralischen, nüchternen, aber nützlichen Grundsätze heraus. Mein moralisches Fundament von damals hätten sie weggefegt.

1. Sex ist gut, er ist eine tragende, starke und schöne Kraft. Genieße sie und schäme Dich nicht für Deine Geilheit. Lerne, spielerisch mit ihr umzugehen. Suche Frauen, die dabei mitspielen – sie wollen die gleiche Kunst lernen. Und vergiß dabei die Kondome nicht.

2. Triff keine weitreichenden Entscheidungen mit steifem Schwanz, trenne Geilheit von Liebe und Freundschaft. Wenn sie zusammenkommen, ist es schön, aber erwarten darfst Du das nicht, und verwechseln solltest Du es keinesfalls. Wenn Du einfach nur geil bist, geh in den Sexshop – gut, daß es sie gibt! – oder suche sonstwie Entspannung, bevor Du Dich nur deshalb auf eine Beziehung einläßt. So vermeidest Du viel voraussagbaren Streß.

3. Erwachsene Frauen sind für sich selbst verantwortlich. Viele neigen allerdings dazu, die Verantwortung abzugeben. Das ist eine der größten Beziehungsfallen. Hier sind sie genauso benebelt wie die Männer beim Sex.

4. Wenn Du herausfinden willst, ob Du mit einer Frau länger zusammenbleiben willst und kannst, dann schaue sie Dir nach dem Orgasmus an. Was dann noch an Verbundenheit übrig ist, das ist der Baustoff für längere Beziehungen.

5. Wenn Du eine Beziehung aufbauen willst, hast Du es weder in der Hand, wie lange die sexuelle Anziehung wirkt, noch wie lange die Liebe hält. Beides kannst Du nicht versprechen. Wenn Du Deine Freiheit aufgibst, um Liebe zu behalten, dann bist Du verloren."[39]

Greg stand mehr auf „Karrezza". Es klang italienisch, hätte aber auch aus dem Französischen kommen können. Und bedeutete soviel wie Streicheln, Liebkosen. Es ging darum, daß sich Mann und Frau eher seelisch aufeinander einschwingen, sich in die Augen schauen und körperlich zusammen sind. Man war bei sich, und man war beim anderen. Uns kam das eher wie eine Fessel für unsere stets schäumende Potenz vor. Vielleicht bildeten wir uns das auch nur ein. Aber warum sollte das eine das andere ausschließen?

Alkohol, Sucht und Suche

Bei meiner eigenen Auseinandersetzung mit Sucht entdeckte ich immer mehr, daß es eine Suche nach Ganzheit war. Ich konnte diese fürchterliche Leere nicht ertragen und mußte ... nachfüllen. Dann fühlte ich mich voller und runder. „Der chemische Stoff Alkohol wird in ein neues Verhaltensmuster, in einen seelisch, körperlich, sozialen Regelkreis eingebaut und wird dadurch einer der wesentlichsten reflexartig wirkenden Bestandteile, der nur noch damit funktionierenden Persönlichkeit. Der Durst des 'Trinkkranken', eine andere Qualität als der normale, körperliche Durst, ist ein Durst nach Freiheit."[40]

Auch ich war unter enormem Leidensdruck bei den Anonymen Alkoholikern, einer wirklich klassenlosen Gesellschaft, gelandet. Staatsanwälte, Lehrer, einfache Bauarbeiter, Schauspieler, Ärzte, Nutten und Pastoren saßen da an einem runden Tisch. In einem gleitenden Rollenwechsel werden die Suchtkranken als Experten der Sucht zu den Behandelnden. Sie geben allerdings keine Ratschläge, sondern erzählen von sich, von ihren guten und schlechten Erfahrungen, von früher und heute. Aus Strandgut wird dabei StrandGUT. Ich erkannte mich im Spiegel der Anderen.

„Im Moment des Angenommenseins in der Gruppe und des Erkennens des eigenen ausweglosen Zustands, den der Betreffende nie wahrhaben wollte und durfte und den er immer wieder aus eigener Kraft im Bedürfnis der Befriedigung seiner Eigenliebe selbst lösen wollte, kann das gesamte, raffiniert ausgebaute Abwehrsystem, das alle verfügbaren Lebensenergien in der Endphase gebunden hatte, aufgegeben werden. Dadurch werden vorher nie gekannte Kräfte freigesetzt, die dem Kranken dann auch als Willenskraft zur Verfügung stehen, an denen es ihm, oberflächlichen Beobachtern zufolge, mangeln sollte."[41]

Ich fühlte mich entlastet und fing so an, meine vorher unsinnig eingesetzten Kräfte sinnvoll zu nutzen. Ich verlor mein altes Leben und gewann eine neue Geisteshaltung. Es waren meine Schritte der Transformation, also einer Wandlung, die ich zutiefst bewußt vollzog.

„Dann 'verliert der Kranke sein Leben' um einer neuen Geisteshaltung willen. Dies ist der initiatische Punkt der Transformation und Verwandlung. Behielte er es, würde er eines sicheren Todes sterben.

Dies ist die Voraussetzung für die Lösung aller danach anstehenden Probleme, die – wie die älteren in der Gruppe an ihrem Leben zeigen können – aus sich heraus geregelt werden können. Hier bekommt das Sprichwort 'Hilf Dir selbst, dann hilft Dir Gott' eine neue, erfaßbare Bedeutung. In der Gruppe wird keinerlei materielle Hilfe angeboten.

Die wissende und geistig starke Gruppe stellt dem Neuling den Raum, in dem sich der Mysterientod, genauso wie der 'Tod' beim Initiationsritual vollziehen darf, der über viele Wachstumskrisen und Wandlungsformen zu einer neuen Existenz führt."[42]

Leider gibt es zur Zeit nur gemischte Gruppen und keine Männergruppen bei den Anonymen Alkoholikern, wie dies in USA und Kanada schon längst der Fall ist.

Junge Männer und Initiation

Henning startete 1996 ein initiatisches Projekt für junge Männer und führte es mehrmals in Kooperation mit anderen Männern durch.

Nicht zuletzt war der Beweggrund, dieses Projekt anzugehen, das der eigenen Jugend, die uns allen als schmerzvoll und orientierungslos in Erinnerung war.

Oberstes Ziel dieses Projektes, das „Feuerprobe" hieß, war die Unterstützung junger Männer und ihnen zu vermitteln, daß ein zufriedenes und erfülltes Leben entscheidend davon abhängt, wie stark die Fähigkeit zur Selbstwahrnehmung ist.

Uns war klar, daß ein Mann, der seine „innere Stimme" hören kann, sich selbst und anderen gegenüber verständnisvoller, mitfühlender und verantwortungsbewußter handeln wird.

Die Zielgruppe der Feuerprobe waren junge Männer zwischen 14 und 17 Jahren. Die Feuerprobe leistete keine therapeutische Arbeit, hielt jedoch in jeder Gruppe bis zu ¼ der Plätze für Jugendliche aus stark belasteten Verhältnissen frei.

Je nach Jahreszeit wurden für die Feuerprobe Wildnislandschaften in Nord- oder Südeuropa ausgesucht. Es standen unterschiedliche Outdoor-Rahmenprogramme zur Verfügung, wie z.B. Paddeln, Klettern, Segeln und Wandern. Wichtig war uns, die jungen Männer für zwei Wochen möglichst vollständig von der gewöhnlichen Alltagsumgebung abzusondern, um ihnen so den Zugang zu den innewohnenden Qualitäten der Jugendlichen zu erleichtern.

Der ganzheitliche Ansatz der Feuerprobe verband das Leben in der Gemeinschaft mit der Stärkung individueller Kompetenzen. Jeder Teilnehmer wurde im Rahmen seiner Fähigkeiten behutsam an Grenzerfahrungen herangeführt, die sein Selbstbild erweiterten. Der Hunger nach dieser Art von Erlebnissen war erfahrungsgemäß gerade bei Jungen sehr stark ausgeprägt.

Das Erleben der Teilnehmer ließ sich in zwei Bereiche gliedern, die in gegenseitiger Wechselwirkung standen: Die äußere Reise war auch eine innere Reise. Der Aufenthalt fernab der heimischen Sicherheit erforderte die Suche nach der Sicherheit im Jugendlichen selbst.

Das Verhältnis Team : Teilnehmer in der Feuerprobe sollte 1 : 2 nicht überschreiten, da das Team eine eigenständige Erwachsenenkultur repräsentieren sollte. In das Team der Feuerprobe, das ausschließlich ehrenamtlich arbeitete, wurden nur Männer aufgenommen, die bereit waren, ihre eigene innere Entwicklung weiterzuverfolgen.

Der grüne Krieger

Max arbeitete sich konsequent in dieses Thema ein. Er stellte viele Fragen:

Was ist ein grüner Krieger? Grün ja, aber warum Krieger? Warum heißt das Projekt nicht einfach „Der grüne Mann?" Haben Männer nicht genug Unheil und Krieg angerichtet im Namen vielfältiger Ideologien? Sollten gerade Männer sich nicht lieber darauf beschränken, ihre „soften" Anteile zu entfalten und friedlich wie Lämmer zu werden?

Aber er fand auch einige Antworten. In seinem eigenen und konsequenten Stil schrieb er damals: „Natürlich geht es mir nicht darum, noch mehr Gewalt in die Welt zu bringen. Ich glaube daran, daß Männer den ursprünglichen Geist des Kriegers wiederfinden müssen, um mit den gegenwärtigen Problemen fertig zu werden. Einfach nur 'nett' zu sein, hilft nicht weiter. Der Krieger in seiner Ur-Form ist verwandt mit dem Archetyp des naturverbundenen Jägers; dieser Archetyp sitzt uns Männern in den Knochen, schließlich haben wir 99 % der Menschheitsgeschichte so gelebt.

Es gibt einen wesentlichen Unterschied zwischen einem Soldaten und einem Krieger. Der Soldat versucht, fremdgeleitet einen äußeren Feind zu vernichten. Der Krieger weiß, daß die Grenze zwischen Gut und Böse durch sein eigenes Herz verläuft. Der wichtigste und schwierigste Kampf ist der mit dem inneren Drachen. Ein Krieger ist ein Mann, der den Mut aufbringt, sich selbst kennen zu lernen, sich mit der Angst vor dem, der er wirklich ist, zu konfrontieren. Er ist ein Spezialist für Konfrontation und Konfliktlösung. Alle alten Krieger-Traditionen enthalten die Elemente Engagement, Verpflichtung, Integrität, Innere Ruhe, Selbstbewußtsein, Intensität, gerichteter Wille, Leidenschaft, Gewahrsein des größeren Ganzen, Verantwortung, Umgang mit Ritualen und Symbolen, Mut, Bescheidenheit, sowie tiefe Lebensfreude und 'Anfänger-Geist'. Der Weg des Kriegers ist ein bewußtes und leidenschaftlich gelebtes Leben.

Falls es zutrifft, daß die von uns geschaffene äußere Umwelt die Beschaffenheit unseres geistig-emotionalen Zustands spiegelt, ist hier einiges an Entwicklungsarbeit zu leisten. Dazu muß der hierzulande umstrittene Krieger-Begriff rehabilitiert werden. Die internationale Umweltschutzbewegung benutzt schon längst die positiven Qualitäten des Krieger-Archetyps, wie sie oben angesprochen wurden. Deutschland zögert wegen seiner tabuisierten und noch nicht tiefergehend aufgearbeiteten Geschichte immer noch.

Ist es ein Zufall, daß ausgerechnet die europäische Kultur der weißen Männer, der eine bewußte Initiation zum Mannsein fehlt, diejenige ist, auf der die ökologische Katastrophe maßgeblich beruht? Wieso existierte beispielsweise die Kultur der Aborigines (bis zur Invasion europäischer Männer) in einer intakten Umwelt seit weit über 60.000 Jahren? Sind Wirtschaftswachstum und Konsumrausch über einen Zeitraum von 60.000 Jahren vorstellbar?

Die Lebensaufgabe von Männern liegt nach wie vor in Schutz und Dienst ihrer Gemeinschaft, das heißt im Zeitalter der Globalisierung heute: Der Menschheit.

Inwieweit führt das Bedürfnis von Männern, ihren Familien Schutz zu bieten, zu Verhaltensweisen, die sowohl für die Frauen als auch für die Natur in der heutigen Zeit nicht mehr gemäß sind? In nahezu allen Kulturen tendieren Männer eher dazu, die riskanteren Ernährungsmaßnahmen durchzuführen, welche nicht im häuslichen oder landwirtschaftlichen Bereich liegen. Das damit zusammenhängende Bestreben, Umweltressourcen so umfassend wie möglich zu nutzen, um die Gemeinschaft und die Familie zu versorgen, ist angesichts des gestiegenen technologischen Potentials heute grundlegend neu zu denken.

Männer müssen lernen, im Interesse ihrer Familien, ihrer Gemeinschaft und ihrer Nachkommen zu handeln.

Dies ist vor allem zu erreichen durch bewußtes Zusammensein mit anderen Männern, vorzugsweise solchen, die aufgrund ihrer Lebenserfahrung ein Gespür für verantwortliches Mannsein entwickelt haben, und auch wissen, wie andere Männer auf diesem Weg unterstützt werden können. Solche Männer, man könnte sie auch 'Älteste' nennen, haben in unserer Kultur noch nicht den ihnen zustehenden Platz.

Weisheit erlangt man durch Initiation: durch das bewußte Zulassen, Verarbeiten und Integrieren von schmerzhaften Lebenserfahrungen. Männer brauchen eine Vision ihrer Lebensaufgabe. In den eigenen psychischen Verletzungen (zumeist Kindheitswunden) lassen sich die Visionen (Lebensaufgaben) finden, die der Gemeinschaft wirklich dienen. Notwendig ist daher die Bereitschaft, Schmerz (Gefühle) zuzulassen. Das hierdurch freigesetzte Mitgefühl ist entscheidend für einen schonenderen Umgang mit anderen Menschen und mit Natur (Mitwelt).

Nachfolgend möchte ich noch einige Thesen zur Diskussion stellen, die wir zu diesem Thema erarbeitet haben:

- Um im Sinne einer zukunftsfähigen, nachhaltig wirtschaftenden Gesellschaft handeln zu können, sind reine Informationen über ökologische Zusammenhänge usw. nicht ausreichend.
- Wenn wir unsere innere Natur nicht verstehen, werden wir nicht mit der äußeren in Harmonie leben können.
- Die Subjekte der erforderlichen Veränderung sind keine geschlechtslosen Wesen, sondern Männer und Frauen. Dieser Aspekt der Geschlechtlichkeit ist wesentlich und wurde bisher im ökologischen Diskurs kaum beachtet.
- Verantwortung setzt in den Industriestaaten Heilung voraus, und damit die Entwicklung einer gesunden und kraftvollen Identität als Mann oder Frau.
- Männer und Frauen sind wesensmäßig verschieden. Die innere Natur von Männern ist anders als die von Frauen. Männer brauchen Räume für sich, in denen sie gemeinsam an der Vertiefung ihres Mann-Seins arbeiten können.
- Die Voraussetzung von 'Mann-Tun' (verantwortliches, ökologisches Handeln) ist 'Mann-Sein'. Mann-Sein beinhaltet vor allem Gewahrsein, sowie Verbundenheit und Engagement.
- Daraus folgt, daß Männer und Frauen getrennt ihre innere Natur erforschen müssen, zu einer gesunden Identität finden müssen, um anschließend getrennt und gemeinsam die Grundlagen einer zukunftsfähigen Gesellschaft zu erschaffen.
- Die wirkliche Lebensaufgabe von Männern liegt, so unterschiedlich sie im Detail sein mag, im Schutz des Lebens. Der Bedarf nach verantwortungsfähigen Männern ist angesichts der Umweltlage, gelinde gesagt, dringlich.

Um den Prozeß zur Vertiefung innerer Reife zu beschleunigen, braucht es speziell auf diese Thematik zugeschnittene Bildungseinheiten." [43]

Partnerschaft

Wir kamen sogar auf die Idee einer Umfrage. Umfrage ist vielleicht zuviel gesagt, denn wir wollten zum Thema Partnerschaft einfach nur erfahren, was sich Männer von Frauen wünschen.

Was wünschen Männer von Frauen?	Was wünschen Frauen von Männern?
• echtes Selbstbewußtsein • mehr Anerkennung • offene Gefühle • Verständnis und Gänseblümchen – Zärtlichkeit • daß sie mich so sein läßt, wie ich bin • Geborgenheit • Kooperation • Treue • Einfühlung • Rückzugsräume • die volle Verantwortung für die eigenen Gefühle übernehmen • nicht versuchen, die Mutter zu sein • Bereitschaft zur Auseinandersetzung • Freiraum – Spielraum – Lebensraum • Liebe, Sex, Spaß • Freiheit und doch Zusammengehörigkeit	• daß sie anders sind als ich • Zuhören • Ernstnehmen • Stärke • Liebe • Klarheit • an Weihnachten nicht etwas geschenkt bekommen, von dem er seit drei Jahren weiß, daß es nicht mein Geschmack ist • Treue, Kinder, Liebe • daß Männer nicht so harte Knacker sind • Abenteuer. Abende teure! • Auseinandersetzung • daß sie keine Ersatzmütter suchen • Lebenslust, Lebensfreude • Sicherheit • Stärke und Schwäche ganz echt • ein Leben miteinander, nicht gegeneinander • Sexualität und Erotik

Aus den Erkenntnissen, die wir aus den Antworten auf die Umfrage heraus-
lasen, entwickelten wir folgende kleine Übung für jeder-Mann.

Übung

1) Nein-sagen zu Frauen
   * Wie ist es für Dich, „nein" zu sagen zu einer Frau?
   * Wie ist es für Dich, bei einer Frau zu sein, welche enttäuscht ist
     über das, was Du getan oder gesagt hast?

2) Frauen wertschätzen
   * Was fällt Dir in der verbalen Wertschätzung von Frauen in Deinem Le-
     ben schwer?
   * Was ist schwer für Dich in der Wertschätzung Deiner selbst?
   * Wie ist es für Dich, wenn andere Dich wertschätzen?

3) Allgemeine Gefühle hinsichtlich Frauen
   * Fühlst Du Dich grundsätzlich positiv oder negativ hinsichtlich Frauen?
   * Was haßt Du an Frauen?
   * Was liebst Du an Frauen?

4) Allgemeine Gefühle hinsichtlich Männern
   * Wie fühlst Du Dich hinsichtlich Männern?
   * Was haßt Du an Männern?
   * Was liebst Du an Männern?

Väter

Ein Mann aus der Männergruppe erzählte folgenden Witz.

Ein Junge fragte seinen Vater: „Wissen Väter immer mehr als Söhne?" Und der
Vater sagte: „Ja!" Die nächste Frage war: „Papi, wer hat die Dampfmaschine
erfunden?" Und der Vater sagte: „James Watt." Darauf der Sohn: „Aber warum
hat sie dann nicht James Watts Vater erfunden?"

- Mit 6 Jahren: Mein Vater weiß alles.
- Mit 10 Jahren: Vater weiß fast alles.
- Mit 15 Jahren: Soviel wie Vater weiß ich auch.
- Mit 20 Jahren: Nun ja, mein Vater wird alt, da kommt er nicht mehr ganz mit.
- Mit 30 Jahren: Vater ist vom alten Schlag, aber er hat auch ab und zu ganz gute Gedanken.
- Mit 40 Jahren: Ich möchte meinen Vater um Rat fragen.
- Mit 50 Jahren: Wenn Vater noch lebte, wie gerne möchte ich mit ihm darüber sprechen!

(nach Klaus Bieber)

„Einen starken und reifen Vater in der Kindheit zu haben, ist ein Glück für einen jungen Mann. Wenn dagegen der Vater schwach war und die Mutter dem Jungen vermittelt hat: 'Was vom Vater kommt, taugt nichts, nimm es nur von mir!', dann rächt sich das Kind später an der Mutter und nimmt soviel von ihr, daß es ihm schadet. Daraus entsteht Sucht. Die Sucht ist die Rache des Kindes an seiner Mutter, weil sie es gehindert hat, vom Vater zu nehmen. Aus vielen Untersuchungen geht hervor, daß in Suchtfamilien der Vater fast immer nicht nur eine untergeordnete, sondern eine ausgesprochen 'miese' Rolle spielte. Es sind aber nicht die Mütter wie immer an allem schuld, aber auch nicht die Väter, die alles falsch gemacht haben. Es geht vielmehr um Konstellationen (und um die Balance der Kräfte und Schilde, Anm. d. Verf.)... Durch die zunehmend häufige Trennung von (Eltern-) Beziehungen, durch den Rückzug der meisten Väter und deren – häufig allzu verständliche – Verachtung durch die (allein erziehenden) Mütter erhalten Kinder oft schiefe Rollenvorbilder. Sie spüren, wie männlich viele Mütter werden und wie schwach die Väter erscheinen, selbst wenn es nicht zur räumlichen Trennung der Eltern gekommen ist." [44]

Im Zusammenhang mit der Väter-Problematik interviewte ich später einmal Armin. Das Interview beleuchtet dieses Väterproblem von anderer Seite.

Armin ist Sozialpädagoge, der bei Greg und Bellichi gelernt hat und seit einigen Jahren eine initiatische Männergruppe mitgestaltet:

Du machst seit einigen Jahren in Bremen Jungenarbeit?

Anfang der 90er Jahre war ich in einer freien Schule als Lehrer. Da haben wir einen Tag in der Woche nach Geschlechtern getrennt gearbeitet. Sowohl die Kinder als auch die Lehrer. Das war fester Bestandteil des Konzeptes.

150

Das war revolutionär?!

Genau. Und das Drama war, daß Mütter kamen und sagten, wie könnt ihr unsere armen Jungs einen ganzen Tag lang von den Frauen und Mädchen trennen? Das ist doch schlimm, daß die nur mit den Jungs zusammen sind.

Ihr habt ja fast ein verstecktes Initiationsritual eingeführt.

Ja. Das waren sogenannte aufgeklärte links-alternative Leute. Die hatten Angst, daß ihre Jungs nicht mehr genug geborgen sind. Ich habe deren Argumente nicht richtig kapiert. Aber unsere Entscheidung wurde von unserem Team und einem Großteil der Eltern mitgetragen. Die Jungs selber, obwohl es nur ein Tag war, waren sehr verunsichert und wollten nicht getrennt sein. Die Mädchen haben es sich dagegen mit den Lehrerinnen schön gemacht. Für die Jungs bedeutete das Zusammensein mit ihresgleichen und Männern quasi Streß. Das männliche Element in dieser Intensität waren sie nicht gewohnt. Sie hatten aus meiner Sicht ein „eingeimpftes Rettungsversprechen" der Mütter. Also, wenn da eine Frau ist, dann ist die Welt in Ordnung.

Wir sagten zu den Jungs: „Das ist in Ordnung so, daß Ihr nur unter Jungs seid." Die Mütter mußten wir regelrecht ausklammern. Unsere Kolleginnen haben da aber toll mitgespielt und sind uns nicht in den Rücken gefallen. Die haben ihre Mädchensache gemacht und wir unsere Jungensache.

Gab es darüber ein Konzept oder Bücher?

Ich bin damals an die Universität Bremen gefahren und hab nach Konzepten gesucht. Es gab nichts. Nur kilometerweise Mädchenliteratur. Nichts über Jungs. Höchstens mal etwas über das aggressive Kind und das waren immer Jungen. Also Gewalt wurde automatisch mit Junge und männlich gleichgesetzt. Kurz danach kam das Buch „Kleine Helden in Not" von Neutzling und Schnack heraus, welches sich mit den Problemen von Jungen auseinandersetzte. Es war mit viel Herzblut geschrieben. Es ging um Sexualität und Angst, daß es klasse ist, wenn Jungs Rabauken sein dürfen oder daß es schön ist, sich stark und kräftig zu fühlen.

Arbeitest Du in den letzten Jahren in einer öffentlichen Einrichtung?

Ja, im Kindertagesheim der Bremer Gemeinde. Die haben einen Mann gesucht für ihre Jungen. Interessengruppenleitung heißt das im offiziellen Amtsdeutsch. Sie hatten zwar schon einmal einen jungen Studenten, das hat aber

überhaupt nicht hingehauen. Sie sind dem auf der Nase rumgetanzt und ausge-
flippt.

Haben die einen Mann gesucht, um die Jungs zu befrieden?

Ein Teil der Erzieherinnen konnte wohl spüren, daß es Not tut. Natürlich
auch, weil sie wußten, daß viele Jungs von allein erziehenden Müttern stammen.
Diese Jungs hatten äußerst selten einen Mann zu Gesicht bekommen, noch selte-
ner einen Mann gespürt. Die Frauen der Einrichtung haben dieses männliche
Loch gespürt. Sie arbeiten Jahrzehnte in diesen Einrichtungen und sind nur unter sich. Sie führen dann nicht mehr den Kampf um die lila Latzhose.

Wie gehst Du mit den Jungen um?

Man muß da schon was abhalten, daß die einem von hinten ins Kreuz springen. Die sind schon mal rüpelhaft, aber nie ernstlich böse. Als ich den älteren
Zwölfjährigen erklären mußte, daß jetzt die jüngeren kommen und daß ich mehr
für die da sein werde, waren die richtig traurig. Wir haben uns dann geeinigt,
daß sie kommen können und den jüngeren was zeigen dürfen, wie das so geht.
Die Älteren wurden dann zu „Mentoren" für die Sechsjährigen.

Du bist jetzt auf der Suche nach älteren Männern. Nach Opa-Männern?

Das ist mein liebstes Kind. Das Rübezahlprojekt. Ich stelle mir vor, da sind
fünf Jungs und die bekommen von einem alten Mann eine Geschichte vorgele-
sen oder der zeigt ihnen, wie eine Säge funktioniert.

Mein Schwiegervater hat mich indirekt auf die Idee gebracht, als er meinen
kleinen Sohn wie eine 7 Millionen teure chinesische Vase in der Hand hielt,
unsicher war und fragte: „Was soll ich denn jetzt machen? Ich habe noch nie
Kinder in der Hand gehabt. Das hat immer meine Frau gemacht." Er fing mit
seinen 70 Jahren an zu überlegen, was er falsch gemacht hat und wie unfähig er
war, zu Kindern Kontakt herzustellen. Das zweite Bild, das ich im Kopf habe,
kam von einem Erlebnis auf einer Fahrradtour. Ich sah einen alten Mann in seinem Schrebergarten zur Apfelerntezeit. Er saß da auf einer Holzbank ohne Rük-
kenlehne in seinem Blaumann und schälte einen Apfel. Ich glaube, Jungs würden die Begegnung mit so einem Opa-Mann aufsaugen, wie ein trockener
Schwamm. Beide Seiten können von solchen Begegnungen einen Gewinn ziehen.

152

Männer, die initiiert sind, können ihren Kindern folgende Botschaften geben und vermitteln:

- Ich liebe Dich.
- Ich vertraue Dir.
- Ich bin sicher, Du gehst Deinen Weg.
- Ich werde Dich beschützen, bis Du Dich selbst beschützen kannst.
- Du bist etwas ganz Besonderes für mich.
- Ich bin stolz auf Dich.

Für Töchter:
- Du bist schön und ich freue mich, daß Du eine Frau werden wirst.

Für Söhne:
- Du bist schön und ich freue mich, daß Du ein Mann werden wirst. Ich gebe Dir die Erlaubnis, so zu sein wie ich. Aber ebenso erlaube ich Dir, weniger oder mehr oder anders zu sein als ich.

Die Männer sind nicht mehr so stark im Rückzug, wie dies vor einigen Jahren noch der Fall war. Sie wurden von den Frauen verachtet und damit nahmen auch bestimmte Probleme zu. Dies war ein normaler Vorgang, denn das väterliche, hart wirkende, aber liebevolle Nein war nicht mehr existent. Grenzen wurden von den Kindern überschritten, sie wurden allein gelassen. Ein Krieg der Erziehungsstile fand statt und damit eine totale Verunsicherung, besonders in der Zeit der antiautoritären Erziehung. Den Vätern wurde dann auch in einer Art Gegenwehr von den Zöglingen Mißbrauch unterstellt. Natürlich gab und gibt es auch tatsächlichen Mißbrauch, aber daß sich heute in Amerika manche Väter nicht mehr trauen, sich mit ihren Kindern auch körperlich auseinanderzusetzen und sie anzufassen, ist schon absurd.

Es gibt zwei Arten von Kindheitswunden, die bei der Erziehung eine Rolle spielen:

Mutterwunden und Vaterwunden. Wir alle leiden an Wunden, die sowohl von der Mutter als auch vom Vater herrühren, denn die Eltern sind in der Liebe zu ihren Kindern niemals perfekt. Dabei ist die tiefste Wunde die des Verrates und des Verlassenwerdens durch die gegengeschlechtliche Seite, also bei Männern durch die Mutter. Zumindest fühlt der Mann diese Verletzung tiefer und intensiver, obwohl möglicherweise der Vater in erster Linie versagt hat. Der

Verrat und das Verlassenwerden kann äußerlich und innerlich geschehen, zum Beispiel durch Rückzug des Elternteils, Liebesentzug, Alkoholmißbrauch, Arbeitssucht, eben durch die emotionalen Mängel der Eltern. Es sind also immer ungeheilte Wunden im Seelenleben der Erwachsenen, welche in unserer Zeit die Beziehungen zwischen Männern und Frauen beherrschen und zerstören.

Entsprechend der Struktur des männlichen Egos können die Mutterwunden gewöhnlich nicht ausreichend geheilt werden ohne äußere Hilfe wie Beratung, Therapie, Männergruppen usw. Unglücklicherweise macht es aber die zerbrechliche und nicht fest gegründete Ego-Struktur den meisten Männern sehr schwer, um Hilfe zu bitten. Durch ungeheilte Mutterwunden fühlen sich Männer hilflos und unfähig den Herausforderungen des Erwachsenenlebens zu begegnen und diese zu erfüllen. Ungeheilte Vaterwunden bewirken, daß Männer sich ohne Unterstützung fühlen und unfähig, voll im Leben zu experimentieren und es zu erkunden.

Mutterwunden verhindern ein volles Ja zum Leben. Vaterwunden behindern ein kraftvolles und klares Nein bei Entscheidungen und Abgrenzungen. Männer suchen ihr Leben lang die nicht erhaltene Liebe bei der Frau in der Funktion als Ersatzmutter oder werden süchtig, weil sie keine inneren Grenzen kennen gelernt haben. Dieser Mangel wird dann oft an die eigenen Kinder weitergegeben.

Übung

• Mein Vater war...
• Meine früheste Erinnerung an ihn ist...
• Ich war am wütendsten auf ihn...
• Als ich ihn am meisten brauchte...
• Am meisten bedaure ich an unserer Beziehung...
• Ich habe mich am meisten gefürchtet, als...
• Mit meiner Mutter war mein Vater...
• Als ich ein kleiner Junge war,...
• Ich bin meinem Vater ähnlich in...
• Was ich am meisten an ihm bewundert habe,...
• Das wichtigste, was ich von ihm gelernt habe, ist...
• Wenn ich ihn hätte ändern können, wäre er...
• Die größte Enttäuschung für meinen Vater war...
• Die Erfahrung, die ich gerne mit ihm gemacht hätte,...

Körper und Gesundheit

Manches hörte sich aber auch an, also ob es vom Zentralkomitee irgendeiner Partei kam. Wir waren noch unbeholfen.

• Lerne auf die Botschaften Deines Körpers zu hören, ihnen zu vertrauen und auf sie zu antworten. Betäube, tarne, verstecke und leugne sie nicht. Sie sind Deine Überlebenssignale und der Preis dafür, sie zu ignorieren, könnte eine chronische, irreversible Schädigung Deines Körpers sein.

• Lerne die Freuden einer gesunden Passivität zu genießen. Mach ein Schläfchen, wenn Du müde bist, geh zu Bett, wenn Du erschöpfst oder krank bist, erfreue Dich am Vergnügen des Schlafens. Das ist weder unmännlich noch Zeitverschwendung. Zwinge Deinen müden Körper nicht, indem Du ihn zur Bewegung antreibst wie ein lahmes Pferd.

• Lerne Männlichkeit von der Aufnahme bestimmter Nahrung zu trennen. Du kannst mit einem Salat genauso viel Mann sein wie mit einem Steak.

• Befreie Dich von der Auffassung, Dich zu füttern, bedeutet, daß sie Dich liebt. Nimm Dir Deine Liebe direkt. Sie kann Dich lieben, und Du kannst sie lieben, ohne daß ihr es mit Essen beweisen müßt.

• Beende Deine nur macho-orientierte Interaktion mit anderen Männern. Lerne, mit ihnen offen und spielerisch zu kommunizieren, auch zu kämpfen, anstatt Dich hinter Alkohol und Zigaretten zu verstecken.

• Lerne Dein eigenes Essen zuzubereiten, Deinen Bedürfnissen entsprechend. Deine Frau oder Freundin ist nicht Deine Mutter, und Du bist kein hilfloses Kind. Iß, was Du brauchst und wann Du es brauchst.

• Verbringe täglich ein wenig Zeit damit, Dich um Deinen Körper zu kümmern und Dich im Spiegel anzuschauen. Achte auf die Anzeichen dafür, daß Du Dich genügend um Dich selbst kümmerst und lobe Dich dafür, daß Du gut aussiehst, Dich beweglich und gesund fühlst. Wenn Dein Körper verfällt, verfällst Du.

• Vermeide es, abends passiv vor dem Fernseher zu sitzen und Süßigkeiten zu essen. Sei aktiv, wenn Du Dich energiegeladen fühlst, geh zu Bett, wenn Du müde bist. Wenn Du verheiratet bist oder mit einer Frau zusammen lebst, glaube nicht, du tätest ihr einen Gefallen damit, passiv herum zu sitzen. Es ist eine Illusion, Dich deshalb für einen guten Liebhaber, Ehemann oder Vater zu halten.

- Nimm Dir all die Zeit, die Du für Dich alleine benötigst, um zum Sport zu gehen, draußen oder am Strand zu spielen, an Abenden oder an Wochenenden.

- Lerne, „Nein" zu sagen zu Aktivitäten und sozialen Anlässen, die Du nicht genießt, zu denen Du aber gehst, um „nett" zu sein. Vermeide Parties und Feiern, bei denen Du im Wohnzimmer anderer Leute herum sitzen mußt, es sei denn, Du genießt sie wirklich.

- Suche einen Mann, der älter ist als Du und körperlich in guter Verfassung und versuche, von ihm zu lernen, auch wenn er Dir wie ein Fanatiker vorkommt. Frag ihn, wie er es macht und sei offen für die Möglichkeit, daß er etwas weiß, was Du nicht weißt.

- Erforsche Deinen Körper. Die Gesundheit wird immer einen der größten Werte in Deinem Leben darstellen. Ein lebendiger, gesunder Mann ist ein attraktiver Mann. Ohne Gesundheit nehmen Freudlosigkeit und Sinnlosigkeit einen immer größeren Raum ein.

6. Männer unterstützen sich

- Struktur für wöchentliche Treffen
- Stammtisch
- Einstimmung für Neue
- Mentorenregeln

Männer sollten...:
- in der Absicht leben, anderen Menschen einen Wert anzubieten.
- mit Interesse für andere Menschen und deren Bedürfnisse da sein, ihnen vor allem zuhören und auch manchmal eine Frage stellen.
- in der Lage sein, Konflikte zu tolerieren und unterschiedliche Meinungen zuzulassen, ebenso Spannung auszuhalten.
- die eigenen Gedanken, Gefühle, Reaktionen, das eigene Verhalten zu „besitzen", ohne dabei cool zu werden, von nichts besessen sein.
- kommunikativ sein und aussprechen, was sie fühlen.
- angemessen emotional reagieren lernen. Dazu gehört Angst, Wut, Trauer und Freude zeigen.
- da sein und nicht in Gedanken abwesend und woanders.
- innere Leere akzeptieren.
- Humor haben und über eigene Fehler lachen.
- die aufgestellten Regeln als zu übende Prinzipien begreifen und sie nur als Richtschnur nehmen und wenn etwas anderes ansteht, dies ausprobieren.

Struktur für wöchentliche Treffen

Es gibt grundlegende Prinzipien, die notwendig sind, wenn sich Männer in einer Gruppe gegenseitig unterstützen wollen:
- Eröffnungsrunde, in der jeder Mann mitteilt, wo er im Leben steht, wie es ihm mit seinen Vorhaben ergangen ist und ob er an diesem Abend persönliche Unterstützung braucht. Aus der Runde ergibt sich ein Thema, welches besprochen werden kann. Günstig ist die Ergänzung mit Körperübungen. Danach Unterstützung von einzelnen Männern. Raum für organisatorische Ankündigungen und Besprechen der neuen Vorhaben. Abschlußrunde.
- Eine ideale Gruppengröße, in der Unterstützung für Einzelne möglich ist, liegt zwischen sechs und neun Männern. Größere Gruppen müssen sich entweder teilen oder ggf. andere Formen des Zusammenseins wählen.

- Jede Gruppe braucht einen „Spaceholder", also jemanden, der den „Raum" strukturell (organisatorisch) und spirituell hält. Diese Aufgabe sollte in regelmäßigen Abständen rotieren. Jeder Mann braucht die Möglichkeit, sich im Schaffen und Halten von Raum zu üben, das mehr bedeutet, als den Raum zu organisieren. Dieser Mann muß sich erfahren genug fühlen, bei auftretenden Konflikten ruhig und souverän zu bleiben. Dennoch kommt auf ihn die Organisation zumindest des Abends dazu. Aufgaben: Organisation von Raum und Schlüssel, Betreuung der Struktur des Abends, wie sie von der Gruppe gewählt wurde, auf Einhaltung der Zeit achten.

- Wenn Du Dein Leben wirklich ändern willst, ist es sinnvoll, der Gruppe gegenüber öffentlich Dein Wort zu geben, bis zum nächsten Treffen ein „Commitment", also ein kleineres oder größeres Versprechen abzugeben. Dabei sollte man sich nicht übernehmen, d.h. im Zweifelsfall lieber keines abgeben.

- Eine wichtige Regel zu Rückmeldungen und Unterstützung:

  - Wenn ich spreche, spreche ich nur über mich, über meine eigenen Werte, über das, wovon ich glaube, daß es im Leben funktioniert oder nicht. Meine Rückmeldung an Dich ist letztlich eine Aussage über mich selbst.

  - Eine Männergruppe ist eine ideale Gelegenheit, von anderen Männern Unterstützung zu bekommen. Das Wichtigste dabei ist, daß Rückmeldungen aus einer Haltung von Mitgefühl und Respekt gegeben werden.

  - Gebe keine Rückmeldung ohne Erlaubnis (z.B. „Darf ich Dir eine Rückmeldung geben?"). Warte, bis Du die Erlaubnis hast.

  - Eine sinnvolle Struktur einer Rückmeldung ist: Wahrnehmung – Gefühl – Interpretation, z.B.: „(1.) Wenn ich Dich zehn Minuten reden höre, (2.) löst das in mir Ärger aus, (3) weil ich glaube, daß ich Dich nicht bremsen kann und ich möchte auch von mir erzählen."

  - Sei so präzise in der Beschreibung Deiner Wahrnehmung wie möglich. Gebe die Rückmeldung so bald Du kannst. Sei kurz und bringe das Wesentliche auf den Punkt.

  - Wer Unterstützung braucht, bittet selbst (!) darum und bestimmt selbst (!) die Regeln dafür: „Ich möchte nur erzählen, was gerade los ist.", „Ich möchte, daß Ihr mir zuhört, ohne Lösungen anzubieten.", „Ich möchte Rückmeldungen von Euch bekommen.", „Ich möchte Ratschläge und Vorschläge von Euch bekommen." "Ich möchte herausgefordert und konfrontiert werden."

- Das Wichtigste ist, daß Du nach einer Rückmeldung nichts tun mußt. Du mußt Dich nicht verändern. Du kannst „Danke!" sagen, mehr nicht. Vertraue darauf, daß die Rückmeldung aus einer Haltung von Mitgefühl gegeben wird, und entscheide selbst, ob es für Dich brauchbar ist oder nicht. Behalte alles, was für Dich sinnvoll ist, und speichere oder vergesse den Rest.
- Hilfreich ist: Konzentriere Dich auf das Zuhören. Du brauchst keine Antwort zu geben. Warte ab, und gebe dem, was gesagt wird, Zeit, bei Dir anzukommen. Wiederhole die Essenz dessen, was Du gehört hast. Stelle Klarheit her durch Nachfragen, wenn notwendig. Schlucke es nicht, denn es könnte nichts mit Dir zu tun haben, sondern mit demjenigen, der die Rückmeldung gibt. Wenn Du Dich überwältigt fühlst, sage „Stop".
- Übernehme Verantwortung für Dich und Deine Anliegen. Benenne, was Du brauchst.
- Teile den anderen Männern mit, was in Dir vorgeht.
- Halte die Zeitvereinbarungen ein. Trage dafür Sorge, daß die Gruppe pünktlich beginnen kann und pünktlich aufhören kann.
- Ruf an, wenn Du nicht kommen kannst.
- Verlasse die Gruppe nicht, ohne Dich zu verabschieden.
- Keine Drogen vor oder während der Gruppe. Drogen verändern das Bewußtsein und können zu verwirrenden Ergebnissen führen.

Stammtisch

„Stammtisch", „Männerstammtisch" und „Stamm auf Zeit" waren immer wieder Begriffe, die im Zusammenhang mit initiatischen Männergruppen auftauchten. Sofort war die Angst da, als neofaschistische Gruppe eingeschätzt zu werden. Wir fragten uns dennoch, ob wir diesen Begriff einfach den rechten Gruppen überlassen sollten. Annäus schrieb mir einmal in einem Brief:

„'Stamm' drückt organische Verbundenheit aus. Die Äste (jeder einzelne) gehen aus dem Stamm (die Gruppe), werden durch ihn zusammengehalten. Der Stamm nährt uns, verbindet uns mit der Erde, er trägt uns empor zum Licht. Ein 'Stamm auf Zeit' ist natürlich ein Widerspruch in sich, denn ein Stamm ist gerade das, was die Zeit überdauert (Stammbaum der Familie). Dennoch: Wir müssen nicht bleiben, sondern können und werden auch wieder gehen. Wir sind nicht abhängig von diesem Stamm. Andere können für ein Stück des Weges Teil unseres Stammes sein, wir laden ein, halten aber nicht fest. Aus Scheidenden können neue Ableger werden, die neue Stämme gründen oder auch nicht. Stamm auf Zeit steht für Wahlverwandtschaft und nicht Blutsverwandtschaft. Die Bindung ist allerdings mehr als nur Verbindlichkeit. Jeder übernimmt die Verantwortung, daß er dazu gehört. Niemand ist gegen seinen Willen in diesen Stamm hineingeboren worden. Und die Wahlverwandtschaft öffnet uns für neue Bindungen: Menschen aus anderen Religionen und Kulturen können Teil unseres Stammes werden."

Einstimmung für Neue

Man kann einen kleinen Archetypentest hinlegen. Er kann anonym gehandhabt oder auch besprochen werden.

Es geht darum, entsprechende Sätze anzukreuzen.

Der König, die Führungskraft

- Die Menschen erwarten von mir, daß ich Ihnen sage, wo es lang geht.
- Ich habe Führungsqualitäten.
- Ich übernehme gerne die Leitung.
- Ich mache Ressourcen nutzbar, menschliche oder materielle.
- Ich kann die Fähigkeiten von Menschen gut mit den zu erledigenden Aufgaben in Übereinstimmung bringen.
- Ich versuche, Situationen mit dem Wohl aller im Sinn zu managen.

Der Magier, der Seher

- Wenn ich mich selbst heile, kann ich zur Heilung anderer beitragen.
- Wenn ich meine Gedanken ändere, ändert sich mein Leben.
- Meine Anwesenheit ist oft ein Katalysator für Verwandlung.
- Ich glaube, daß alles auf der Welt miteinander verbunden ist.
- Ich verwandle gerne Situationen.
- Ich bin ein Kanal für größere Kräfte.

Der Liebhaber, der Kontaktfreudige

- Ich empfinde mich als sexuelles Wesen.

160

- Besser man hat geliebt und verloren als nie geliebt.
- Ich habe gerne Kontakt zu Menschen.
- Ich finde Erfüllung in Beziehungen.
- Im allgemeinen liebe ich die Menschen.
- Ich gehe dem Leben mit offenen Armen entgegen.

Der Krieger, der Grenzen setzt

- Ich vergesse meine Angst und tue, was getan werden muß.
- Ich bin bereit persönliche Risiken auf mich zu nehmen.
- Ich erreiche meine Ziele durch Disziplin.
- Ich biete beleidigenden Menschen die Stirn.
- Der Schlüssel zum Erfolg ist Disziplin.
- Ich kann nicht die Hände in den Schoß legen und ein Unrecht hinnehmen, ich muß etwas dagegen tun.

Mentorenregeln

Der Name „Mentor" kommt aus dem Griechischen. Als Odysseus zu seiner Heldenreise aufbrach, bat er seinen Freund Mentor, sich während seiner Abwesenheit um seinen Sohn zu kümmern. Mentor nahm ihn unter seine Fittiche und förderte seine Begabungen und Talente.

Mentor zu sein ist mehr als nur Lehrer zu sein. Der Mentor ist Beschützer und Vorbild. Er nimmt seinem Schüler aber keine Entscheidungen ab. Er nährt ihn und tröstet ihn. Seine Ratschläge aber halten sich in Grenzen.

Der Augenblick, in dem der Junge mit dem alten, rothaarigen Mann fortgeht (im „Eisenhans" von Robert Bly), der Augenblick, in dem bei den alten Griechen die Priester des Dionysos einen jungen Mann als Schüler akzeptieren oder der Augenblick im Leben der Eskimos, wenn der Schamane von Kopf bis Fuß mit den Fellen wilder Tiere bedeckt, im Dorf erscheint und einen Jungen mitnimmt, um ihn geistig zu unterweisen, ist der Moment des Mentors.

Es gibt heutzutage keinen vorgezeichneten Weg, Mentor zu werden, obwohl ganz zarte Anfänge auch in Deutschland zu erkennen sind, sich bewußter damit zu beschäftigen.

Ich denke: Der Mentor sollte mindestens 40 Jahre alt sein. Wenn er in jüngeren Jahren schon Erfahrung gesammelt hat, kann es nur nützen. Allgemein wird auch die 40 als die Alterszahl in den meisten Männergruppen genannt, ab der

Männer spätestens erwachsen werden sollten. (Wie gesagt, 60jährige Jünglinge sind ja in unserer Gesellschaft keine Seltenheit). Der Mentor ist immer vom gleichen Geschlecht und kein Angehöriger aus der eigenen Familie. Der Mentor sollte Erfahrung mit den vier Grundarchetypen und dem initiatorischen Naturzyklus der männlichen Seele haben. Er sollte eigene Krisen positiv überwunden haben und seine inneren und äußeren Drachen, also seine eigenen Schattenseiten und Schwächen kennen.

Grundregeln eines Mentors

- Nur was Du weitergibst, kannst Du behalten.
- Sprich über Deine guten Erfahrungen, die Du mit anderen Männern gemacht hast.
- Du mußt nicht perfekt sein, aber einigermaßen ehrlich.
- Sei offen für Fragen.
- Wenn Du eine Frage nicht beantworten kannst, gib dies unumwunden zu.
- Denke darüber nach, wie Du an Informationen kommst, um die Frage doch noch zu beantworten.
- Denke an Deine eigene Jugendzeit.
- Laß Deinen Schützling seine ihm gemäße Entwicklung machen.
- Spiele nicht den Retter und „bedrohenden" Helfer.
- Laß Deinen Schützling Fehler und damit Erfahrungen machen.
- Habe Vertrauen, daß er das Problem lösen wird.
- Habe zu Dir selbst Vertrauen.
- Spreche mit anderen Mentoren über Deine Probleme.
- Sprich nicht über die Probleme Deines Schützlings mit anderen.
- Beobachte, ob er etwas ändern will.
- Laß ihn „köcheln", d.h. um seinen eigenen heißen Brei streifen.
- Schenke ihm etwas, das ihr beide gerne mögt.

Du wirst listig sein müssen, um Deine Seele zu jagen.

Du wirst Deine Geschichte singen, Deinen Tanz tanzen.

Du wirst den Atem Deiner Zeit spüren und die Angst,
die Dir im Nacken sitzt.

Du wirst Deine innere Schönheit und Deine Wunde spüren.

D.
MännerQuest
Die Reise ins Herz
des Mannes

I. Letzte Vorbereitungen für die Reise

1. Zusammenspiel von Erfahrung und Wissen

Während dieser Zeit der intiatischen Männergruppen wurde ich mir wirklich sicher, daß eine MännerQuest in der Wildnis gerade heutige Männer in ihrer Entwicklung und in ihrem Wachstum fördern könnte. Ich fühlte mich inzwischen auch fachlich kompetent genug, mit guten Freunden das Projekt zu starten. Bei Haiko und Verena Nitschke vom Verein für ökologische und systemische Bildung, die in der Tradition der Wildnisschule School of Lost Borders von Meredith Little und Steven Foster stehen, besuchte ich, während ich schon die ersten Fahrten durchführte, eine Supervision und Fortbildung. Durch sie erfuhr ich noch einmal wichtige Details über einzelne Übungen und Schritte des VisionQuest-Rituals.

Die Basis aber waren die intensiven Begegnungen mit dem Poeten und Zen-Mönch Gregory Campbell, die überhaupt mein Herz für die Männerarbeit öffneten. Dazu kam seine Bereitschaft, mir sein Wissen zur Verfügung zu stellen und Arbeitsmaterial weiterzugeben.

Weitere Meilen- und Bausteine sind:

* *die Erfahrungen mit John Bellichi.*
* *die Gespräche und der Informationsaustausch mit Freunden aus Männergruppen, deren Erfahrung ich hier weitergebe.*
* *die schamanischen Kenntnisse, wie ich sie in Seminaren bei der schamanischen Stiftung Michael Harners und anderen Lehrern erworben habe.*
* *die Studien über das Medizinrad und die vier Schilde nach dem Modell der nordamerikanischen Prärieindianer mit seinen Energiefeldern, das ich kreativ anwende, den mitteleuropäischen Männern angepaßt und nicht fundamentalistisch.*
* *die Form des rituellen Erzählens und vor allem des Zuhörens, wie ich es verstehe, steht letztlich in der ältesten Tradition des schamanischen Heilens und in der Tradition der anonymen Selbsthilfegruppen, die sich um Suchtkranke kümmern.*
* *eine über 20jährige Theaterpraxis mit verschiedenen Lehrern und Regisseuren.*

167

Obwohl ich kein ausgebildeter Psychologe bin, sondern Schauspieler, Theater-lehrer und Bühnenautor, beziehe ich mich indirekt in meiner Arbeit auch auf James Hillmann (geb. 1926), einen jungianischen Psychotherapeuten. Er gilt als Begründer der archetypischen Psychologie, die die Bedeutung der Imagina-tion hervorhebt und den Wert der Mythologie als Quelle menschlicher Erkennt-nis betont. Ebenso fühle ich mich Georg Groddeck (1866 - 1934), diesem phan-tastischen Romantiker des Unbewußten und wilden Analytiker, verbunden. Schon in den 70er Jahren haben wir seine Ideen in unserer Wohngemeinschaft in Ber-lin leidenschaftlich und spontan diskutiert. Wir bewunderten ihn, weil er offen-bar die Fähigkeit besaß, jenen unsichtbaren „goldenen Schein" in heilenden Gesprächen wahrzunehmen und ihn den betreffenden Menschen wieder zurück-zuspiegeln.

Da unsere Gesellschaft seit Jahrhunderten den Kontakt zu den Wurzeln männ-licher Weisheit und Reife vielfach verloren hat, wie ich es schon beschrieben habe, sollte dieses Ritual einen neuen Weg der Initiation und dies ohne die Hilfe einer gewachsenen hierarchischen Stammesgesellschaft bieten. Ich wollte damit einen gangbaren Weg der Initiation in einer völlig individualisierten Massenge-sellschaft finden. Dazu wollte ich einen Beitrag leisten. Ohne die Hilfe unserer Väter und Großväter lag es somit an uns Männern selbst die unbezahlbare Weis-heit wiederzuentdecken, die im männlichen Initiationsprozeß liegt. Jeder Mann konnte auf dieser Reise in die Wildnis einen Zugang zu seiner individuellen Geschichte, seinen eigenen Monomythos der Einweihung in das große Geheim-nis der Mutter Erde erleben. In den vier Tagen und Nächten draußen im Wald konnte ihm die Natur durch überraschende Begegnungen und Ereignisse zeigen, wer er und wie er wirklich ist. An seinen eigenen Aktionen und Reaktionen konnte ihm deutlich werden, wo er steht und wo es lang gehen könnte. Kein Berater und Coach würde ihm diese Lektionen beibringen können. Mutter Natur ist die weise Lehrerin. Es ist ein neuer und dennoch alter Weg, den die Männer da draußen gehen, geschützt und gehalten von erfahrenen Seminarleitern, die freundlich 'Alte Männer' genannt werden, wobei das wirkliche Lebensalter kei-ne Rolle spielt. Es fließt kein Tropfen Blut, es sei denn, jemand schneidet sich beim Kartoffelschälen in die Finger. Und dennoch ist der Schmerz, aber auch die Freude groß, wenn die Männer in der Wildnis zu sich selbst nach Hause kommen.

Schrittweise kann dieser rituelle Weg der Männer mitverfolgt werden von der langen Zugreise nach Nordschweden bis zur Rückkehr nach Deutschland.

Jeder der Männer nimmt seine persönliche Vision, seinen neuen Namen aus der Wildnis mit. Er hat seine Verwundung gespürt und die daraus strömende Kraft und Liebe erfahren. Für alle Teilnehmer dieser initiatischen Reise gilt es, dieses innere Gold aufzubewahren, zu pflegen und zu polieren, es hier und da anderen Menschen zu zeigen und zum Leuchten zu bringen. Das Ritual, wie ich es in Schweden durchführe, ist eine Begegnung der eigenen, inneren Wesenskräfte des Mannes mit denen der äußeren Kräfte, den Naturelementen Erde, Wasser, Feuer und Luft, den inneren und äußeren Jahreszeiten Sommer (Kind), Herbst (jugendlicher Mann), Winter (Erwachsener), Frühling (Ältester). Die inneren Wesenskräfte, die in der Absichtserklärung in Form von Fragen und Themen zum ersten Mal, noch ganz verdeckt, auftauchen, sind oft den Grundarchetypen des Mannes, also energetischen Urbildern, ähnlich: König, Krieger, Liebhaber und Magier.

Die Wildnis erwartet also Männer, die Männer! Die nährende, aber auch verwundende und verschlingende *Große Mutter Erde*, nimmt die Männer in der Wildnis zur Brust und zwar im doppelten Sinne des Wortes: Männer erleben einerseits die Wildheit und Schönheit der Welt, andererseits aber auch den Schmerz des Lebens, den Frauen bei der Geburt ihrer Kinder erleben. Eine Form des heilenden und rituellen Erzählens unter der Zeugenschaft der Männer ist der Höhepunkt nach der Rückkehr aus der Einsamkeit der Wildnis und der Begegnung mit der *Großen Mutter Natur*. Seelenjagd nennen es die Naturvölker. Die MännerQuest beinhaltet dieses Moment. Das Mentoren- und Leitungsteam versucht als männliche Mutter, den Mann, der sich ihm anvertraut hat, auf einem sicheren Weg durch das Ritual zu führen. Es kann allerdings vorkommen, daß sich ein Mann trotzdem verletzt (Schürfwunden meistens, bisher gab es keine schwerwiegenderen Verletzungen). Der Prozeß der Initiation hat dennoch immer etwas mit Wunden und Verletzungen zu tun. Bei Männern sind es eher die inneren Wunden und Verletzungen aus der Kindheit und das, was sie als Reaktion darauf anderen bisher zugefügt haben, die während des Rituals zu Tage treten.

Mein Herz war gespannt vor Freude. Ich war 47 Jahre alt. Die Reise konnte losgehen.

2. Eine Zeremonie für Einpacken und Abreisen

Ich schreibe den Männern, so wie ich es auch bei den Nitschkes gelernt habe und ergänze nach meiner Art einiges:

„Im Prinzip gehst Du ja so nackt wie möglich und so geschützt wie nötig in die Wildnis. Zu Deiner und der ganzen Gruppe Sicherheit und Wohlbefinden sollte Deine Ausrüstung nach der Ausrüstungsliste vollständig sein. Was Du darüber hinaus mitnehmen willst, bleibt Deiner Entscheidung überlassen.

Vielleicht machst Du aber beim Packen die Entdeckung, daß dieser Vorgang etwas von Dir widerspiegelt. Nämlich den Grad Deiner Bereitschaft, Gewohntes loszulassen und Dich dem Unbekannten auszusetzen."[45]

Packen kann also zu einem Ritual gemacht werden. Du wählst nämlich aus Deiner gegenwärtigen Lebenssituation mit Sorgfalt und freundlicher Aufmerksamkeit das aus, was Dir den Weg in die Zukunft ermöglicht. Es ist eine symbolische Übung. Du erforschst dabei die feine Balance zwischen Sicherheit und Freiheit, Nacktheit und Schutz. Wenn Du diesen Prozeß besonders intensiv machen willst, zündest Du während des Packens eine Kerze oder Räucherstäbchen an. Dies ist nur ein Zeichen, mehr nicht. Du kannst auch eine für Dich besondere Musik auflegen. Wenn Du das Packen unterbrichst, machst Du Kerze, Räucherstäbchen, Musik wieder aus. So gewöhnst Du Dich an Rituale und lernst, den Raum in Dir und außerhalb von Dir mit Energie „aufzuladen". Diese Übung wird Dir bei weiteren Schutzritualen in der Wildnis behilflich sein. Den gleichen Vorgang kannst Du beim Auspacken nach der Rückkehr aus Schweden machen.

Sowieso: Gestalte Dir einen kleinen Tisch (die Hopi-Indianer nennen das Mesa) in einer Ecke Deines Zimmers mit ein paar Symbolen, Worten oder Bildern. Diese erwarten Dich dann, wenn Du von der Wildnis nach Deutschland zurückkommst. Es erleichtert enorm die Rückkehr und das Wiederzurechtfinden in der alten neuen Welt. Eine besondere Geschichte kann auch sein, wenn Du ein Porträtfoto vor der Reise machst und eins nach der Reise. Du wirst dann sehr überrascht sein über Dein Gesicht.

Auch ein Testament gehört auf diesen Tisch. Ein Testament zu schreiben ist eine sehr gute Übung zum Loslassen. Auch zum Feststellen, wer und was mir wirklich etwas wert ist. Das können auch kleine Gegenstände sein, die Dir was bedeuten und die Du jemanden, ohne daß ihn das belastet, vermachen kannst.

Die Frage: „Was soll auf meinem Grabstein stehen?" solltest Du Dir auch einmal stellen. Aber natürlich kommst Du wohlbehalten aus der Wildnis zurück!

3. Vom Fasten und vom Wetter

Auf der Fahrt in die Wildnis wird oft schon nach den Fastenregeln gefragt. In diesem Ritual handelt es sich nicht im strengen Sinn um Gesundheitsfasten, sondern um rituelles Fasten, das das Hauptritual unterstützen soll. Man braucht in der Vorbereitung körperliche Kräfte, um Kanu zu fahren, Holz zu hacken, den Rucksack zu tragen. In diesem Wildnisprojekt wird das Fasten als Schwellenmarkierung eingesetzt. Wenn man von der Wildnis wiederkommt, soll das Essen beim Wiederverkörpern, Verfleischlichen und beim Eintritt in den neuen Alltagskörper helfen. Es ist daher sinnvoll und folgt auch traditionellen Vorgaben, wenn nur während des viertägigen Hauptrituals gefastet wird.

Zu berücksichtigen ist auch das Wetter bei einem solchen Prozeß des Fastens. In Schweden gibt es im Sommer trockene Hitze bis zu 35 Grad und nasse, stürmische Kälte bei bis zu 10 Grad. Das Wetter ist in dieser Gegend sehr unterschiedlich, manchmal nicht berechenbar, wie das gesamte Leben! Das Wetter kann Freund oder auch Feind sein. Ändern kannst Du das Wetter nicht. Der Umgang mit dem Wetter wird Dir spiegeln, was mit Dir los ist. Wie Du auf Widerstände und Widrigkeiten reagierst. Das kannst Du schon zu Hause üben. Schlechtes Wetter kann innere Prozesse sehr schnell auf den Punkt bringen. Zudem besagt eine alte Wildnisregel: „Es gibt kein schlechtes Wetter, nur unpassende Kleidung". Aber auch die beste Kleidung schützt nicht vor Gefahren. Ein sarkastischer Spruch der Schweizer Bergführer lautet: „Die deutschen Bergwanderer sind die bestausgerüstetsten Toten!"

4. Die Anreise ins Herz des Mannes

Ich fuhr mit Männern in die Waldwildnis Nordschwedens. Ich begann also meine eigenen nun genügend durchgearbeiteten Erfahrungen in Form der ersten MännerQuest weiterzugeben. Ich setzte den ersten Teil meiner in der Bergwüste Ostkaliforniens empfangenen Vision konkret um. Ich nannte das Projekt: „Die Reise ins Herz des Mannes."

Sie dauert gewöhnlich eine Nacht und einen Tag: Von Hamburg mit dem Eurocity nach Stockholm, dann noch sechs weitere Zugstunden gen Norden.

Das Herz des Mannes ruht in der Waldwildnis, in den tiefen Wäldern um einen auch im Sommer meist eiskalten See. Es wartet darauf, entdeckt zu werden. Der See liegt in Nordschweden im sogenannten „Little Alaska", umgeben von tausend anderen Seen, kleinen Bächen und größeren Flüssen. Vom „Berg des kleinen Wolfes" aus erblickt man immergrüne Wälder, soweit das Auge reicht. „In diesen Wäldern kannst Du verloren gehen, Dich findet niemand mehr. Du verschwindest einfach", sagte einmal ein Mann. Weit hinten sieht man noch im Juni die schneebedeckten Gipfel des norwegisch-schwedischen Zentralgebirges, das von Norden nach Süden verläuft. Darin leben Bären, Schlangen, Adler, Birkhühner, Vielfraße, Luchse, Elche, Rentiere.

Je länger die Fahrt vom großstädtischen Zentrum Europas an die Peripherie Nordeuropas dauert, um so ruhiger, aber auch gespannter werden die zwölf Männer. Immer näher kommen sie ihrem Herzen. 24 Stunden Zugfahrt. Schwere Rucksäcke werden über die Umsteigebahnhöfe geschleppt, drinnen verpackt ein kleines, leichtes Moskitonetz für alle zu erwartenden Fälle. Ein Witz macht die Runde: „Komme nach Schweden, spende Blut." Manche ahnen noch nicht, daß es um mehr geht als normales Blut. Es geht um Herzblut, um die Verwandlung des pinkfarbenen, romantischen und unschuldigen Herzens der Kindheit und Jugendzeit in das dunkelrote, kämpferische und mitfühlende Herz des erwachsenen Mannes.

In einem kleinen verträumten Dörfchen steigen wir aus. Ove, unser schwedischer Kontaktmann, und Jon, sein Kollege, warten. Die beiden Landrover mit den Anhängern fürs Gepäck und die Kanus sind gepackt. Über e-mail haben meine Assistenten an einen schwedischen Supermarkt eine Bestellung aufgegeben. Aufgrund unserer jahrelangen Erfahrung wissen wir aufs Detail genau, was an Verpflegung für 14 Tage und Nächte „draußen" gebraucht wird. Alles ist nun wasserdicht in runden Verpflegungstonnen verpackt. Für die Sicherheit ist gut gesorgt. Schwimmwesten, Ersatzpaddel, Ersatzzelte, Verbandszeug. Ein Handy nehmen wir nicht mit. Der Initiationsprozeß hat mit der Abnabelung von der mütterlichen Welt zu tun. Der Kontakt zur Zivilisation soll soweit wie möglich abgebrochen werden. Die Teilnehmer werden aufmerksamer, wenn sie feststellen, daß wir die elektronische Nabelschnur durchschnitten haben. Niemand wird in falscher Sicherheit gewiegt. Jeder ist für sich selbst verantwortlich. Eine entsprechende Eigenverantwortlichkeitserklärung hat jeder unterschrieben. Radio und Walkman sind nicht erlaubt. Das Herz des Mannes liegt in der Stille, alleine, so unabhängig wie möglich. Man findet es nur mit Respekt und Aufmerksamkeit und in Eigenverantwortlichkeit. Da es sich bei der VisionQuest aber nicht um ein Outdoor-Überlebenstraining handelt, ist eine normale, gute, schwedische Verpflegung Teil des Programms. Die Teilnehmer essen in der Vorbereitungszeit auf das Fastenritual hin meist wenig. Nach dem Ritual schlagen sich die Männer dann eher die Bäuche voll. Rainer, Spezialist für Logistik, ist gleichzeitig der beste Wildniskoch, den ich kenne. Viele Männer essen bei ihm im Basislager gesünder als zu Hause. Seine Gerichte enthalten getrocknete Früchte und Gemüse aller Art, die er aufgeweicht und gekocht mit indischem Curryreis, Honig und grünem Pfeffer serviert. Das Herz des Mannes ist süß und scharf.

Ich frage die Männer, ob es in Ordnung ist, daß sie die Augen für die erste Hälfte der Strecke, die etwa zwei Stunden dauert, verbunden bekommen. Alle willigen sofort ein. Sie rennen noch einmal zum Pinkeln in den kleinen Holzbahnhof, der aber doch schon moderne Computer zum Fahrkartenverkauf hat.

Das Verbinden der Augen der Initianden ist Tradition bei dieser Art von Ritualen. Es erhöht die sensorische Aufmerksamkeit, das heißt: Füße, Hände, Nasen und Ohren öffnen sich, um den Mangel an Orientierungsvermögen auszugleichen. Vorsichtig angekündigt und gehandhabt zwingt es auch zur Vertrautheit und zur Hilfe untereinander. Es stellt Blindheit her, die sehend macht. Viele Schamanen bei den Naturvölkern sind tatsächlich blind. Auch Odin, der germanische Gott des Sturmes und der Ekstase, wird auf einem Auge blind dargestellt. Das soll den Blick nach innen zum „Brunnen der Erinnerung" symbolisieren. Die Schau und das Sehen hinter die Erscheinungen an der Oberfläche des Lebens werden dadurch erleichtert, gestärkt und geschärft.

Über buckelige Landstraßen mit kleineren geteerten Strecken geht es los. Die Männer sollen den Platz in der schwedischen Wildnis, in der ihr Herz pulsiert, später nie mehr auf einer normalen Landkarte finden können. Auch das Geld und die Personalausweise müssen zurückgelassen werden.

Nach zwei Stunden halten Ove und sein Kollege mitten in der Wildnis an. Die Männer nehmen die Augenbinde ab. Es ist Abend. Die Mitternachtssonne leuchtet taghell am Himmel. Die Männer stehen gelassen in einer Reihe. Sie pissen aus Herzenslust. Sie freuen sich, der Zivilisation entkommen zu sein. (Ihre Mutter hat es nicht gemerkt. Sie würde sich Sorgen machen. So spielen es jedenfalls die Mütter bei den Naturvölkern im ursprünglichen inszenierten Ritual.)

Bernhard Langwald, ein bekannter Münchner Seminarleiter und Coach, schrieb einmal: „Die Helden in unseren Märchen hat es immer auch gedrängt von zu Hause wegzuziehen. Sie haben etwas gesucht, was über den Alltag hinausging. Etwas Imaginäres wie die blaue Blume, das Wasser des Lebens, den Stein der Weisen, die schöne Prinzessin oder wie immer das symbolisiert wurde. Dabei kamen sie in Kontakt mit etwas Jenseitigem, etwas jenseits des sozialen Horizonts, mit dem sie vertraut waren. Unterwegs wurden sie Prüfungen unterzogen, mußten drei schwere Fragen beantworten, mit dem Drachen kämpfen, in die Unterwelt gehen oder ähnliches. Nachdem sie bestanden hatten, kamen sie zurück und brachten etwas Neues mit – etwas, das ihre Persönlichkeit verändert hatte. Die gesellschaftlichen, sozialen und kulturellen Formen werden von den wenigen, die sich in dieser Weise ergründet und verwandelt haben, ebenso wesentlich mitbestimmt. Die Gesellschaft lebt von ihnen, geistig und emotional. Selbst dann, wenn das nicht immer sofort erkannt wird." [46]

Die Männer steigen jetzt wieder in die Landrover ein und werden nun die nächsten zwei Stunden durch diese endlosen Wälder zum See gebracht. Wir kommen an. Die Kanus und das Gepäck werden abgeladen. Die beiden schwedischen Fahrer verabschieden sich, sie kennen diese Gegend selbst nicht so genau. Sie freuen sich, wieder nach Hause zu ihren Familien zu kommen. Sie erzählen mir immer wieder, daß sie mächtig Respekt vor der Wildnis haben. Das Gebiet, in dem wir uns jetzt befinden, kenne ich inzwischen besser als sie, wofür mich die beiden sehr bewundern.

Die Männer stehen vor den Verpflegungstonnen und wissen wirklich nicht mehr, wo sie sind. Es ist kurz vor Mitternacht, die Sonne scheint immer noch von Nordwesten her. Nach einer Einweisung ins Kanufahren ziehen wir langsam los, ganz in Ufernähe, schwer bepackt mit allem, was wir notwendigerweise für die nächste Zeit brauchen.

Ein Mann findet sein Herz nur, wenn er zuerst die Orientierung verliert. Er muß das aufgeben oder zur Seite schieben, was er normalerweise für vernünftig hält, was ihm als vernünftig beigebracht wurde. „Nur, wenn Du Dich traust, die Orientierung zu verlieren, kannst Du irgendwo ankommen, wo Du noch nie warst und auch normalerweise nie hingehen würdest: mitten in Deinem eigenen Herz. Das kann sehr schmerzvoll sein, angsterregend, fast grausam. Du mußt mehrere Drachen überwinden: falschen Stolz, alten Groll, Neid, Arroganz, übertriebene narzistische Verletzlichkeit oder gepanzerte Taubheit und Lähmung des Herzens! Aber der Weg lohnt sich." sage ich zu den Männern.

Die Reise ins Herz des Mannes führt uns also immer weiter von der Zivilisation weg. Wir paddeln sehr langsam in Ufernähe Richtung Basislager. Es ist jetzt Mitternacht. Die Sonne strahlt noch ein wenig am Horizont. Es ist kühler geworden. Die Moskitos schlafen. Nach drei Stunden kommen wir im Basislager an. Alle sind todmüde. Die Zelte werden aufgebaut.

Dein Kanu liegt am Ufer des Sees.
Du weißt es tief in Deinem Herzen,
Daß es Zeit ist für diesen Schritt.
Du willst mehr... von Allem,
Tiefer schauen in Deine innere Wildnis.
Du erlebst die Schönheit und den Schmerz der Natur.

II. Rituelle Inszenierung in der Waldwildnis

1. Inneres Abholen der Männer

In den folgenden Tagen der Vorbereitung erzähle ich den Männern in etwa folgendes:

„Dieses VisionQuest-Ritual ist in Schritten aufgebaut. Wenn Du willst, wirst Du von mir und meinem Team gerne unterstützt. Ich selbst mußte diesen Prozeß bei meiner eigenen VisionQuest in der Bergwüste Kaliforniens durchmachen und in einer zweijährigen Fortbildung in Europa verarbeiten, sowie die dramaturgischen Schritte des Rituals und die Sicherheitsbestimmungen studieren."

Die meisten Männer gehen ja um ihrer selbst willen zu diesem Ritual in die Wildnis. Manche bilden sich ein, sie würden es für jemand anderes tun. Jeder, der sich für diese abenteuerliche Reise anmeldet, hat bewußte und unbewußte Absichten. Er bringt ein Problem mit, eine ihm bewußte oder unbewußte Verwundung. Zuerst spürt er nur etwas Unbestimmtes in seinem derzeitigen Leben, kann es nur zum Teil benennen. Er ist stumm, fühlt sich nicht wohl, hat keine Kraft mehr, keine Lust, ist müde und ausgezehrt. Er ist ein Suchender, der seine wirkliche Lebensaufgabe finden will.

Manche Männer fragen sich schon zu diesem Zeitpunkt, was sie dafür aufzugeben haben in ihrem Leben. Das zeugt von Bewußtheit. Einige wollen ihre Idee vom tieferen Lebenssinn oder ihre Vision überprüfen. Vereinzelt sind auch Männer dabei, die sich für ihr bisheriges Leben bedanken wollen.

Alle Teilnehmer des Fastenrituals müssen in genügendem zeitlichen Abstand vor der Abreise in einem Brief ihre Absicht erklären. Die Wirksamkeit eines jeden Rituals wächst mit der Klarheit und Aufrichtigkeit dieser Absicht. Die zumeist offenherzig abgefaßten Schreiben können erste Hinweise auf die Wunde geben. Ich spiegele dann in meinen Antwortschreiben mit meinen Worten den Inhalt der Briefe wider. Dabei bemühe ich mich, nicht in die Falle der fertigen Interpretation zu tappen. Die schriftlichen Äußerungen geben mir dennoch einen Hinweis, welche Art von Erfahrung und Kraft diesem Mann fehlt, was er hinter sich lassen will und wonach er sucht. Oft tauchen während der Vorbereitungszeit in der Wildnis weitere Fragen auf. Die vorherrschenden Themen sind

Trennung, Scheidung, Verlust oder absichtliches Loslassen von bestimmten Verhaltensweisen. Es kann sich aber auch um andere Situationen handeln, z.B. eine neue Partnerschaft, Eheschließung, bevorstehende Elternschaft, Aufgabenwechsel in der Familie, Rollentausch im Beruf oder die neue Arbeitsstelle. Letztendlich aber gehen die Männer in die Wildnis, um sich selber zu begegnen, ihr eigenes Herz zu finden. Dafür sind sie bereit zu frieren, zu schwitzen, sich zu ängstigen, zu weinen, zu lachen, zu schreien. Wenn die Männer ihre Absichtserklärung schreiben, schauen sie oft suchend auf männliche Vorbilder oder Mentoren, erinnern sich aber nur an Klischeetypen aus Hollywood, wie den komisch neurotischen Woody Allen oder den muskelgepanzerten Arnold Schwarzenegger. Je gründlicher und lebenspraktischer die Absichtserklärung ist, um so klarer werden die Antworten im Ritual sein. „Wo ist mein Platz in der Welt?" fragen vor allem junge Männer. Ein älterer Manager dagegen, der krank geworden ist, kommt zur Einsicht und überlegt: „Das kann doch nicht alles gewesen sein!" Ein Selbständiger fragt sich: „Wo stehe ich mir selbst noch im Weg, wie selbstsicher bin ich wirklich?"

2. Sicherheitsüberprüfung

Schon beim Erzählen der vorbereitenden Fastenwanderung, die ja jeder absolviert haben mußte, beobachteten wir Mentoren die teilnehmenden Männer. Wir machten per Fragebogen einen regelrechten Sicherheitscheck, den ich auch von Verena und Haiko übernommen habe.

Wir versuchen als verantwortungsbewußte Leiter jeden Mann auch im Hinblick auf die vor ihm liegenden vier Tage und Nächte zu schulen und zu stimulieren. Wir fragten uns, ob er bei seiner Erzählung zu sehr in die Tiefe geht und sich zu stark selbst interpretiert. Ist dies der Fall, fragen wir nach dem konkreten Ereignis, nach der konkreten Situation. Wir fragen auch, in welcher gedanklichen Situation der Gegenstand in Erscheinung trat? Wo war das? War noch etwas anderes dabei? Wie sah das Tier, die Pflanze, der Stein im Detail aus? Wir leiten ihn an die Oberfläche. Vom Abstrakten zum Konkreten.

Wenn ein Teilnehmer die Ereignisse nicht mit sich selbst in Verbindung bringen kann, fragen wir ihn umgekehrt: Was hast Du in diesem Moment gespürt? Wie hast Du das mit Dir verbunden? Was könnte das und das bedeuten?

Alles läuft darauf hinaus, daß wir uns selbst die Fragen beantworten können: „Wie fühlen wir uns bei dem Gedanken, diesen Mann unter unserer Mitverantwortung vier Tage und vier Nächte alleine fastend da draußen zu wissen?" [47]

Jeder Mann muß neben der bereits erwähnten Absichtserklärung eine eintägige Fastenwanderung in Deutschland absolviert haben, genauso wie ich damals im Taunus für meine eigene VisionQuest in den Bergen Kaliforniens. Der Weg soll nicht vorgeplant sein. Es geht darum, einfach die Augen und Ohren offen zu halten. Es geht um den Archetypus des Beobachters und Wahrnehmers im Mann und nicht um den Macher und Aktionisten. Bestimmte Symbole und allegorische Hinweise werden sich zeigen im Hinblick auf seinen derzeitigen Stand oder seine zukünftigen Möglichkeiten, gemäß den Begabungen und wirklichen Talenten des Mannes. Seine ihn ganz machende „Medizinkraft" tritt das erste Mal hervor. Einen Gegenstand von besonderer Bedeutung und Wichtigkeit nimmt der Mann in seine Obhut und bringt ihn mit nach Schweden.

Während die Männer ihre Geschichten von der Fastenwanderung erzählen, betrachten wir vom Leitungsteam, die wir uns als Mentoren auf Zeit verstehen und uns an die oben genannten Grundprinzipien halten, das Dargelegte nach einem Raster.

Wir gewinnen dabei aus der Geschichte ein Bild von Balance und Einstimmung des Kandidaten in der Natur. Folgende Fragen leiten uns:
- Wie bewältigt dieser Mann Herausforderungen?
- Welche natürlichen Botschaften kommen über welche sinnlichen Kanäle an?
- Welche Fähigkeit zur Sinngebung / Übertragung äußerer Erfahrung nach innen hat er?
- Welches Symbol wurde von der Medizinwanderung mitgebracht? Wofür steht es?

Natürlich beobachten wir die Männer auch beim Feuermachen. Kann er selbst für Wärme sorgen? Beachtet er die Sicherheitsregeln? Unser heimlicher Scherz macht dann die Runde: „Zeige mir einen Mann, wie er Feuer macht, und ich sage Dir, wer er ist! Zeige mir einen Mann, wie er den Feuerplatz verläßt, und Du weißt wirklich, wer er ist!"

3. Gedanken zur Steigerung der Wahrnehmungsfähigkeit

Lerne die Grundhaltung einer aktiven Passivität, im Gegensatz zur klaren bewußten und gezielten Handlung. Idealtypisch betrachtet läßt sich diese Grundhaltung als die eines Mannes aus dem Naturvolk darstellen, im Gegensatz zum blinden Aktionismus oder zur depressiven Lähmung vieler Stadtbewohner. Transfer und Übertragbarkeit der Übungen in Beruf und Alltag sind sinnvoll und gewünscht.

Gegenwärtig sein, innere Ruhe haben, Wirklichkeit sehen, den Blick schärfen für die Umgebung: dann ist die Gefahr, sich zu verirren, geringer. Beobachte das umgebende Geschehen sorgfältig und nimm selbst, z.b. geringste Bewegungen im Wasser, wahr. Eine größere Aufnahmebereitschaft gegenüber dem Dich umgebenden Geschehen ist eine wertvolle Eigenschaft im Beruf und im Privatleben.

Aufgehen im Augenblick – wenn ich voll und ganz gegenwärtig bin, empfinde ich ein hohes Maß an Wohlbehagen.

Die Stille hören, den Duft des Grases riechen, fühlen, wie der Wind die Richtung ändert, Signale wahrnehmen, Sinne schärfen und das Gehör. Sprache und Ausdruck sind eine Fähigkeit, behindern aber auch. Versuche einmal in die Pausen zu hören, denn Musik lebt von Pausen, auch die Atmung (Atempause zwischen Ein- und Ausatmung), damit die Gedanken Ruhe finden.

Achtung: völlige Stille wirkt beängstigend, ein Gefühl der Verlassenheit kann entstehen. Natur ist aber niemals verlassen, sie ist voller Leben.

Lauschen, Impulse und kommunizieren ohne Worte, Schweigen genießen lernen. Gesten, Berührung, Blickkontakt.

Keine Uhr mitnehmen, kein Handy, nach Gefühl leben. Zeit vergessen. Die Natur läßt sich für Kleinigkeiten Jahrzehnte Zeit! (Das Zifferblatt der Natur hat nur einen Stundenzeiger!) Aus dem Zeitrahmen ausbrechen. Rhythmus wechseln, denn Rhythmus und Wahrnehmungsselektion hängen zusammen. Zeitfreie Zonen schaffen. Dinge nehmen, wie sie kommen. Was bietet der Augenblick? Das emsige Treiben der Ameisen beobachten, Zeit anhand des Sonnenstandes bestimmen.

Die Ziele müssen Deine eigenen sein, weiche, dehnbare, flexible Ziele.

Beobachte, bis zu welchem Punkt sie vordringen, wo sie umkehren. Den Tag genießen, gegenwärtig und beobachtend. Ausgewogenheit der Ziele spüren, denn ein Ziel muß das andere nicht ausschließen: die Blume vor mir und die Berge in weiter Ferne. Ausgewogenheit zwischen hier und jetzt und den künftigen Zielen und Träumen. Nicht im Voraus bestimmen, wo Du sein willst, passe Dich dem eigenen Rhythmus an.

Einen Weg zurückgehen. Windböen geben Struktur. Von oben sieht alles anders aus, Hin- und Rückweg sind unterschiedlich. Jeden Tag etwas Neues entdecken, kindliche Neugierde. Vorgefaßte Meinungen lassen sich beiseite schieben. Ein Ort ist jedesmal anders, ein wechselnder Gemütszustand läßt mich die Dinge von verschiedenen Seiten sehen. Ist dieser Tag derselbe oder vielleicht nicht?

Die Dinge von verschiedenen Seiten zu sehen, erspart uns viele Alltagskonflikte.

Augen offen und Sinne auf Empfang ist die Voraussetzung für geniale Erfindungen, zukunftsweisende Ideen und erstaunliche Problemlösungen. Nicht überanstrengen, um sich herum sehen.

Bäume als ein Spiegelbild des Menschen wahrnehmen. Ein Urwaldbaum, knorrig, narbig, vom Leben gezeichnet, wirkt lebendiger als der beschnittene Baum im Stadtpark. Jeder Baum ist eine lebende Skulptur, Bäume haben unterschiedliche Lebensphasen, unterschiedliches Aussehen und Herkunft. Vielfalt und Unregelmäßigkeit erzeugen Spannung und Kraft und Leben. Unregelmäßige, sich völlig frei entfaltende Formen scheinen wir als beruhigend und entspannend zu empfinden.

Gesicht, Gehör, Geruch, Gefühl, Druck, Berührung, Schmerz – wir empfangen täglich unglaubliche Informationsmengen. Nur ein Bruchteil dringt in unser Bewußtsein.

Die meisten Informationen beeinflussen uns unbemerkt, aber wir können auch selbst steuern, was wir in unser Bewußtsein dringen lassen wollen. Wir können uns auf bestimmte Dinge konzentrieren.

Echtes Erleben formt sich aus inneren Prozessen und äußeren Eindrücken, bewußten und unbewußten Vorgängen. Den Fokus öfter wechseln, auch bei der Arbeit, sonst ermüdet Dein Bewußtsein. Fokuswechsel: Dinge beiseite legen und etwas anderes machen. Von stehenden Bäumen zum fließenden Wasser sehen.

Dunkelheit kann warm und behaglich sein. Sie kann all Deine Sinne schärfen. Leise Laute der Nacht. Dunkelheit kann unsere Furcht erregen.

Das Ungewisse und Unsichtbare ängstigt uns. Wir fürchten uns nicht vor dem, was es ist, sondern vor dem wir glauben, was es ist. Im Wald gibt es Hexen, Kobolde und Ungeheuer. Der dunkle Wald ist ein Ort voller Gefahren, sagt man, also hebe Deine Füße ordentlich hoch. Gehe langsam, pirsche, laß Deinen Atem vernehmbar sein.

Beschwöre die Kräfte der Finsternis durch Reden oder Rasseln oder Pfeifen. Sehe: die untergehende Sonne, völlige Dunkelheit, die Morgendämmerung, die Veränderung der Schatten, schwache Lichteindrücke. Bemerke den Geruch des Wassers und des Mooses.

III. Die Struktur des Kernrituals

1. Vier Tage und vier Nächte

Das Kernritual beginnt am Platz der Kraft, den die Männer in den Tagen der Vorbereitung vom Kanu aus schon einmal anvisiert haben. Ich habe mir sicherheitshalber die grobe Richtung zeigen und die Lage beschreiben lassen.

Steinkreis und Feuerplatz

Dieser Ort ist ihr Zentrum und gibt ihnen Sicherheit. „Hier bin ich. Hier bleibe ich". Der Questnachbar ist ungefähr ein bis zwei Stunden Fußmarsch (Gehzeit) entfernt. Das Kanu liegt am See zwischen den beiden Kraftplätzen. Der eine Quester legt morgens einen Stein ins Kanu, der andere abends. Indianisches Postamt wird dieses kleine Sicherheitsritual genannt. Es dient als Restverbindung zu anderen menschlichen Wesen.

Jeder Mann findet genau den Platz, der ihm entspricht. Alle sind im gleichen Wildnisgebiet. Alle Männer sind gleich und doch so verschieden. Ein schützender Steinkreis wird gelegt, vielleicht sogar mit Schnüren umspannt, das gibt Orientierung und ein Gefühl von Sicherheit. Mit farbigen Stoffetzen lassen sich die vier Himmelsrichtungen markieren für Zeiten der geistigen Verwirrung und Verirrung. Rot für den Süden, weiß für den Norden, schwarz für den Westen und gelb für den Osten. Das Zelt oder die Plane wird für Sturmzeiten und als Schattenspender aufgebaut. Ankommen bei sich selbst ist das Thema am ersten Tag. Die große Mutter, die Natur mit all ihren Wesen will mit der Rassel begrüßt werden. Störe ich die Tiere und Pflanzen oder stören sie mich? Ausgesetzt den täglichen Zyklen des Werdens und Vergehens starker schöpferischer und ebenso vernichtender (auflösender) Kräfte, geben sich die Männer fastend dem großen Naturzyklus hin, Tag und Nacht.

Sie fragen sich: „Wo ist mein Feuerplatz für die Nacht?"

Sie müssen Steinplatten holen und eine Feuerstelle bauen, damit das Feuer sich nicht in das Erdreich frißt und Wurzeln ansengt. Es gibt in Schweden immer wieder Waldbrände, die nach Jahren ausbrechen, weil ein Glimmfeuer sich unterirdisch ausgebreitet hat.

„Einen Stein ins Kanu legen, nicht vergessen! Zettel legen, wann und wohin Du Dich entfernst! Um die Ecke, 100 Meter weiter, könntest Du in Ohnmacht fallen. Die Gefahren drohen weniger von den Bären – die haben Dich sowieso schon gerochen und sind Dir aus dem Weg gegangen – als von kleinen, heimtükkischen Löchern im Waldboden, schön weich und von morschen Ästen und Moos überwuchert. Die verschlingende, giftige und häßlich lachende Waldhexe wartet auf Dich", lautet es im Märchen und manchmal auch in Wirklichkeit. „Dem Luftikus, mit den Gedanken im spirituellen Himmel, rast der Schmerz mörderisch in den Knöchel. Dann weiß er, wo er steht oder liegt, mitten auf der Erde", ist eine meiner Lieblingsgeschichten, die ich den Männern zum Abschied noch mitgebe.

Wut und Trauer

Alter Groll und unverdaute Kindheitsschmerzen können am zweiten Tag auftauchen. Psychologen behaupten, daß jedes Gefühl, das länger als fünf Minuten dauert, kein aktuelles Gefühl sei. Es ist vielmehr an anderes bisher Unerlöstes oder alten Schmerz gebunden. Wenn die Wunde jetzt während der VisionQuest nicht geöffnet wird, eitert sie weiter. So entsteht der sich selbst und andere verwundende Mann. Wenn die Wunde geheilt wird, kann der erwachsene Mann seinem inneren Kind selbst Vater sein. Die rituelle Arbeit mit Stöcken und Steinen setzt ein. Schwere Steine werden an diesem Tag bewegt, gerollt, ins Wasser geworfen und zerschmettert. Die Tiefenatmung wird wieder einmal stimuliert, spezielle Übungen, die die Männer nun bewußt einsetzen, kommen zum tragen. Am Ende bedanken sich die erschöpften Männer bei den Steinen, die ihnen ihr Gewicht gaben, damit sie den Druck ihres seelischen Ballastes quasi körperlich und auch symbolisch spüren konnten. Es ist immer wieder frappierend, wie viele Männer Schwierigkeiten haben, Wut gezielt und in Verantwortung auszudrücken und kontrolliert zu bleiben. Viele krächzen und piepsen dabei, wackeln und zittern. Es ist ihnen peinlich, böse zu sein. Sie haben ein schlechtes Gewissen und wenig Erfahrung, kraftvoll zu sein. Sie haben Angst, andere zu verletzen und verletzen doch nur sich selbst oder werden aus mangelnder Erfahrung in körperlichen Auseinandersetzungen zum Totschläger. Lieber ziehen sie sich ins Schmollkämmerlein zurück, werden dabei zum netten Mann von nebenan, wie ihn sich jede Schwiegermutter wünscht, nur nicht die eigene Frau. Frauen haben letztlich mehr Angst vor der nicht ausgedrückten Wut der Männer als vor der gelebten. Natürlich kommen die ungeheilten Mutter- und Vaterwunden an diesem Tag in der Wildnis hoch.

Manche Männer schmieren sich mit Sumpfmatsch ein. Noch nie haben sie in ihrem Leben im Schlamm gespielt.

Es ist unglaublich, wieviel Wut und Trauer in ihnen über ihr nicht gelebtes Leben steckt. Ohne in das übliche Mackergehabe zu verfallen, ist es für den heutigen Mann nicht einfach, seine männliche Kraft zu entdecken und sinnvoll einzusetzen.

Ein guter Stand auf beiden Beinen will geübt sein. Beweglich in den Knien und locker in der Hüfte. Aikido und Tai-Chi-Übungen haben während der Vorbereitung geholfen, um die Gefühle des kleinen Jungen jetzt als erwachsener Mann maßvoll zum Ausdruck zu bringen.

Auf dem Sterbebett

Dann kommt der dritte Tag.

Ein Mann berichtet über das Hauptritual des dritten Tages: „Ich liege auf dem Sterbelager und lasse meinen Lebensfilm noch einmal ablaufen. Mitten im Wald habe ich den Raum um mein Sterbebett mit Tüchern verhängt. Wer von meinen Freunden, Bekannten, ehemaligen Geliebten kommt an mein Sterbebett? Was will ich noch sagen? Wem will, wem kann ich verzeihen? Wie soll meine Beerdigung stattfinden? Welche Musik würde ich gerne noch ein letztes Mal hören? Was soll einmal auf meinem Grabstein stehen?

Was würde ich tun, wenn ich dem Tod noch einmal von der Schippe springen könnte? Was, wenn ich noch einen Monat zu leben hätte?

Warum tue ich es nicht gleich, sobald ich von der VisionQuest aus Schweden zurückkomme?"

Das „Sterbe-" Ritual soll nicht länger als eine Stunde dauern. Der Mann sitzt dabei in einem Steinkreis, der so klein ist, daß er sich nicht hinlegen und einschlafen kann.

Die allerletzte Nacht – Der Kern des Kerns

Das Hauptritual des vierten Tages findet eigentlich in der Nacht statt. Abends um 20 Uhr fahren wir Mentoren mit dem Kanu über den See und trommeln auf einem leeren Verpflegungsfaß monoton und dumpf. Ein letztes Zeichen, wie verabredet. Die letzte Nacht kann beginnen.

Geschwächt vom Fasten, aber transparent und voller Lebensenergie gehen die Männer an einen besonderen Platz außerhalb ihres Kraftplatzes. Sie sind nun bereit, um zu empfangen, was sie längst in sich tragen.

Sie können mit ihrem innersten Kern in Verbindung kommen. Himmel und Erde können sich vereinigen, Geist und Materie. In Form eines Traumes, eines Satzes. Die Zeiten verschieben sich. Die Männer wissen nicht mehr, ob sie wachen oder träumen. Die Geburtswehen beginnen. Eine Geschichte fällt ihnen ein, ein zentrales Symbol fällt ihnen auf. Schatten und Licht, Schwächen und Stärken werden ihnen bewußt. Dem einen erscheint ein Bote, ein „Aha" blitzt auf. Das kann schon alles sein. Ein anderer schreit und weint und betet und bittet um ein Traumgesicht. Hanbletscheyapi – Flehen um ein Gesicht – heißt es ja im Ursprungsmythos der Naturvölker Nordamerikas.

2. Maskenverbrennung zur Reinigung

Es ist der letzte Abend vor dem Hinausgehen.

Die Männer stehen schweigend und erschöpft um das Feuer im Basislager. Es ist Mitternacht und wie immer taghell. Nur ein bestimmter Nachtvogel ruft um diese Zeit. Er zeigt sich tagsüber nie, eine Möglichkeit, sich während der vier Tage und Nächte draußen zu orientieren.

Um acht Uhr abends hatten wir uns verabredet. Jeder Mann mußte das Versprechen abgeben, daß er während des Kernrituals der VisionQuest nicht auf Bäume oder Felsen klettert und nichts tut, wodurch er andere Männer in Mitleidenschaft ziehen könnte. Ich habe vorher auch auf den möglicherweise veränderten Bewußtseinszustand und das veränderte Zeitgefühl während der vier Tage hingewiesen. Ein unruhiger Mann beschimpfte mich, daß ich nicht sein Vater sei und daß er endlich mal frei sein wolle, tun und lassen, was er wolle. Er sei erwachsen genug. Ich widersprach ihm klar und deutlich und sagte ihm, daß er sich an diese Regeln halten müsse, da er ohne diese minimalen Sicherheitsregeln nicht nur sich selbst, sondern auch andere gefährde. Er wurde wütend. Er hatte als Kind und junger Mann zwölf Jahre lang in sieben Heimen, fünf Jahre in einer Pflegefamilie gelebt. Das Heimleben hatte ihn geprägt. Von seinen Freunden mußte er sich immer wieder verabschieden. Mutter Natur und die Liebe zu ihr wurden sein einziger verläßlicher und beständiger Halt.

Ich bot diesem Mann die positive Erfahrung von väterlichem Widerstand und setzte ihm ein klares Nein in dieser besonderen Form der männlichen Liebe entgegen. Ich erinnere ihn an einen seiner Heimleiter, erwiderte er, und dann kam der Satz, der kommen mußte. „Dein Verhalten erinnert mich an einen Vater, der sagt: 'Solange Du Deine Füße unter meinen Tisch streckst, bestimme ich!'" Wegen seiner Penetranz wurde ich selbst etwas ärgerlich, aber ich wollte nicht weiter argumentieren. Ich fühlte mich diesem mir drohend gegenüber stehenden Mann verbunden, ohne seine Meinung zu teilen. Dieser Mann war hilflos. Seine Hilflosigkeit berührte mich. Ich stimmte das alte Schamanenlied an: „I am a circle, I am healing you, you are a circle, you are healing me, unite us, make us strong, unite us make us one" (Ich bin ein Kreis, ich heile dich, du bist ein Kreis, du heilst mich, verbinde uns, mache uns stark, verbinde uns, mache aus uns eins). Die anderen Männer stimmten ein. Sie kannten dieses Lied schon. Immer wieder hatten wir es rituell gesungen. Jetzt kam es zur vollen Wirkung. Jedem Mann war klar, und diese Art der Klarheit taucht so tief und kraftvoll nur in der Wildnis auf, daß dieser Mann einer von uns war. Einer von der Sorte, der auch in uns Platz ergreifen kann, wenn wir nicht aufmerksam sind. Einige berichteten mir später, daß ihnen bei der Auseinandersetzung speiübel geworden sei, derart erregt hätten sie sich. Zur Sicherheit hatte ich meine Assistenten und Co-Leiter zwischendurch gefragt, ob ich vielleicht etwas falsch wahrgenommen hätte. Sie unterstützten mich, den eingeschlagenen Weg fortzusetzen. Wir sangen und tanzten drei Stunden lang. Dann standen alle Arm in Arm am Feuer.

Und nun begann die letzte Reinigung vor dem Hinausgehen. In allen alten Ritualen wird körperliches Abführen, aber auch eine seelische Reinigung empfohlen. Im katholischen Ritus ist daraus die Beichte konstruiert worden.

Wir veranstalteten eine Maskenverbrennung. Ihre am meisten schwächenden Verhaltensweisen und Eigenschaften übergaben die Männer dem Feuer und baten um dessen verwandelnde Kraft. Dazu hatten sie sich nachmittags in die Sonne gesetzt und den Selbsttest zu den eigenen Schatten, den verborgenen und verbogenen Seiten durchgeführt. Auf einem wie eine Maske aussehenden Schwemmholz notierten sie einen Buchstaben, der für ihre Schwäche stand. Dadurch wurde der Prozeß anonymisiert.

Ein zusätzlicher, sozialer und heilsamer Aspekt bei diesem Transformationsritual, das heißt Verwandlungsritual, ergibt sich daraus, daß ein Zuwenig bei dem einen das Zuviel bei einem anderen ausgleichen kann. Ein Mann hat von einer Eigenschaft zu viel, er ist nicht im Gleichgewicht. Ein anderer kann aber gerade etwas mehr von dieser Eigenschaft gebrauchen. Der eine ist zu hart, der andere zu weich. Der eine ist zu Ich-bezogen, der andere hat zu wenig Ich-Stärke. So bleibt alles erhalten, nichts geht verloren, wird aber neu verteilt und zusammengesetzt.

Vor dieser Maskenverbrennung spielte ich den Teilnehmern aus dem Fundus meiner langjährigen Theatererfahrung mit einer italienischen Ledermaske den alten zynischen Narren vor, den geilen Bock und Feigling. Also den nicht-initiierten Mann. Im Italienischen heißt dieser Typ Panta-Leone, Panther und Löwe. Dies ist natürlich ironisch gemeint, denn er hat die Hosen gestrichen voll. Er ist ein Mann, der mit Geld junge Frauen kauft, der Tränensäcke, einen Spitzbauch und eingefallenen Brustkorb, einen zusammengekniffenen Hintern hat, sonst gar nichts.

Nun besagt eine der ältesten Theaterregeln, daß eine Maske nicht „verdeckt", sondern „entdeckt". Die Maske hilft hier, Typen und Figuren oder auch Verhaltensweisen klarer zu sehen. Solche Archetypen tauchen in dieser reinen Form im Leben zwar kaum auf, aber aus unserem Innen- und Traumleben kennen wir sie sehr wohl. Die Theatermaske schützt auch den Schauspieler vor sich selbst. Unter der Maske kann der Maskenspieler größere Gefühle, wirklich archaische Regungen, besser wahrnehmen, da er sich nicht persönlich mit ihnen identifizieren muß. Die Zuschauer spiegeln ihm durch ihr Verhalten in diesem aufgeheizten rituellen Raum je nach Maske meist Entsetzen oder Begeisterung wider. Auf dieser emotionalen Energiewelle, die ihm aus dem Publikum entgegenkommt, kann sich der Schauspieler dann emporschwingen über seine persönlichen Gefühle hinaus. „Der traditionelle (schamanische, Anm. d. Verf.) Schauspieler hat dabei ein doppeltes Bewußtsein; ein Teil davon ist besessen, der andere beobachtet und kontrolliert." [48]

Die Männer im Basislager starrten mich oder vielmehr die Maske entsetzt an. Sie erkannten all ihre eigenen Verzerrungen, die verborgenen und verbogenen Seiten. Ich selbst weiß, daß ich diese Figur nur spielen kann, wenn ich sie umarme und liebe und zum Leben erwecke mit all ihren dunklen Seiten. Ich muß ihren Schatten umarmen. Gesabberte, giftig zynische Worte tröpfelten mir und der Maske aus dem Mund. Dazu die geilen Beckenbewegungen, die bei dem alten Panta-Leone unnatürlich wirkten, nicht erlaubt, kindisch, unreif. Mit gekrümmten Gichtfingern suchte die Maske Kontakt zum klaren menschlichen und männlichen Gegenüber. Die Männer schienen verunsichert, kicherten, waren gespannt. Was soll denn das? Meint der uns? Bin ich es, der in 30 Jahren genauso sabbert? Ist dieser Negativ-Mann ein Teil von mir? Bin ich der alte zynische Narr, der sich in der Mitte des Lebens selbst vergessen hat, bitter geworden ist? Soll das eine Warnung sein?

Die Maske verschwindet langsam im Wald, entfernt sich mit höhnischem Gelächter. Weg von der Gruppe am Feuer, brauche ich eine ganze Weile, bis ich die Maske abgenommen habe. Ich sammle mich und kehre aus der Dunkelheit der Wildnis an das wärmende Feuer zurück.

Dann machen wir Theaterpause. Mitten in der Wildnis. Rainer, Umweltingenieur und Wildniskoch, hat köstlichen Kräutertee mit Honig gezaubert. Er kümmert sich leidenschaftlich um das leibliche Wohl der Männer.

3. Noch viele andere Männermasken

Es gibt viele Männermasken, neben den vier Grundarchetypen des Medizinrades, König, Innerer Krieger, Magier und Liebhaber und den initiatorischen Schilden, wie sie Foster beschreibt und die den zyklischen Lebensweg des Mannes begleiten. Anhand meiner Lieblingsfiguren aus der italienischen Commedia del arte des Mittelalters mache ich den Männern in einer Erzählung die unterschiedlichsten Charaktere deutlich, die ihnen in ihrem Lebenstheater begegnen können.

Harlekin, der Frechdachs, 14 - 18 Jahre alt, gehört dazu. Er stammt, wie gesagt, aus dem Fundus der Männermasken des Mittelalters, hat sich aber bis heute im Männerleben erhalten. Neugierig, also gierig auf das Leben und alles Neue, Handstand machend, d. h. die Welt verdreht sehend oder die Welt auf den Kopf stellend, närrisch-punkig, stolpernd, sich gerade noch fangend, im Körper flink und beweglich, das ist Harlekin. Er beißt in den süßsauren, saftigen Apfel des Lebens. Seine Augen sind flink, keck und wach. Er verdient sich schnell mal ein paar Mark. Wie Kaspar haut er mit seiner Harlekin-Pritsche den alten, versauerten Fettsäcken auf die Finger, um sie zu nerven, zu ärgern. Unvernünftig und munter ist er, schlau und naiv, dann wieder melancholisch, traurig, schließlich auch noch chaotisch. Er arbeitet im Café als Bedienung. Seine Haare sind blau-grün gefärbt. Er provoziert die Leute liebend gerne und probiert dabei einiges aus. In großer Gefahr tritt irgendein Schutzengel in Menschengestalt oder als Zufall auf, um ihm aus der Patsche zu helfen. (Der Schutzengel ist wie die mächtigen Erzengel wieder ein Relikt aus der schamanischen Tradition. Bei den

Naturvölkern stand der Adler mit seinen übergroßen Schwingen oft als Schutztier in Diensten.)

Ein paar Jahre später kann Harlekin im schlimmsten Fall schon als Junkie auf der Straße hängen, völlig deprimiert. Falls er sich berappelt, eine Ausbildung macht oder gar studiert – er wird leider nicht von Alten Männern initiiert – wird er sich an die normalen Verhältnisse anpassen und die nächste „Maske", der nächste Typ wartet auf ihn.

Das ist Capitano mit der langen, großen, geraden Nase und dem stechenden Blick. Er ist der klassische Angeber und Macho. Wie die Nase des Mannes, so sein Johannes, sagten wir früher.

In den 60er Jahren, meiner eigenen Jugendzeit, fuhr er Porsche oder Motorrad. Schon damals rauchte er dünne, lange Zigarren. Später, in den 80er Jahren machte er Urlaub auf den Seychellen. In seiner Clique läßt er sich Käpten oder Chef nennen. Seinen eigenen Schatten sieht er wirklich nicht. Er sonnt sich, steht im Mittelpunkt, zumindest in dem, den er dafür hält. Die zurückgezogenen Männer beneiden ihn, unterstellen ihm alles Mögliche in ihrer eigenen Sehnsucht, so zu sein wie er. Er hinterzieht Steuern, ein Kavaliersdelikt für ihn. Er ist der Zuhälter mit der Rolexuhr, der Drogendealer oder der junge Politiker, der Reden schwingt und schon mal im Spendensumpf der Alten mitmischt, korrupt wie sie. Er braucht nur ein paar Stunden und schon hat er im Internet eine neue E-Commerce-Firma gegründet. Aktienkauf! Aktienverkauf! Schnelles, heißes Geld! Spekulation!

Er tritt fest auf, ohne zu merken, wie brüchig der Boden ist, auf dem er steht. Die knackenden Geräusche des dünnen Eises, auf dem er sich bewegt, hört er noch nicht. Seine Brust ist innerlich schon gepanzert. Das Wort Demut ist ihm fremd. Von Initiation in die Geheimnisse des verantwortungsbewußten Mann-Seins hat er noch nie gehört. Er hat letztlich Angst vor der Angst. Er spürt die Angst nicht mehr, die ihn warnen könnte, wach machen könnte. Er ist ein Herzinfarktkandidat. Sein Motorradhelm ist sein Ritterhelm. Und noch immer trägt er die Farbe Schwarz seiner Jugendzeit.

Aber die Maske „Midlife-Krise" wartet geduldig auf ihn. Sie hat Zeit.

Wenn spätestens mit 50 Jahren die Muskelspannung nachläßt, wird er Panta-Leone, der, den ich im rituellen Wildnistheater verkörpere.

Vielleicht hat er etwas gelernt.

Die initiatischen Momente seines Lebens genutzt? Sich mit einem Mentor getroffen, der ihm von eigenen Fehlern erzählen könnte? Sich mit anderen Männern ausgetauscht? Schmerzliche Offenbarungen gehabt?

Dann wartet auf ihn ein paar Jahre später eine alte japanische Holzmaske.

Der alte, lächelnde Weise, fein, transparent, zitternd, mit langsamen Schritten und freundlichem Blick die Blumen und Bienen im Garten versorgend. Der Mann, der barfuß – im übertragenen Sinne oder auch wirklich – die Süße und Bitternis des Lebens gekostet hat, der über spitze Steine und duftende Wiesen gegangen ist, der schweigsam, zuhörend, leise und fröhlich sein kann.

Seine Lebensenergie hat sich zurückgezogen in den inneren Fruchtknollen, den Kern. Sein Enkel sitzt auf seinem Schoß. Diese Maske trägt sanfte Gesichtszüge. Der alte Weise ist blind und doch sehend, wie ein Schamane.

4. Endgültiger Abschied

Zum endgültigen Abschied in die Einsamkeit der vier Tage und Nächte fahren die Männer zu zweit im Kanu mit all ihrem Gepäck nacheinander auf eine Insel mitten im See. Sie sehen etwas müde, aber gefaßt aus. In einer kleinen feierlichen Zeremonie fragen wir die Männer: „Wofür gehst du vier Tage und vier Nächte raus?" Danach fragen wir sie: „In welchem Anliegen möchtest Du von uns gedanklich unterstützt werden?" Wir versprechen den Männern, daß wir gemäß unseren Abmachungen und den festgelegten Pflichten für sie da sein werden, daß immer mindestens zwei Männer im Basislager anwesend sein werden. Daß wir ihnen am letzten Abend um 20 Uhr ein Trommelsignal geben werden. Dann ziehen sie mutig und ängstlich los und verschwinden auf der Insel in alle vier Himmelsrichtungen.

Wir Mentoren bleiben im Basislager zurück und merken, wie wir ein Stück väterlicher geworden sind. Haben wir auch nichts versäumt? Haben wir den Rahmen nicht zu eng gesteckt? Nicht zu weit?

Schon beim Erzählen der vorbereitenden Fastenwanderung hörten wir genau zu.

Für mich, der ich einen zärtlichen, träumerischen, begabten, aber auch depressiven Vater gehabt habe, war diese klare Unterstützungsstruktur Gold wert. Ich kannte ja nach meiner eigenen Visionssuche in der Wüste meine Schwächen und Stärken etwas mehr. Zum Beispiel, daß ich Aggressionsbereitschaft und Zärtlichkeit, Kraft und Gefühl, Feuer und Wasser verbinden mußte. Auch Gefühl und strukturierende Verstandestätigkeit. Ich wurde als junger Mann früh selbständig, erschuf mir meine eigene, isolierte Welt. Mein Vater sagte locker: „Pantharei" (griechisch: Alles fließt). Erst später merkte ich, daß er mit diesem weisen Satz des Philosophen Heraklit auch seinen Alkoholkonsum meinte. Ich liebte ihn sehr. Im Fluß des Lebens kenterte ich am ersten Fels, der unter Wasser auf mich lauerte und merkte dennoch nur langsam, daß das Leben nicht nur ein romantischer, idyllisch dahinziehender Fluß ist. Zerschlagen tauchte ich viele Jahre später wieder auf. „Teach, what you need most" (Unterrichte das, was Du am meisten selber brauchst), sagen manche Mentoren. Das alte Schamanenlied: „Ich bin ein Kreis, ich heile dich, du bist ein Kreis, du heilst mich!" meint das auch.

5. Dämonen, Schätze und Ungeheuer

Sie fahren also hinaus und kämpfen während des Fastenrituals mit sich und ihren Drachen, die den Schatz und das Gold bewachen. Sie begeben sich auf eine innere und äußere Heldenreise. Das Drehbuch scheint vom heiligen Lebenstheater zu stammen. Und plötzlich tauchen wieder Masken auf. In Form von Fratzen im angeschwemmten Treibholz. In einer lächelnden Blume. Als rostiges Messer, das ein Waldarbeiter vergessen hat: – ein Zeichen stumpfer Aggression oder daß altes Eisen dennoch rostet. Ein zerfetzter Pullover, den ein schlampiger VisionQuest – Vorgänger oder ein Kanufahrer am Ufer hat liegen lassen. Ein Lumpen, der trotzdem wärmen könnte. All diese Gegenstände sprechen in dieser außergewöhnlichen Reise ins Unbewußte. Interpretieren und spüren müssen dies die Männer selbst und immer wieder, fast nach dem gleichen Schema machen die Männer nun ihre Heilungsarbeit. Sie schauen sich ihre derzeitige Maske, sprich Verhaltensweise, an oder werden mit dieser konfrontiert. Sie setzen Widerstände und Bockigkeit dagegen. Werden unsicher und bekommen Angst vor dem Neuen, das wie ein Drache erscheint. Ein Ausweg bietet sich an oder ein Durchbruch in Form eines unvorhergesehenen Ereignisses. Sie kämpfen, ringen, schreien und fluchen. Sie werden geprüft und finden ganz überraschend Lösungen und ihr persönliches Gold. Oh, es gibt viele Männermasken.

- „Die Maske des Unschuldigen, der immer in Sicherheit bleiben will, dessen größte Angst aber das Verlassenwerden ist.
- Die Maske des Kriegers, der immer gewinnen will, der die größte Angst vor seiner eigenen Schwäche hat und dennoch immer und überall Konfrontation sucht.
- Die Maske des Suchenden, der immer auf der Suche nach einem besseren Leben ist, dessen Angst ist, so wie alle anderen zu sein, der lernen muß, seinem wahren Selbst treu zu sein.
- Die Maske des Liebenden, der die Seligkeit erstrebt, der sich vor Liebesverlust am meisten fürchtet, der sogar seinen Drachen und damit sein Problem liebt, der lernen muß, seiner Seligkeit zu folgen, dann Lebensleidenschaft und tiefe Verbundenheit mit allem erreicht.
- Die Maske des Zerstörers, der lernen muß, loszulassen und nicht alles selbst zu verwandeln, der Warten lernen soll.
- Die Maske des Herrschers, der immer Ordnung will, der die größte Angst vor dem Chaos hat.“ [49]

Es gibt noch viele solcher Masken, zum Beispiel die Maske des Narren, des Schöpfers und andere.

Die Männer können in der Wildnis selbst entdecken, wo sie stehen und wohin sie gehen auf ihrem Lebensweg. Diese Masken, die immer auch eine innere Haltung und einen männlichen Grundtypus spiegeln, fordern zur Erprobung heraus.

IV. Erfahrungsberichte von Männern

1. Rückkehr

Nun waren sie also ihren Masken und Dämonen begegnet. Hatten ihr Gold gefunden. Ihre Heldenreise versucht.

Wenn sie wieder mit ihren Kanus aus der nordschwedischen Waldwildnis zurückkommen, sind sie körperlich schwach, geistig und im Gefühl jedoch sehr präsent. Die alten Männer sehen jünger aus, die jungen Männer reifer. Es ist für jeden ein ergreifender Moment. Jeder Mann hat im besten Fall auf dieser Reise in die Wildnis seine Geschichte, seinen eigenen Monomythos der Einweihung in das große Geheimnis der Erde erlebt. In den vier Tagen und Nächten draußen im Wald zeigte ihm die Natur durch überraschende Begegnungen und Ereignisse, welche „Maske" er trug, wer er und wie er wirklich ist. An seinen eigenen Aktionen und Reaktionen wurde ihm deutlich, wo er steht und wo es lang gehen könnte. Kein Berater und Coach hätte ihm diese Lektionen beibringen können. Die Natur war die weise Lehrerin. Es ist ein neuer und dennoch alter Weg, den die Männer da draußen gegangen sind, geschützt und gehalten von erfahrenen Mentoren, die freundlich „Alte Männer" genannt werden. Es floß kein Tropfen Blut, es sei denn, jemand schrammte unvorsichtig an einem dürren Ast vorbei.

Jeder der Männer nahm seine persönliche Vision, seinen neuen Namen aus der Wildnis mit. Er hat seine Verwundung gespürt und die daraus strömende Kraft und Liebe erfahren. Für alle Teilnehmer dieser initiatischen Reise begann nun das Bemühen, dieses innere Gold aufzubewahren, zu pflegen und zu polieren, es hier und da anderen Menschen zu zeigen und zum Leuchten zu bringen.

Die individuellen, aber zentralen Bilder der Kraft, die die Männer in der Waldwildnis bei ihrer VisionQuest empfangen haben und die ich vorher dargestellt habe, tauchten in ihren Erzählungen in der Nachbereitungszeit noch vor Ort im Basislager wieder auf. Alle hörten im Kreis aufmerksam zu. Für dieses heilende Erzählen haben wir vier Tage eingeräumt. Alle Geschichten zusammen gesetzt können als Splitter eines Seelenspiegels aufgefaßt werden, der uns einen „neuen Mann" zeigt.

Im traditionellen Stammesritual mancher Naturvölker bekommen die jungen Männer, nachdem sie in die Gemeinschaft der Alten Männer eingetreten sind, eine männliche Suppe aus einem großen Gemeinschaftskessel. Neben nahrhaften und kräftigenden Kräutern enthält sie Blut der alten Männer, das diese sich aus den Armen abgezapft haben. Angeblich auch Sperma.

Wenn die Teilnehmer in unserem initiatisch angelegten Ritual mit ihren Kanus im Basislager anlegen, erhalten sie von den „Alten Männern" des Leitungsteams in ihrer Funktion als Mentoren eine Kraftbrühe. Wir spucken auch nicht in die Suppe.

Die zurückkehrenden Männer werden von Männern mütterlich empfangen.

Wenn ein Mensch vier Tage und vier Nächte gefastet hat, ist er körperlich, geistig und seelisch gereinigt, transparent und offen. Die Augen leuchten. Er nimmt alles dankbar auf, was ihm geboten wird. Und das sind in der Gemeinschaft des Basislagers zuerst und vor allem: Fürsorge, Schutz, Nahrung, Zuhören, Verständnis, Umarmung, Freude, Trauer, die Erfahrung und das Wissen, sich auf Männer verlassen zu können.

Alles soll in sie hineinfließen wie Suppe. Es soll sie nähren. Es bedeutet: Willkommen zu Hause in der Welt der Männer und Mentoren!

2. Der Versuch, einen zerbrochenen Spiegel zusammenzusetzen

In der Einleitung habe ich aus dem Forschungsbericht der Kirchen Deutschlands vom „Labor" geschrieben, das eigentlich Tiefenarbeit bedeutet und dem einst zerbrochenen Spiegel. Die nachfolgenden Erfahrungsberichte der Männer wurden mit ihrem Körper, ihrer Seele und ihrem Geist in den Wind geschrieben. Sie wurden auf der Seelenjagd eingefangen. Ich durfte dabei sein, als die Männer dann mit ihren eigenen Worten aus dem Innersten und nach vier Tagen in der Wildnis ihre Geschichte erzählt haben. Bruchstückhaft. Ich habe versucht, diese Erzählungen zu verdichten, zu anonymisieren und in einen für den fremden Leser sinnvollen Bezug zu setzen. Die Geschichten beinhalten viel mehr als meine Aufzeichnungen. Die Männer mögen mir verzeihen. Manches ist bestimmt falsch erinnert. Ein Tonband habe ich absichtlich nicht mitgenommen. Diese Männergeschichten wurden in einem Heilkreis erzählt. Durch das Erzählen und Offenbaren des eigenen Monomythos unter der Zeugenschaft entsteht ein neues Männerbild. Das Vorfindbare trifft auf das Formbare.

3. Der lustvolle Eiskönig
Thema: Sex, Arbeit, Würde und Alter

Ein Konditor, 60 Jahre, Chef eines Eiscafés, schrieb mir in seiner Absichtserklärung vor der Reise in die Wildnis in wunderschöner, schwungvoller Handschrift: „In meinem Betrieb herrscht immer soviel Hektik und Streß. Ich habe wenig Geduld. Ich schreie mit meinen Angestellten herum. Ich habe das Gefühl, daß ich immer dienen muß, aber da ist so wenig Liebe in mir. Meine Arbeit wird zu wenig gewürdigt. Ich komme mir vor, als ob ich immer mit dem geöffneten Messer in der Hose herumlaufe. Ich bin Perfektionist und darf keine Fehler machen, die anderen übrigens auch nicht. Ich bezahle einen hohen Preis für meine Arbeitserfolge. Auf der Werbepostkarte für mein Eiscafé kann man das ja auch leicht erkennen. Zwerge, die mühevoll Eiswaffeln pflanzen und versorgen und schwitzend arbeiten. Und dann kommen diese Kinder wie Monster und Dinosaurier und schlecken alles mit Lust gierig weg. Warum bin ich selbst immer so müde? So langsam habe ich keine Lust mehr! Es fehlt mir die Sinnlichkeit und Freude. Ich kann das Leben nicht genießen. Genußvoller Sex mit meiner Frau findet kaum mehr statt."

Als er aus der Wildnis zurückkommt, erzählt er: „Stellt euch vor, mit bloßen Händen buddle ich bei meinem Lagerplatz am Seeufer ein Loch. Eine Steinplatte, groß wie ein Teller, verhindert, daß ich tiefer komme. Mit meinem Stöckchen kratze ich sie frei. Eine vierzackige Königskrone wird sichtbar. Ich bin baff, erstaunt, wie gleichmäßig die Zacken der Krone stehen. Wahrscheinlich lag dieser Stein schon Tausende von Jahren hier in der Wildnis verborgen.

Ein König, der hat die Ruhe weg, ich habe immer Hektik zu Hause. Ich will mich in der Aufregung setzen. Ich bin der Buddelkönig. Erstaunt rutsche ich von meinem harten Stein und lande unbeabsichtigt auf weichem Moos. Die Königskrone halte ich schützend in meiner Hand. Jetzt habe ich einen gepolsterten Sitzplatz, einen Thron. Ich schaue auf den See. Ruhig liegt er vor mir. Das Wasser funkelt wie Eis. Tausend Sterne am hellichten Tag. Lichter funkeln, glitzern. Kleine Flämmchen auf dem Wasser. Nebenan auf einem Baum springt ein Eichhörnchen quietschvergnügt von Ast zu Ast. Ein paar Meter weiter Wiesenakelei, dunkelviolett, Gräser in Blüte, Bienen, Wespen, Schmetterlinge. Die befruchten alles, was sie kriegen können. Kein Staat, kein Gesetz. Alles voller Lebensenergie. Abends sitze ich am Lagerfeuer und schaue in die Glut: 'Du hast noch ganz schön Feuer in Deinem Hintern, mit Deinen 60 Jahren.' Mein Lebensweg ging sehr auf und ab, viel Arbeit, Schreierei und Streß. Auch in der Wildnis gehen meine Pfade auf und ab. Vom Lagerplatz hoch zum Pinkelplatz, vom Pinkelplatz runter zum Feuerplatz hinten am See, wieder zurück zum Lagerplatz. Viel Trauer um nicht gelebtes Leben steigt in mir hoch. In meinem Bauch große Leere, aber nicht vom Fasten. Liebeshunger! Hunger nach mir selbst! Ohne mich fehlt mir was. Wie sieht es mit meiner Liebe zu mir selbst aus! Vertraue ich meinen inneren vitalen Kräften? Meiner Lust? Wenn ich meine Lust finden kann, habe ich auch wieder mehr Geduld. Bin nicht so hektisch und nervös. In der letzten Nacht draußen, als ich durchwachen will, schlafe ich ein, habe einen Traum. Ich liege in einer Leichenhalle. Ich habe als Leiche einen Steifen. Einer hebt das Leichentuch hoch und ruft: 'Mensch, die Leiche lebt ja noch! Und wie!' In der Morgendämmerung kurz vor der Rückkehr in das Basislager schiebe ich von Wind und Wetter geschundene Holzstämme ins Wasser. Jetzt treiben sie gemütlich und ruhig im See. Mein neues Symbol ist eine Maske mit zwei lachenden Augen aus Birkenrinde. Sie zeigt mein neues Gesicht. Das eine Auge steht für Lust. Das andere für Geduld und Ruhe. Die Königskrone stelle ich in mein Eiscafé."

Dieser Mann aus Hannover hatte mir auf der langen Zugfahrt nach Schweden einen Sinnspruch gezeigt: „Der vollkommene Mensch begreift sich im Geist, indem er in den Spiegel schaut." Insgesamt fiel mir sein angespanntes oder kriegerisches Verhalten auf. Feurig, ungeduldig, leicht aggressiv, eben das offene Messer in der Hose. In seinem Sinnspruch trat für mich der Perfektionist zutage, aber auch die Bereitschaft, in den Spiegel zu schauen.

Wir sprachen in der Vorbereitungszeit draußen in der Wildnis am See darüber, wie es wäre, Fehler zu machen und wie ein Kind zu spielen, sich zum Beispiel in den Schlamm zu setzen und mit Lehm zu schmeißen. Seine Sehnsucht nach Ruhe und Würde im Alter wurde sehr schön im Spiegel der Natur sichtbar, als er die Königskrone fand und auf dem Thron saß. Ich habe ihm gesagt, er solle sich auf jeden Fall ein großes Moskitonetz mitnehmen, damit er abends in Ruhe am See sitzen könne und die Sinnlichkeit der Abendstunden und die Mitternachtsonne genießen könne. Auf seiner vorbereitenden eintägigen Fastenwanderung in Deutschland war ihm eine große Mähmaschine, von Staub umhüllt, wie ein Monster entgegengekommen. Da zeigte sich die ungeheure Kraft und Potenz, die ihm auch auf seiner eigenen Werbekarte in Form der schleckenden lustvollen Monsterkinder entgegenlachte.

Am Ende seiner Fastenwanderung saß er damals auf einem Bootssteg, der leicht schaukelte. Er beobachtete das Spiel der Wellen. So schälte sich auf seinem Weg während der VisionQuest Stück für Stück das Thema Lust und Genuß heraus. Er war mit seinen 60 Jahren über Zäune gestiegen, hatte sich nicht darum gekümmert, ob es öffentliches Gelände war oder privates. Die Visionssuche in der Waldwildnis hatte er sich zu seinem 60. Geburtstag selbst geschenkt. Den Namen „Lustvoller Eiskönig" haben wir ihm verliehen, nachdem wir seine Geschichte gehört hatten.

4. Der goldene Moskito
Thema: Sensibilität, Wahrnehmung, Geduld und Arbeit

Dies war der Name der Kraft, der sogenannte Medizinname, den ein ehemaliger VisionQuester von unserem Rat der „Alten Männer", also meinem Team und mir, verliehen bekommen hatte. Er hatte während vier Tagen und Nächten in der Nähe eines Sumpfgebietes gelebt. Sein Thema, das er zu bearbeiten hatte, war Gereiztheit und Ungeduld im beruflichen Leben. Er litt sehr darunter, daß er vieles, was er aufbaute, mit dieser Schwäche zerstörte. Manchmal war er übermotiviert und deswegen bei seinen Angestellten gefürchtet. Seine Erlebnisse, die er während der VisionQuest hatte, waren alle mit dem Verhalten der Moskitos verbunden. Sie zeigten ihm quasi wie in einem Spiegel seinen Alltag. Wie man sich schützt, was man tun kann, wenn man nervös wird? Dieser Mann steckte in einer echten Krise. In seiner Geschichte, die ihm die Natur vermittelte, konnte er einen Sinn finden. In ihr sind die zehn goldenen Regeln und Geheimnisse, wie man am besten mit den schlauen Stechmücken und kleinen Biestern umgeht, enthalten. Aber auch noch andere Erkenntnisse. Schon während der Zugfahrt von Hamburg nach Stockholm hatten sich die meisten ja schon mit diesem Thema beschäftigt.

In der Wildnis beginne ich die Erzählung immer aus der Perspektive der Moskitos:

- Wenn ich Dich steche, sauge ich nicht: Dein Blutdruck pumpt mir das Manna des Lebens in meinen Körper.
- Der Schmerz beim Stich kommt durch mein Anti-Gerinnungsmittel, damit das Blut schön dünnflüssig bleibt.
- Ich bin ein Weibchen und versorge damit meine Brut.
- Wenn Du Dich aufregst und mit den Armen fuchtelst, regt mich das wiederum besonders an.

- Ich bleibe dennoch ganz konzentriert, geduldig und motiviert, genau in der richtigen Mischung dieser drei Eigenschaften und finde die richtige Einstichstelle auf Deiner Haut.
- Ich habe bestimmte Zeiten, zu denen ich besonders aktiv bin. Obwohl ich so winzig bin, habe ich auch eine innere Uhr, einen eigenen Biorhythmus.
- Dein Parfüm und Deine mit Waschmittel gewaschenen Kleidungsstücke finde ich besonders verlockend.
- Ich bin so sensibel, daß ich sogar Deine Gedanken und Gefühle erkennen kann. Ich habe ein inneres Sonargerät wie Delphine – Verzeihung, ich bin manchmal auch ein Angeber – und fliege wie ein Flugzeug auf diesem Gedanken- und Gefühlsfunkfeuer zu Dir. Ich rieche Deine innere Haltung. Wut interessiert mich, Gelassenheit weniger.
- Wenn Du eine von uns zermatschst, macht uns das fast gar nichts aus. Wir denken und fühlen kollektiv. Eine lebt und stirbt für die andere.
- Aus irgendeinem Grund ziehen uns halbschattige Plätze besonders an.

Während ich erzähle, verhält sich jeder Mann anders. Die Moskitos summen in ihrem bedrohlichen sirrenden Ton. Einer bleibt ganz ruhig und schlägt dann fest mit der flachen Hand zu. Der andere bekommt einen sadistischen Gesichtsausdruck und fuchtelt wild mit den Armen. Einer rennt panisch davon, stolpert über eine Baumwurzel und fällt der Länge nach hin. Einer setzt sein Moskitonetz auf und sieht aus wie ein Imker oder Motorradfahrer. Ich weiß dann erst mal nicht mehr, wen ich da vor mir habe. Wieder einer stellt sich ganz raffiniert in die Rauchfahne des kleinen Feuers, legt behutsam etwas Heidelbeerkraut hinein und hustet dann ständig. Seine Augen tränen und schwellen rot an. 'Den Teufel mit dem Beelzebub austreiben', sagt man woanders dazu.

Einfache und triviale Gesetze des Lebens, der Natur und der Wildnis werden schnell deutlich.

Erstes Gesetz: Alles hat seine zwei Seiten. – *Mindestens.*
Zweites Gesetz: Es kommt anders als man denkt. – *Immer.*
Drittes Gesetz: Der Feind und die Schwierigkeiten lauern überall. – *Aber gut getarnt.*
Viertes Gesetz: Alles hat Konsequenzen. – *Leider.*

Einen Vorteil bietet das Leben hier in der Waldwildnis: Wir spüren die direkte Wirkung unserer Handlungen. Ist es kalt und stark windig, gibt es keine Moskitos. Der Wind, der ständig bläst, zermürbt. Die Indianer der Hochebenen Amerikas haben einen Mordsrespekt davor und fürchten diesen Windgeist, weil er wirklich zum Wahnsinn treiben kann. Er bläst alle Gedanken aus dem Gehirn. Für den einen ist dies wiederum heilsam, für den anderen nicht. Ist es ein trockener und heißer Sommer, dann ist das Wasser in den schwedischen Seen schön warm und man kann gemütlich darin baden. Dafür gibt es aber viele Moskitos.

Die einzige Möglichkeit, mit den Moskitos innerlich und äußerlich fertig zu werden, ist, sie als Lehrer zu begreifen, sie, wie mich selbst, als besondere Wesen zu achten, indem ich mir Fragen stelle, wie etwa folgende:

Wie kann ich mich mit natürlichen Ölen schützen, ohne daß sie meiner Haut schaden? Wann ist ihre Zeit, wann ist meine Zeit? Wo ist mein Platz, wo ist der Platz der Moskitos? Gibt es in der Nähe eines Stechmückenschwarmes vielleicht einen Platz mit weniger Mücken? Wie flexibel bin ich, meinen Platz und meinen Standpunkt zu wechseln? Komme ich dadurch an einen Platz, den ich mir selber gar nicht ausgesucht hätte? Wie sieht dieser Platz aus? An welche Situation meines sonstigen Lebens erinnert mich das nervige Summen der Moskitos?

Welche innere Einstellung brauche ich, um die Störung hier in der Wildnis zu akzeptieren? Welche innere Einstellung brauche ich im Alltag?

Wer fühlt sich hier gestört, die Moskitos, auf deren Haus oder Schlafplatz in einem Heidelbeerstrauch ich herumtrampele und sie aufwecke, oder ich?

Was sind die typischen Moskitosituationen in meinem Berufsleben?

Wann werde ich ungeduldig? Wann ärgert mich die Fliege (Moskito) an der Wand? Wann werde ich wütend? Wann platze ich vor Wut? Kann ich den Zorn fallen lassen, wenn der Anlaß (hier der Moskitostich) vorbei ist?

Moskitos, diese kleinen Plagegeister! Ihr Summen setzt im klassischen griechischen Theater immer ein, wenn einer der Held auf eine besondere Probe gestellt wird. Die Sänger und Sängerinnen deuteten damit das Wahnsinnig-werden des Helden an. Und wieder kam ich auf eine Grundannahme der Naturvölker zurück: „Jedes menschliche Wesen, aber auch jedes Tier, jede Pflanze, jeder Stein ist eine einzigartige Kombination von Qualitäten, Kapazitäten und Erfahrungen und hat seine ihm gemäße und innewohnende Vision vom Leben und Sterben, vom Werden und Vergehen."

Wenn Männer dieses Wissen auf der Gefühlsebene erfahren, dann haben sie alles verstanden, worauf es bei einer VisionQuest ankommt. Denn letztlich geht es darum, dieses Prinzip als Lern- und Leitlinie für das Leben zu nutzen, um mit dem wirklichen Herzschlag der Erde verbunden zu sein. Dann haben die Männer auch ihr eigenes Herz entdeckt.

Übrigens gibt es in dem kleinen schwedischen Städtchen neben dem Holzbahnhof ein Schmuckgeschäft, das kleine, goldene Moskitos verkauft. Woanders bekommen die Filmhelden einen goldenen Löwen oder ein goldenes Bambi verliehen. Hier war es „Der goldene Moskito".

5. Das unsichtbare Kanu
Thema: Unterstützung, Autorität, Mentoring, Vertrauen

Ein anderer Teilnehmer der VisionQuest in Schweden war sehr verzweifelt und wußte nicht mehr, was „richtig" und was „falsch" in seinem Leben war. Er wünschte sich nichts sehnlicher, als einen Lehrer, wie er den Mentor nannte, zu finden. Aber er fand keinen. Er merkte nicht, daß seine Angst vor männlichen Autoritäten ihm im Wege stand, Unterstützung anzunehmen. Aus irgendwelchen richtigen oder falschen Gründen war er sehr mißtrauisch, wie so viele Männer, vor allem gegenüber älteren Männern. Männern fällt es wirklich schwer, um Hilfe zu bitten.

Als er aus der Wildnis zurückkam, erzählte er folgendes:

„Als ich allein in meinem Kanu draußen auf dem See verzweifelt gegen den Nordwind paddelte und kaum vorwärts kam, merkte ich, daß Kraft alleine nicht ausreichte. Ich mußte mit dem Bug, also der Spitze des windschnittigen Kanus, genau in den entgegenkommenden Wind zielen. Wenn ich nur einige Zentimeter abwich, drehte sich mein auf der Wasseroberfläche gleitendes kleines Schiffchen zur Seite. Ich mußte einen weiten Bogen fahren, um frontal durch den Wind zu kommen. Die Launen des Windes waren stark. Mein eigener Wille nützte mir zwar etwas, reichte aber alleine nicht aus. Ich mußte exakt paddeln und den Rundschlag anwenden, den ihr uns im Basislager gezeigt habt. Nun war ich wirklich gezwungen, mich daran zu halten. Eine feine Abstimmung meiner Körperbewegungen war notwendig, um das Boot gegen den Wind zu steuern. Erschwerend kam dazu, daß wir nicht all zu weit vom Ufer entfernt fahren sollten. In diesen Momenten sickerte bei mir langsam die Erkenntnis durch, daß ein Mentor Dir sowohl auf ganz praktischer, aber auch auf anderer Ebene zeigen kann, wie Du das Paddel richtig hältst, wie Du Dein unsichtbares geistiges Kanu steuerst. Während der aktiven Mentorschaft steigt Dein Mentor mit Dir ins gleiche Boot und zeigt Dir die entsprechenden Ruderschläge. Oder Du beobachtest ihn, wie er seines steuert. Später erinnerst Du Dich wieder daran. Bei mir hatte ich den Eindruck, daß ich diese Erfahrung am eigenen Leibe erfahren mußte, um sie endlich zu kapieren. Ich mußte nur genug verzweifelt sein, um bereit zu werden, mein Vorurteil gegenüber älteren Männern und Mentoren aufzugeben."

So gehört also das Kanufahren auch zu dieser Art Persönlichkeitsentwicklung. Die meisten Teilnehmer sind Anfänger. Dies ist in einem schönen, trockenen, schwedischen Sommer natürlich kein Problem. Die Seen liegen ruhig und versonnen da. Das Kanu gleitet, schwebt ruhig über das Wasser. Beim Ein- und Aussteigen muß man natürlich aufpassen, das Kanu hat keinen großen Tiefgang, liegt also labil im Wasser, rutscht seitlich weg und kippt dann um. Die Steine am Ufer können glitschig sein. Im Leitungsteam haben wir immer einen Kanuexperten dabei, der allen den Jay-Schlag erklärt. Dabei bleibt das Paddelblatt immer unter Wasser. Die Führungslinie des Schlages gleicht, wie der Name schon sagt, dem Buchstaben J. Es ist eine kleine Kunst, ihn zu beherrschen. Man gleitet dadurch lautlos, fast geisterhaft über das Wasser und kann immer auf einer Seite des Bootes paddeln. Wenn man alleine paddelt, muß man nicht die Seiten wechseln. Es ist ein Genuß, wenn man es kann. Am Anfang schmerzen im Ober- und Unterarm ein paar kleine Muskeln, die sonst nie beansprucht werden. Das Kanu läßt sich immer wieder in eine gerade Linie zurückholen, es bricht nicht nach der gegenüberliegenden Seite aus, was normalerweise der Fall ist. Es ist eine Geduldsübung. Dieses lautlose Gleiten kann Stück für Stück zu einer Meditation werden. Die Tiefenatmung im Zwerchfell wird angeregt. Die Atmung insgesamt wird ruhiger und tiefer. Mehr Sauerstoff gelangt in die Blutbahn. Das Kanu selbst verschmilzt mit dem Unterleib des Fahrers. Man kann nicht schnell paddeln. Brutaler Krafteinsatz ist dabei nicht sinnvoll. Ruhig und gelassen kann man die Umgebung wahrnehmen und beobachten. Die Wasseroberfläche wirkt dann oft wie ein Spiegel. Der Schlag erzeugt auch keine Wellen an der Oberfläche. Dieses Geheimnis des Kanufahrens weckt im Mann seine andere Seite. An einem schönen Sommertag bewegt er sich dann mit seinem Gefährt bei leichtem Gegenwind in Ufernähe des Sees durch die Schönheit der wilden Natur. Biber, Fischotter, Hechte, Adler, Rentiere, Elche zeigen sich eher, denn der Rhythmus dieser Tiere wird bei dieser Art des Fahrens weniger gestört. Der Mensch verschmilzt mit dem Erdrhythmus. Eine Steigerung erlebt man dann auf dem Rückweg. Durch den leichten Wind angetrieben, bewegt sich das Boot wie von allein. Die Männer liegen im Kanu, schauen in den Himmel oder lassen das Paddel zu leichten Steuerbewegungen im Wasser hängen. Alle zehn Minuten schauen sie einmal über die Bootskante, um festzustellen, wohin sie der Wind geführt hat. Bei stürmischem Wetter ist die andere Seite des Mannes gefragt. Mit kräftigen Schlägen ziehen sie sich gegen den Wind durch das Wasser. Die Wellen spritzen über den Bug, die Schwimmwesten kleben am verschwitzen Körper. Das Gepäck liegt wasserdicht verstaut und gut austariert im Boot. Es wird immer zu zweit gepaddelt. Der Vordermann liefert als bulliger Motor die Kraft und die Aufmerksamkeit, die nötig ist, um scharfe Felskanten unter Wasser zu vermeiden. Der Hintermann ist der Steuermann, der vertrauensvoll und in Verantwortung die Richtung bestimmt. Nach einer Weile werden die Plätze getauscht. Auch das Kanufahren mit seinen Geheimnissen enthält Momente sowohl für Machos als auch für Softies.

6. Der aus Scheiße Gold macht

Aus dem Medizinnamen (Medizin gleich Kraft, Substanz, Lebensessenz), der als Zweitname verliehen und anonym gehalten, also nicht mit dem bürgerlichen Namen in Verbindung gebracht wird, kann ein Auftrag oder eine Aufgabe abgeleitet werden. Aufgabe kommt von etwas aufgeben, um etwas anders zu tun. Im Rat der Alten Männer und Mentoren versuchen wir den Teilnehmern einen Medizinnamen in der Weise zu schenken, indem wir ihn schon während der Vorbereitungszeit beobachten. Was sind seine Stärken und Schwächen, fragen wir uns. Beim Erzählen seines Monomythos, wenn er aus der Wildnis zurückkommt, intensivieren wir dieses Zuhören und versuchen, ein zentrales Bild aus seinen Erlebnissen herauszugreifen. Der Medizinname sollte meiner Meinung nach ein „Aha" für denjenigen bedeuten. Ein kleiner Schlüssel, von dem man schon ahnt, daß mit ihm eine neue Tür aufgehen könnte. Ein paar Worte, ein Halbsatz, der die Erlebnisse etwas greifbarer macht und fokussiert. In der alten Stammestradition wurde dieser Name verliehen. Wir bieten ihn den Männern nur an. Wenn er später wirkt, das heißt, wenn er Kraft gibt, sollte er ihn behalten, wenn nicht, vergessen.

Die Männer warten ja draußen und haben ihr inneres Gold gesucht. Sind dabei auf ihren Schatten und sozusagen bröseliges Gestein gestoßen. Der Medizinname soll dabei helfen, das Gold vom Gestein zu unterscheiden. Es ist nicht alles Gold, was glänzt. Der Medizinname taugt nur etwas in der konkreten Umsetzung und Überprüfung im Alltag. Weiterhin muß die Spreu vom Weizen getrennt werden. Das deutsche Wort Wirklichkeit hat etwas mit Wirkung zu tun. Wirkung ist das Maß aller Dinge, sagt der hawaianische Schamane Serge Kahili King. Der Goldsucherprozeß im Innen und im Außen hängt mit Schürfen, Schürfwunden, Asche, Feuer, Kohle, schwarze Hände und Ausdauer zusammen. Der Medizinname als ein kleines, gesäubertes, geschliffenes und poliertes Goldstückchen leuchtet schon einmal in der Zeit der mühsamen Umsetzung der errungenen Vision und des Vorhabens. Man spricht den Medizinnamen nicht zu oft aus. Sowie man das Gold in ein Kästchen in der Vitrine legt und nur manchmal sich selbst in tiefen Momenten oder ausgewählten Gästen zu besonderen Anlässen zeigt oder wenn man sich mit „Eingeweihten" trifft, die das Ritual kennen. Nichtwissende werden eventuell mitleidsvoll lächeln.

Und noch etwas zum Symbol des Goldes. Scheiße als Gold taucht oft in Märchen auf: der Goldesel, der Dukaten scheißt und umgekehrt – Zwergengeschenke in Gold, die zu Scheiße werden. C. G. Jung soll einmal gesagt haben, daß wir unsere Schwächen und Schattenseiten zu 90% in Gold verwandeln können, wenn wir sie uns nur anschauen und wahrnehmen als das, was sie sind: Nur die eine Seite der gleichen Medaille. Hinter einer Stärke kann eine Schwäche vorborgen liegen. Hinter der Schwäche die Stärke.

Annäus, mein Freund, berichtete einmal von einem Golderlebnis: „In einem Traum sehe ich einen goldenen rechteckigen Misthaufen, etwa einen Meter hoch, zwei Meter breit, vier Meter lang. Darumherum viele kleine goldene Hundekothaufen. Diese sehen so putzig aus, daß ich fast lachen muß. Da liegen sie golden in der Abendsonne. Ich nehme etwas von dem Mist mit... Ja, das ist es! Die Antwort auf meine Frage, die ich so oft hatte: ich bin Dünger für was anderes, Teil eines Kreislaufes von Werden und Vergehen. Ich kann andere Menschen unterstützen, ihnen dienen!"

Die nachfolgenden Geschichten sollen dem Leser einen weiteren Eindruck über die Vielfalt der Medizinnamen geben und wie sie entstanden sind.

7. Der für seinen Bruder singt
Thema: Erfolg, Trauer, Disziplin, Angst

„Mein größter Wunsch ist, Sänger auf der Bühne zu sein.

Ich gehe auf den höchsten Berg in dieser Gegend. Ohne Zelt. Es ist kalt und regnerisch. Ich singe.

In der Ferne sehe ich die schneebedeckten Berge Norwegens. Rundherum Wald und Seen. Soweit das Auge und die Stimme reicht. In einer Mooskuhle übernachte ich. Eng angeschmiegt an das Grün. Ich muß jeden Tag hinunter zum See, um das lebensnotwendige Wasser zu besorgen. Ein Sänger braucht die Zuwendung der Zuschauer, um lebendig zu werden. Er ist das Ohr im Zuschauer. Am dritten Tag des Fastenrituals begrenze ich die Seite zum Abhang mit einem Baumstamm, damit ich nachts nicht in unendliche Tiefen abstürze. Ich brauche viel Disziplin, um diese VisionQuest durchzustehen. Wieviel Disziplin brauche ich als Sänger? Wieviel Lust?

Vor zwei Jahren ist mein Bruder neben mir gestorben, ohne daß ich es merkte. Ich habe Angst vor Schlangen und Bären in dieser einsamen Gegend. Meine Streichhölzer funktionieren nicht. Es ist naß und kalt. Ich werde ein Lied am Grab meines Bruders singen."

Gregor, 37

8. Ein Löwe tanzt im Sturm
Thema: Durchhaltevermögen, Lust, Arbeit und Partnerschaft

„Mein Kraftplatz liegt auf einer Landzunge, die steil abstürzend in den See ragt. Es stürmt. Der Wind bläst und der kalte Regen aus Norwegen trommelt gegen die Zeltplane. Nachts im Traum erscheint ein Löwe mit Seidenkrawatte, der zwei Plagen ankündigt. Welche? Eine stellt sich gleich am nächsten Tag heraus:

Durchkommen. Kein Interesse damals in der Schule. Durchkommen. Durchhalten. Durchkommensstrategie war „mitzumachen". Auch jetzt geht's um das Durchkommen durch den Sturm. Geht es nur um das Durchkommen?

Ich könnte den Sturm ja auch begrüßen. Mich durchpusten lassen. Der Wind wird stärker. Ich fürchte, daß gleich das Zeltgestänge abbricht. Ich zurre das ganze flatternde Etwas fester. Die Heringe ramme ich tiefer in den Boden. Ich will mich nicht weiter in den Wald zurückziehen. Ich will dem Sturm standhalten. Ach so, – ihn begrüßen, mit ihm tanzen – wie ein Autor sagen würde, der glaubt etwas von Indianern und Schamanismus zu verstehen.

Ich verkrieche mich in mein festgenageltes Zelt. Ich liege in diesem Postpaket aus Kunststoff. Ich tanze im Liegen auf der Isomatte. Hier im Zelt lasse ich den wilden Mann raus, von dem Robert Bly im 'Eisenhans' spricht. Ich tanze den Löwen. Das muß man sich vorstellen, ich liege im Zelt und tanze den Löwen im Liegen. Wenn man das im Fernsehen sehen würde, man würde es nicht glauben.

Die zweite Plage:

Steine schleppen, vom Seeufer steil hoch, um einen Steinkreis zu bauen. Kann ich es mir nicht einfacher machen? Wo bleibt die Verspieltheit der Kindheit? Ich habe das Gefühl, als ob ich einen verrosteten, liegengebliebenen Traktor aus dem Sumpf ziehen müßte.

Hier oben auf der Landzunge bin ich wohl wie ein König, der zu lange auf seinem Stuhl klebt und nicht davon wegkommt.

Am dritten Tag scheint endlich die Sonne. Ich fliege wie ein Adler leicht im Wind. Im Traum taucht meine Frau auf. Wir legen die Hände ineinander. Ich möchte meine berufliche Erweiterung zusammen mit ihr angehen. Schamanismus und heilpraktische Tätigkeit miteinander verbinden. Meine alte Jurte aufstellen. Ein passendes, brachliegendes Grundstück pachten.

Durchkommen und Steine schleppen. Das Leben ist mehr als Survival.

Ein Biber knabbert genüßlich an einer frisch gefällten Birke.“

Hans, 42

9. Ein Waldmann kennt die Angst
Thema: Präsenz, Vitalität, Sucht und Angst

„Der Baumstamm sieht aus wie ein alter Troll. Die norwegischen Berge sind nicht weit. Wo finde ich meine Kraft?

Hinter dem Baumstamm ist eine Fichtenschonung. Schonung mitten in der Wildnis. Weiches Moos. Ruhe. Friede. Hier bin ich zu Hause mit Blick auf den See.

Kummer und Trauer steigen in mir auf. Ich weine. Ich versuche zu schreien. Zu tanzen. Den Wilden Mann zu zeigen.

Gedanken tauchen auf. Meine eigene Familie nimmt mich zu wenig wahr. Ich müßte sie rütteln, damit sie mich wahrnehmen. Oder muß ich mich selber rütteln?

Im Traum überquere ich eine alte Steinbrücke über einer tiefen Schlucht. In der Mitte bleibe ich stehen. Unten wartet der Tod. Ich schaue hinunter. Ich gehe wieder zurück.

Eigentlich ist alles in Ordnung. Eigentlich? Oder doch nicht?

Die Trolle, Waldgeister bringen mich in die Gänge. Moskitos pieksen mich. Der Regen hört nicht auf. Ich habe nicht genügend Holz für die Nacht gesammelt. Ich muß in die Gänge kommen.

Die Angst kommt wieder hoch. Ich stamme aus einer Alkoholikerfamilie. Gefrorene Gefühle werden mit Spiritus aufgelöst. Spiritus cum spirito. Eigentlich muß Weingeist durch wahren Geist ersetzt werden, sagte C. G. Jung. Eigentlich.

Alkoholismus ist eine tödliche Krankheit. Ich habe Angst."

Heinrich, 46

10. Turgan Gol! Liebe Dich wohl
Thema: Grenzen, Abschied, Selbstliebe, Vitalisierung

„Ich habe die Gegend, die ich mir ausgesucht habe, eindeutig unterschätzt! Manchmal ist das bei mir im Leben auch so. Es ist dann körperlich anstrengend, wie hier. Ich komme an meine Grenzen. Es fällt mir schwer, mich zu bewegen. Ich kam wirklich an meine Grenzen.

Die Grenzen meines Reviers habe ich wie ein Tier abgepinkelt. Viele Felsbrocken lagen herum.

Wo bist Du hier gelandet? Bist Du verrückt? Wie im Leben!

Ich bekam Herzrasen, als ich meinen Steinkreis aufbaute. Dennoch hat mich diese Gegend geheimnisvoll ernährt. Alte trockene Holzstämme boten sich förmlich für ein Feuerritual an, in dem ich längst überholte Einstellungen verwandeln konnte. Aschearbeit wird das manchmal in der Männerarbeit genannt. Leider hatte ich keine Havanna dabei. Das ist im zivilen Leben meine Aschearbeit.

Am dritten Tag des Fastenrituals habe ich einen faustgroßen Stein an einer Felswand kreisförmig zerrieben. Es ist eines der ältesten schamanischen Tranceituale. Trance heißt im Schamanismus, daß ich aus der alltäglichen Ego-Trance in die Allverbundenheit falle. Sozusagen enthypnotisiert werde. Auf der Felswand entsteht nach circa einer Stunde ein wunderschöner Kreis, ein Steinmandala. Sehr zentriert. Innerlich wurde ich auch zentriert, stürzte in der nachfolgenden schamanischen Reise in mein ursprüngliches Selbst-Zentrum ab. Dabei klang Stein auf Stein wie ein Steinklavier. Ich bekam Kontakt zum inneren Wesen, der Substanz des Steines, zu seiner Schwingung und seiner nährenden Energie. Die Erde hat mich dabei gut auf den Beinen gehalten. Ich habe mein Nest gesehen, in dem ich einmal ausgebrütet worden bin. Ich verwandelte mich in einen Vogel, wollte in einen Felsenburghorst hochfliegen. Mein innerer Lehrer befahl mir zu klettern. Mein Gott, war das anstrengend in dieser Gegend hier. Wir sollten doch nicht klettern. Also kletterte ich auf meiner schamanischen Reise. Überall Felsbrocken. Liebe Dich wohl, sagte ich mir. Dann wurde ich an einem Baum aufgehängt und zerstückelt. Danach wieder zusammengesetzt. Ich habe das Ganze körperlich sehr intensiv erlebt. Meine Gelenke wurden neu geschmiedet und frisch versteift. Dann bekam ich eine schamanische Tracht angezogen. Im freien Fall fiel ich vom Felsenburghorst wieder nach unten. Im Fallen sah ich ein Schild über einer Holztür, auf dem stand: 'Turgan Gol, Heilpraktiker und Schamane 2001'.

Danach stand ich im Regen. Umgeben von stechenden Moskitos. Als ich noch einmal in das Tiefenbewußtsein zurückwollte, um die Frage zu stellen, ob ich heiraten soll, mußte ich hinter einen Baum und kacken."

Bernd, 44

11. Großvater Elch
Thema: Verlassenheit, Partnerschaft, Beruf und Veränderung

„Wenn ich genau hinschaue, verschwinden die Botschaften und Bilder wieder. Ich sitze im Gras, den großen Felsen und den See im Rücken. Vor mir der Sumpf. Leuchtende Pyramiden. Was soll das? In Wirklichkeit (Wirklichkeit?) sehe ich eine junge, grüne Birke. Parallel dazu neben dem Stamm diese funkelnden Objekte. Ich möchte gerne mehr sehen, aber jedesmal, wenn ich meinen Blick intensiviere, verschwinden sie wieder. Täusche ich mich? Ich wäre gerne noch länger geblieben. Aber heute morgen muß ich endgültig ins Basislager zurück. Was waren die Botschaften aus dieser halb sichtbaren Welt?

Am ersten Tag, als ich ankam, gleich hinter dem Hügel, sah ich den großen Findling, einen Tierkopf, einen schlafenden Elch. Ich machte die Reise nach Schweden, um heil zu werden und andere zu heilen. Meine größte Wunde ist, daß mich meine Mutter als kleiner Junge verlassen hat. Ziel war auch, berufliche Orientierung zu finden. Soll ich meine Firma verlassen? In meiner Ehe bin ich unzufrieden.

An meinem Kraftplatz, dem Felsen, finde ich zu meiner Überraschung auch noch ein Gerippe eines Elches. Ein elegantes Gerippe, wie es ganz erhalten da liegt. Ich bin versucht, ein paar Knochen mit zu nehmen, greife dennoch nicht in dieses Mysterium ein. Es ist ein würdevolles Gefühl, dies nicht zu tun. Ich stehe jetzt auf dem Felsen und blicke auf den toten Elch.

Ich bade im eiskalten See. „Little Alaska" nennen sie diese Gegend hier. Stimmt. Ich wasche Schweiß und Ruß ab. Prickeln auf der Haut.

Ich stehe wieder auf dem Elchhügel. Ändere meinen Blickwinkel. Das Gerippe erscheint mir wie meine Fragen, Probleme, Themen, die ich mitgebracht habe. Wenn ich sie genauer betrachte, verschwinden sie. Wenn ich meinen Standpunkt ändere, sehe ich das Gerippe anders. Mal ist das Tier weiblich, mal männlich. Ich fange an, meine Frau anders zu sehen, die Situation in der Firma, meine Verlassenheit durch meine Mutter.

Der spitze Stein neben dem Hauptfelsen sieht aus wie ein kleiner gotischer Dom, kann auch mein Grabstein sein. Was soll da einmal drauf stehen?

Immer wieder verlaufe ich mich im Wald. Stehe vor einem Sumpf. Wie bei meinen Fragen. Mein Herz jagt dann los. Ich werde müde. Bin erschöpft. Doch jetzt verändere ich meinen Blickwinkel und Standpunkt und erkenne, daß da ein kleiner Pfad beginnt. Ein Elchpfad. Er führt mich mäandernd durch das Sumpfgebiet. Nicht jede Stelle ist trocken. Aber es ist letztlich ein gangbarer Weg.

Was mache ich für einen Aufstand. Ich kann es nicht ab, wenn ich nicht weiß, wo ich bin. Mit dem Kopf durch die Wand ist, dann sogar noch ein Umweg. Ich will auf Nummer sicher gehen. Gerade aus. Aber dann verlaufe ich mich erst recht und komme vor dem eigenen Sumpf wieder raus. Auf meiner Vorbereitungsübung zu Hause habe ich ein Stück Holz gefunden, welches wie ein Bumerang aussah. Jetzt weiß ich, was das bedeutet.

Wenn ich in Ruhe einen anderen Blick entwickle, breitet sich Einfachheit und tiefes Verstehen aus.

Mein tiefster Wunsch ist es, junge Männer in meiner Firma zu unterstützen."

Günther, 55

12. Nachtvogel wird zum Tagvogel
Thema: Wut, alter Groll, Aggression und Experiment

„Ein leeres Schneckenhaus. Ein verlassenes Haus. Ich will Abschied von meiner Familie nehmen. Wo sind meine Wurzeln? Ich habe zu oft den Schwanz eingezogen, mich klein gemacht. Wo sind meine Wurzeln?

Ich probiere in der Wildnis verschiedene Kraftplätze aus. Manche sind offen und einsehbar. Andere versteckt. Sumpfig. Ich gehe zwischen den Plätzen hin und her. Suche. Zweifel tauchen auf. Entscheide Dich, sagt eine Stimme.

Ist hier mein Zuhause? Bin ich ein Angsthase?

Meine Lebenskraft ist verschüttet. Ein Nachtvogel fliegt über mich hinweg.

Ich ramme vor Wut einen Eberkopf aus Holz in den Waldboden. Hier ist mein Kraftplatz. Wut tut gut.

Am nächsten Tag singt ein Vogel wunderbar."

Eberhard, 38

13. Neugieriger Hirsch
Thema: Klärung, Freiheit

„Das Wasser glitzert. Die Sonne bricht sich auf den Wellen. Leichtigkeit im Kanu, als ich zum Lagerplatz fahre. Ein düsterer monotoner Ort. Direkt daneben Sumpf. Angst vor Schlangen. Ein toter Baum lehnt sich an einen lebenden – oder umgekehrt? Ich kann nichts tun. Leere. Zwei kleine Fichten neigen sich in Liebe zu. Ohne mich fehlt mir was. Ich spreche mit meinen Eltern.'Wir müssen was klären', höre ich mich laut im Wald sagen. Langsam fängt der Sumpf an, mir Spaß zu machen. Ich muß frei sein. Ich freue mich über den Sumpf.

Am nächsten Morgen, es raschelt. Ein mächtiger Rentierhirsch glotzt mich ungläubig an. Schwarze spielende Robben schwimmen in der Nacht im See. Ein Traum? Die Mitternachtssonne versinkt im Norden, nahe der norwegischen Berge.

Ein Rentierpaar erscheint. Dem Rentierweib fehlen Haarbüschel. Alter oder nordischer Frühling? Eine Kiefer kränkelt bizarr. Ein Wiesel rennt hektisch suchend, schnell und zielstrebig. Ich bin erstaunt. Es geht mir gut.“

Wolfgang, 40

14. Ruhende Schlange vor der Lebensquelle
Thema: Schuld, Erinnerung

„Ich schlafe hinter einem querliegenden Baumstamm. Ich trage schwere Schuldgefühle in mir, weil mein Bruder mit 7 Jahren beim Spielen tödlich verunglückt ist. Ich war dabei. Hätte aufpassen müssen. Meine Mutter war seit dieser Zeit wie versteinert. Draußen in der Wildnis spricht mein Bruder zu mir: 'Du bist nicht für meinen Tod verantwortlich.' Ich finde eine große, mit Rautenmustern gezeichnete Schlangenhaut und sehe noch die Schlange wie sie sich weiterschlängelt. Weil sie wachsen will, streift sie ihre Haut ab. Während dunkle Regenwolken vorbeiziehen, finde ich ein junges, herrliches Rentiergeweih. Abgeworfen? Abgefallen? Abgestoßen? Verloren? Hätte mich meine Mutter lieber weggegeben als meinen Bruder? Ein klarer Bach fließt in meiner Nähe. Ich gehe weiter. Eine ruhende Schlange liegt vor der Quelle. Ich brauche Wasser zur Reinigung meines künstlichen Darmausganges. Mehrmals gehe ich an der Schlange vorbei zu meiner Quelle. Oben auf den Bergen schmilzt der Frühlingsschnee. Es ist Mitsommerzeit. Es ist nie zu spät. Leicht tanzen die Mücken. Ich bringe den anderen Männern Maiglöckchen aus der Wildnis mit."

Reinhard, 55

15. Küken mit schwarzer Spinnenkraft
Thema: Angst, Wut

„Winzig kleine Flitzevögel sausen durch den Wald, rotschwänzig und braunbäuchig. Singen ihre Geschichten. Einer schaut hinter einem Ast hervor, versteckt sich wieder. Ein mütterlich fettes Birkhuhn dreht ruhig seine Kreise um meinen Lagerplatz. Ich liege auf dem Sterbelager und lasse meinen Lebensfilm noch einmal ablaufen. Mitten im Wald habe ich den Raum um mein Sterbebett mit Tüchern abgehängt. Viele Bekannte erscheinen. Ich bekomme Wut auf die, die mir Angst gemacht haben. Eine geballte Ladung kommt hoch. Jede Mücke, die ich erwische, ist sofort tot. Wärme steigt in mir auf und Traurigkeit. Ich gehe in der Wildnis umher. Verirre und verwirre mich absichtslos. Ein Spinnennetz fällt in meinen Blick. Eine schwarze Spinne mitten drin. Zack! Ein Moskito zappelt. Ich habe einen Traum: Eislaufwettbewerb, Herrenkür, Outdoor-Wettbewerb, wer hat die beste Vision? Ich laufe wie Guildo Horn, der Meister. Mache keinen einzigen Kunstsprung. Gleite einfach über das Eis. Ein kleines Stück Holz, einem Küken ähnlich, nehme ich mit."

Franz, 38

16. Der seine Ahnen erkennt
Thema: Einheit, Ganzheit, Heimat

„Ich schaue hinunter auf den See. Dann hoch auf den Berg. Im Fels sehe ich zwei Gesichter. Vater und Mutter. 'Vater, hier bin ich, Dein Sohn, ich laß Dich nicht gehen, ich bin Dein Sohn.' Ich mache ein Feuer in der Nacht. Wärmt es uns beide?

Am nächsten Tag ist Muttertag. Typisch! Grau und diesig. Voller Selbstmitleid. 'Mutter, behalte Dein Selbstmitleid für Dich!' Ich küsse den Felsen.

Einem Käfer erzähle ich von meinem verwirrenden Leben als Heimkind. Ich finde eine Holzmaske, die von den Osterinseln zu stammen scheint. Die Insel der Ahnen. Eine Insel, karg und doch so schön. Ein Sperber fliegt über mich hinweg zum Abschied in der Wildnis. Ich weine. Ich wäre so gerne für immer dageblieben. Ich höre im Wind wie die anderen Männer rufen. Folge Deinem Herzen. Dann fällt mir Michael Meads Satz aus 'Männer und die Wasser des Lebens' ein. 'Wir brauchen einen Ort, von dem wir weggehen, ein Heim, das wir verlassen können, und wir brauchen einen Ort, dem wir uns zuwenden, ein Heim, das wir bewohnen können.'"

Horst, 44

17. Der weiß, daß die Sonne Flecken hat
Thema: Verletzung, Wut

„Mitten in der Wildnis, riesige zerfurchende Reifenspuren. Gibt es denn keine Idylle mehr? Sattelschlepper haben anscheinend für eine Holzstraße einen Wendeplatz angelegt. Wozu brauche ich einen Wendeplatz. Mein Lagerplatz für die vier Tage liegt mitten drinnen in den Spuren. Da steht ein vier bis fünf Meter hoher Monolith mit einem tiefen Riß mit vielen Flecken. Der Wendeplatz ist trotzdem ein Thronsaal für mich, mit dem Stein als Thron. Er hat eine furchtbare Narbe. Immer wieder gehe ich in den Süden. Manche sagen, im Süden liege die Kindheit. Im Süden liegt eine Landzunge. Halbinsel. Ich genieße den Wind und die Sonne. Ein Biber hat einen Baum sauber angenagt und gefällt. Sauber. Er wußte genau, an welcher Stelle, in welcher Höhe er zubeißen mußte, damit der Baum genau ins Wasser fällt. Der Biber ist ein Architekt. Ich gehe jeden Tag in den Süden. Ich balle meine Faust, es ist gut, wenn diese keinen trifft. Ich träume. Hier ruht in Frieden Ingo. Keiner weint bei meiner Beerdigung. Keiner weint? Ich kenne doch schon alle Tode. Ich will lernen. Ich suche. Eine Bachstelze wippt, ein ganz nervöser Vogel. Sie fängt an, sich zu putzen. Macht sich sauber. Ich werde auch ganz nervös. Die Sonne scheint. Nicht weit von meinem Lagerplatz, jenseits der häßlichen Spuren, liegt eine klare Quelle. Ich trinke frisches Wasser."

Ingo, 36

18. Behutsames Erdfeuer
Thema: Ekstase, Verletzlichkeit

„An meinem Platz steht eine abgestorbene Birke, unten ein hellgrüner Zweig. Ich will meine Plane aufhängen. Ich lasse den Plan mit der Plane fallen. Ich habe das Gefühl, nicht laut sein zu dürfen. Das macht mich wütend. Ich verspreche mir selbst, daß ich mich nicht mehr verstecken werde. Eine gute und eine schlechte Nachricht. Zuerst die schlechte: 'Meine Mutter ist nicht da in der Wildnis!' Jetzt die gute Nachricht. 'Meine Mutter ist nicht da in der Wildnis!'. Ich mache ein Riesenfeuer. Das Feuer schlägt schwarze Rauchwolken. Kommt das von der Birkenrinde? Ich lege mein Gesicht in die Erde. Beschmiere meine Haare mit Sumpfmatsch. In einem von Wind und Wetter, Sand und Wellen abgeschliffenen Schwemmholz sehe ich einen Elefanten auf einer Säule tanzen. Bloß nicht abstürzen. Beim Schnitzen einer kleinen Holzmaus rutsche ich mit dem Messer ab und schneide mir in den Daumen. Ich bin verletzlich."

Klaus, 39

19. Weis(s)e Ratte
Thema: Wunde, Vater

„Direkt am Wasser liegt hier mein Kraftplatz. Ich liebe das Wasser. Meine Kindheit habe ich am Wasser gelebt. Mein Vater ist Krabbenfischer und zieht noch heute mit seinem Kutter durch das Wasser. Er hat mich nicht als den Erstgeborenen gesehen. Nicht einfach, diese Wunde als Eingang zur fruchtbaren Salzmine zu sehen, wie die Initiationsmentoren das wollen. Für mich war das eher furchtbar als fruchtbar. Hin und wieder balanciere ich auf einem alten Baumstamm und schlage vor Wut die trockenen Äste ab. Wütend sein und trotzdem ausbalanciert, das soll mir einer mal nachmachen. Ich springe ins eiskalte Wasser. Im angetriebenen Schwemmholz sehe ich eine weis(s)e Ratte. Ein Wasservogel taucht vor mir unter, aber nie wieder auf. Mir fällt ein, was einmal ein weiser Mann gesagt hat: 'Wir können gesunden, wenn wir solche Väter werden, wie wir sie uns gewünscht haben und nicht hatten. Werde der Vater, den Du Dir ersehnst. Bei der Suche nach einem Vorbild für das Elternsein, können wir auf der Schattenseite unserer Seele fündig werden!'"

Anton, 42

20. Der Kiefer und Birke berührt
Thema: Auseinandersetzung, Werte

„Eine Birke und eine Kiefer stehen wie zwei Liebende und doch weit auseinander. Mein Steinkreis, in dem ich meine Absichten und Wünsche für die Zukunft benenne, ist nicht ganz rund. Die vielen Moskitos ärgern mich. Angst und Druck machen sich breit. Ich würde gerne einen Mentor und Lehrer haben, um da rauszufinden. Ständig sind die Moskitos unter meiner Plane, obwohl ich alles abgedichtet habe. Zwei Ameisen zerren von zwei Seiten an einem Korn. Eine ständige Auseinandersetzung. Daß die das nicht kapieren!? Was für ein Geheimnis liegt wohl in diesem Bild von den zerrenden und ziehenden Ameisen? Eine abgeknickte Birke steht auch in der Nähe meines Platzes. Flechten fressen sie langsam auf? Soll ich die Birke von den Flechten reinigen?

Was ist gut? Was ist schlecht? Mein Hut bietet mir Schutz vor Sonne, Wind und Regen.“

Friedrich, 34

21. Der Mann, der bereit wird, den Bären zu sehen
Thema: Geburt, innerster Kern

„Von der Natur zu lernen war mein Ziel. Ich komme den Berg hoch. Ein Ast versperrt mir den Weg. Sofort wußte ich, hier ist es. Meine Schutztiere sah ich. Den Bison rechts im Fels. Der Bussard oben auf der Spitze. Die Schleiereule in der Fichte. Ein Felsbrocken schützte mich vor dem Nordwind. Vor mir lag der See. Das Zentrum meines Kraftplatzes war von drei Holzstämmen versperrt. Es gab nur einen winzigen 40 Zentimeter hohen Eingang. Hier konnte ich gut in mich gehen. Im Innersten des Zentrums baute ich mir einen Ofen aus Stein. Heizte ordentlich ein. Das wärmte mich. Ein Bäumchen und ein kleiner Fels bewachten den Eingang bei den drei Holzstämmen. Ich küßte sie beim Ein- und Ausgehen. Ein Rentiergeweih, das ich fand, stellte ich mit Blick zum See auf. Da saß ich bis spät nachts in einer Art Holzsessel zwischen Baumstämmen und genoß den Blick über den See. Schaute gegen Mitternacht der untergehenden Sonne zu. Herzlich willkommen zu Hause, sagte ich mir.

Am nächsten Morgen kam eine Gebirgshenne mit sieben Küken den Hang hoch. Am Himmel zerfloß eine häßliche Maskenfratze zu einem Nichts. Zwei Rotkehlchen flogen vorbei. Am anderen Ufer des Sees sah ich einen menschengroßen Bären. Später erkannte ich, daß er eine schwarze Hose trug. Im Traum, ich muß wohl eingeschlafen sein, lag eine nackte Frau in Form eines Erdhügels vor mir. Sie sagte: 'Küß mich!' Ich küßte sie. Sie sagte: 'Schlaf mit mir!' Ich schlief mit ihr. Sie sagte: 'Ich bin jetzt schwanger. Ich bin Mutter Erde. Du wirst neu geboren!' Ich wachte auf. Am Himmel sah ich ein Baby in einer Wolkenformation. Da wußte ich, daß ich neu geboren war. Jetzt kam die Gebirgshenne aufgeregt den Berghang herunter und flog um mich herum. Beschützte ihre Küken. Schaute nach Feinden. In der letzten Nacht habe ich den Ofen noch einmal ordentlich angeheizt. Aus meinem innersten Zentrum heraus schaute ich in der Morgendämmerung auf den sich kräuselnden See."

Horst, 43

22. Abschied aus der Wildnis – Aufsetzen der Alltagsmaske

Am letzten Tag, bevor wir die Kanus wieder mit all unseren Utensilien volladen, wandern wir zu einem besonderen Stein. Er ist doppelmannshoch und so groß wie ein kleines Zimmer. Er liegt rund da mit vielen Ecken und Kanten. Man kann diesen Stein nur mit einem besonderen Griff und einer geheimnisvollen Drehbewegung im Körper erklettern. Manche Männer haben einen Blick dafür, besonders die guten Bergsteiger. Manchen schauen verstohlen zu und machen es nach. Andere tun so, als ob sie das Ganze nicht interessiert. Es ist nicht nur eine Frage der Kraft hinaufzukommen. Es gehört mehr dazu. Vielleicht nur, sich bemüht zu haben und fasziniert davor stehen zu bleiben. Dann hilft einem ein anderer Mann, der seinen Arm reicht, aber zupacken muß man dann schon selber.

Dann kommt der Abschied. Als Mentor erinnere ich mich an eine Meditation, die ich bei einer der Selbsthilfegruppen gegen Sucht gehört habe:

Ich muß lernen,
Dich so loszulassen,
daß Du die Fehler machen kannst,
die Du machen willst,

daß Du mich ablehnen kannst,
daß Du neue Werte finden kannst,
daß Du Deine Meinung ändern kannst,
daß Du Dir zuviel Sorgen machen kannst,
daß Du Dir nicht genug Sorgen machen kannst.
Dich so loszulassen,
das muß ich lernen.
Ich muß Dich ziehen lassen
in ein unbehütetes Leben,
in ein einsames Leben,
in Dein Leben.
Getragen von Deinen Entscheidungen,
denn ich kann nicht Dein Vormund sein.
Ich kann nicht über Dich bestimmen,
auch nicht in Kleinigkeiten.
Ich muß lernen, Dich loszulassen,
so einfach und doch so schwer.

In einem endgültigen Abschlußritual ziehen alle Männer symbolisch wieder ihre Alltagsmaske auf, in dem geheimen Wissen, was sie erlebt haben. Der Alltag wartet auf sie. Wir waren ein Männerstamm auf Zeit. Der unausweichliche Sturz aus dem goldenen Zeitalter wird kommen. Was erzähle ich, was nicht? Können mich die Leute verstehen? Zweifel?

Habe ich das im Außen erlebt oder im Innen? Warum wirkt das nicht sofort?

Wir steigen in die Kanus ein und ziehen los. Manche Männer weinen. Ove und sein Kollege Jon warten mit dem Landrover und dem Anhänger weiter unten an einer vor 14 Tagen festgelegten Stelle am See.

Wir geben den Männern einen letzten Brief mit, der erst daheim geöffnet und gelesen werden darf, aber in etwa folgendes enthält:

„Du hast Deine Männerquest gemacht. Du warst auf Visionssuche . Du hast Deine eigene Geschichte gehört, erzählt von Mutter Natur. Mit anderen Männern hast Du in tiefer Verbundenheit zusammengesessen. Kraft, Erfahrung und Hoffnung geteilt ..."

218

V. Transfer in den Alltag – Erfolg und Schwierigkeiten

1. Wie geht es weiter?

Einigen Männern reichte es aus, eine tiefe Seins-Erfahrung in der Wildnis gemacht zu haben. Sie haben ihre Alltagsmaske für eine Zeit abgelegt und hinter die Kulissen ihres Lebens geschaut. Manche waren von ihren Erlebnissen bestürzt und haben sofort etwas geändert. Andere ließen sich vom Alltag so gefangen nehmen, daß sie erst einmal wieder in die alten Verhaltensmuster zurückfielen. Manche setzen seine empfangene Vision stetig um, Schritt für Schritt. Die einen mit Mentoring, die anderen ohne. Die einen bleiben in Kontakt mit den anderen Questern. Die anderen machen das alleine.

Grundsätzlich ist es möglich, daß einzelne Männer bei der Umsetzung ihrer Vision weiter begleitet werden. Denn der Monomythos will genau betrachtet sein.

Also bieten Annäus, der Unternehmensberater und Berater für Existenzgründer ist, und ich Männern, die nachfragen, an, die Ereignisse später noch einmal anzuschauen. Wir empfehlen den Männern aber auch, sich in einem Netzwerk initiierter und visionärer Männer zu organisieren und sich gegenseitig zu unterstützen. Gruppen von 4-6 Männern, die sich 14-tägig treffen und mindestens ein halbes Jahr fürs erste zusammenbleiben, sind dabei sinnvoll. Bei Privatem und Entscheidungen bezüglich der Partnerschaft empfehle ich, wenn ich mich nicht kompetent genug fühle, Therapeuten oder vertraute Fachleute.

Als Mentoren stellen wir während der Nachbereitung immer Fragen:

- Wie lief die VisionQuest im Detail ab?
- Welche Stärken können jetzt genutzt werden?
- Was hat sich bis jetzt beruflich und privat entwickelt?
- Welche Schwierigkeiten, Ängste, Schatten und Widerstände sind neu aufgetaucht?
- Was war die Kraftquelle während der VisionQuest?
- Was war Kern der Vision?

Dann empfehlen wir situationsbezogene, praktische Maßnahmen für berufliche oder persönliche Probleme und Wahrnehmungshilfen für typische Muster persönlicher Denk- und Verhaltensweisen.

Wenn es sich um längerfristige beruflich-visionäre Projekte handelt, sind wir bei der Überarbeitung des Geschäftsprofils und strategischen Konzeptionen behilflich. Sogar Ideen zu Geldbeschaffung werden diskutiert.

2. Rückfahrt und Ankunft zu Hause

Volker, der die Schwitzhüttenserie bei Greg mitgemacht hatte und auch meine initiatische Männergruppen kannte, erhielt den Medizinnamen: „Obwohl die Möwe eigentlich Kraft hat". Volker fing nun 30jährig an, langsam und Schritt für Schritt seine Vision als Mentor und Leiter anzugehen. Nach Gregory Campbell, der über 60 Jahre war und mir mit 50, sowie Henning, Annäus, Armin, Max und anderen Männern, die ich kenne, mit etwas über 40, war er schon die „vierte Generation" der Männer mit einem gewissen Verständnis für und von zeitgenössischer Initiation.

Zum Verständnis seines Zukunftprojektes, hier zunächst seine Absichtserklärung zur Visionssuche:

„Es geht mir darum, eine Entscheidung zu treffen. Ich befinde mich am Beginn einer Ausbildung zum Physiotherapeuten. Diese Ausbildung bietet mir:

• Struktur,
• Wissen bezüglich des menschlichen Körpers,
• die Aussicht auf verbesserte Chancen auf einen Arbeitsplatz in der Gesellschaft und somit geregeltes Einkommen,
• die Möglichkeit zu Fortbildungen ganzheitlichen Heilens,
• die Möglichkeit, mich selbständig zu machen, um dann in diesem Rahmen Yoga, Körperarbeit und Seminare anzubieten.

Mich stört an dieser Ausbildung:

• Sie ist relativ zeitaufwendig.
• Ich fühle mich nicht sehr wohl in der Ausbildung. Oft fällt es mir dort schwer, ich selbst zu sein. Ich fühle mich eingeschränkt in Bezug auf emotionale Offenheit.
• Es handelt sich um eine private Schule- ein Wirtschaftsunternehmen und ist entsprechend teuer. Ich bekomme voraussichtlich zwar das Schulgeld

vom Arbeitsamt bezahlt – verdiene jedoch nichts – und gehe mit der Förderung auch die Verpflichtung ein, 3 Jahre lang in diesem Beruf zu arbeiten. Ansonsten muß ich das Geld zurückzahlen. Demnach bin ich für 6 Jahre festgelegt und in meiner Freiheit und Offenheit eingeschränkt.

Ich habe in etwa ein Bild davon, was ich später im Beruf machen möchte: Ich sehe mich als Wegbegleiter von Menschen. Ich arbeite mit Meditation und aus einer ganzheitlichen Sichtweise heraus. Eine ganz konkrete Form weiß ich natürlich noch nicht – aber in tiefer Entspannung habe ich mich oft in der Schwitzhütte und in Meditation gesehen. Gerne würde ich im Yoga, Zen, Tanz weitere Erfahrungen sammeln, die in meine Arbeit einfließen könnten. Auch hier wäre es gut, sich nur auf eine Sache zu konzentrieren.

Mein Problem ist, daß ich die Brücke zwischen Krankengymnastik und dieser Vision manchmal nicht sehe. Ich stelle auch in Frage, ob die Ausbildung wirklich hilfreich und gesund in Bezug auf meine persönliche Entwicklung und Reife ist. Oft glaube ich, ein einfacheres Leben würde mich glücklicher machen. Ich beobachte in mir einen Kampf bezüglich dieser Wahl, der immer noch unentschieden ist.

Meine Absicht ist es, eine Entscheidung für oder gegen die Ausbildung zu treffen und diese mit der Kraft der Visionssuche zu unterstützen und zu stabilisieren."

Auf seine Absichtserklärung hatte ich ihm geantwortet:

„Dieser Mann aus ... schreibt in einer klaren Absichtserklärung, was sein Stand zur Zeit ist. Daraus und von dieser Plattform sind Veränderungen und Entwicklungen möglich. Vielleicht geht es bei ihm darum, den Spannungszustand zwischen zwei Polen auszuhalten. Nämlich zwischen visionären Aspekten und konkreten, realen in seiner Ausbildung, die zur Sicherung des Lebensunterhaltes einmal dienen soll. Eine Brücke steht natürlicherweise unter Spannung. In dieser Zeit braucht dieser Mann freundliche Zuwendung anderer Männer, die aber nicht den Entscheider durch zu viele Ratschläge verwirren. Er braucht Unterstützung, wie eine Brücke Stützpfeiler braucht. Eine Brücke verbindet das eine mit dem anderen Ufer. Zwei Dinge, zwei Berufe miteinander zu verbinden, kann wunderbar sein. Man kann sich dabei aber auch verzetteln. Kann dieser Mann diese Spannung zwischen zwei Polen noch eine Zeit lang aushalten? Vision erweist sich daran, wie stark sie in der Realität wirkt.

Gruß Reinhold"

Der Monomythos, den er auf seiner MännerQuest fand, lautet:

„Ich stemme mich gegen den Nordwind. Eigentlich habe ich keine Kraft. Mein schwarzes Kanu steuere ich alleine. Die anderen fahren zu zweit. Ich bin am weitesten im Norden. Norden steht auf dem indianischen Medizinrad für Erwachsen-Sein und Position in der alltäglichen Welt einnehmen. Mein Thema. Mein Kraftplatz liegt versteckt im Zauberwald. So kann der Sturm mir nichts anhaben. Habe ich Angst vor dem Erwachsen-Sein? Zwei Bäche umgeben mich. Ich schaue auf die schneebedeckten Berge. Weiß und klar. Nordkraft. Ich bin dennoch gut geschützt. Mein inneres Kind ist gut geschützt. Das fühlt sich gut an in diesem Märchen-Elfenwald. Ein Schwemmholz hat ein Doppelgesicht. Lachend und weinend. Kind und Erwachsener. Ich hole Feuerholz, damit ich es in der Nacht warm habe. Ich sorge für mich. Erwachsen-Sein. Ich plansche im See. Kind-Sein. Spielen. Zwei Bäche umgeben mich.

Ich bekomme immer mehr Verbindung mit diesen beiden Kräften, Nord und Süd. Beide Kräfte verbinden sich. Weiß und rot auf dem Medizinrad. Ich bitte um die Kraft, zwei unterschiedliche Berufsfelder integrieren zu können. Krankengymnastik und Schamanismus. Ich baue zwei Steinhaufen. Beobachte, welcher mich mehr anzieht. Ein dritter, kleiner Steinhaufen war meine Landwirtsausbildung. Den baue ich wieder ab. War nix.

Eine Möwe fliegt über meinem Visionssuchegebiet.

Jetzt kommt meine resignative Phase. Ich packe meine Sachen zusammen für die letzte durchwachte Nacht draußen. Ich wehre mich gegen die resignative Stimmung, wie gegen den Nordsturm beim Kanufahren. Es regnet die ganze Nacht. Ich kauere verzweifelt unter meiner Plastikplane. Alles ist grau. Gegen morgen gebe ich auf. Ich gebe mich hin. Übergebe mich meinem Schicksal. Genau in diesem Moment höre ich die Trommeln, die uns zur Rückkehr ins Basislager rufen. Ich muß über mich lachen. Die doppelgesichtige Schwemmholzmaske halte ich in beiden Händen. Ein Rentiergeweih ziert den Bug meines schwarzen Kanus. Es steht für Würde. Ich habe jetzt Rückenwind."

Bald nach Ende der MännerQuest in Schweden kommt ein Brief von Volker:

„Noch auf der Rückreise von Schweden nach Deutschland hatte ich mir damals im Eurocity aufgeschrieben:

• Abschluß der Physiotherapie-Ausbildung
• Fortbildung und Teamausbildung zum VisionQuestleiter für Männer
• mich therapeutisch unterstützen lassen
• Körperarbeit (Yoga, Meditation, Sport) intensivieren

Auf der Rückfahrt hatte ich das Gefühl, daß neben meinem inneren Wechsel auch ein äußerer gut täte. Ich hatte Angst, daß mir die alte Umgebung zu eng wäre. Ich wohnte relativ nahe bei meinen Eltern. Zumindest plante ich, mein Zimmer in meiner Wohnung neu einzurichten und etwas zu tun, um mich an meine Vision zu erinnern. Bezüglich der Schule war ich voller Energie, das Versäumte nachzuholen und mit Kraft dabei zu sein. Ich wußte jedoch auch, daß der Alltag in der Schule nicht leicht würde.

Gleich nach der Ankunft zu Hause stellte ich dann wirklich fest, daß ich mehr eigenen Raum für mich – innen wie außen – brauchte. Dennoch war es schön, den Garten und die Tiere wiederzusehen. Die Begegnung mit meiner Freundin war sehr schön. Ich fühlte mich ruhig, kräftig und männlich. Wir hatten verständnisvolle Gespräche. Eine heftige Auseinandersetzung hatte ich mit meiner Mutter. Sie war beleidigt, weil ich mich erst so spät nach einer solch gefährlichen Sache meldete.

Dennoch gehe ich seitdem grundsätzlich offener und sicherer mit meinen Eltern um. Dadurch zeigen auch sie sich offener und mit mehr Verständnis.

Dies bemerkte ich auch im Umgang mit meinen Mitschülern. Eines meiner größten Probleme war immer die schwierige Kommunikation und die Einsamkeit. Inzwischen gehe ich spielerischer mit anderen um. In den ersten beiden Schultagen bekam ich Zweifel an der Richtigkeit meiner Entscheidung. Dieser legte sich jedoch wieder. Mein Selbstvertrauen wuchs von Tag zu Tag. Die innere Quelle, aus der ich bei der Umsetzung meiner Vision noch schöpfe, ist vor allem die Klarheit. Es ist das Benennen der Tatsachen und das Formulieren und Mitteilen von Gefühlen. Ich mache jeden Morgen eine kurze Meditation, in der ich mir meine Vision und den erforderlichen nächsten Schritt vor Augen führe."

3. Weitere Verarbeitung

Bei Volker tauchten zusätzliche Gedanken und Situationen auf, die er vorher nicht benannt hatte.

„Es war meine Absicht, eine Entscheidung zu treffen und diese mit der Kraft der Visionssuche zu unterstützen. Angenommen hatte ich, daß ich viel Zeit und Ruhe haben würde und daß ich diese Zeit auf eine gewisse Art genießen würde. Dahingehend nämlich, abzuschalten, unter keinem Druck zu stehen und einfach zu sehen, was kommt. Meine größte Angst war es, eine unrealistische Vorstellung zu entwickeln – eine Vision aus der Luft zu greifen und mich in der Deutung vieler Erscheinungen und Erlebnisse zu verstricken.

Beim Hinausgehen in die Wildnis war ich in Spannung, was mich erwartet. Ich habe vor allem den Wind wahrgenommen. Aufgefallen ist mir die Leichtigkeit, die während des Rituals entstand. Bei der Rückkehr ist mir aufgefallen, daß ich einen sehr langsamen Rhythmus hatte. Ich fühlte mich herzlich vom Team empfangen. Ich freute mich darüber, die anderen Visionssucher zu sehen und in den „Stamm" zurück zukehren. Stolz war da und eine hohe Sensitivität. Ich fühlte mich in meiner Mitte.

Während der vier Tage stellte ich ein Rentiergeweih, das ich gefunden hatte, an meinem Hauptlagerplatz auf. Es stand für Autorität und Erwachsen-Sein.

Am intensivsten war der Zugang zu einer Möwe, die mir mehrmals begegnete. Manchmal flog sie auf mich zu und blieb für die Dauer eines zeitlosen Raumes zu mir gewandt, genau zwischen den Bäumen in eleganter Balance, ehe sie rufend weiterflog. Mir war es, als flog sie uns Männer verbindend alle anderen Plätze ab. In dieser Zeit wurde für mich jeder Stein, jede Blüte, jeder Regentropfen lebendig und spürbar. Am Ufer des Sees versenkte ich gerade Steine, die für mein abgebrochenes Landwirtschaftsstudium standen, als ich ein Platschen im Wasser direkt vor mir hörte. Es war die Möwe, die gejagt hatte. Immer mehr sah ich in ihr eine Kraft, die mein Handeln bestätigte.

Ich beschäftige mich seit der Zeit intensiver mit Möwen. Vor allem mit dem Buch 'Die Möwe Jonathan' von Richard Bach.

Dieses Buch erzählt die Geschichte einer Möwe, die an die Herrlichkeit des Fluges glaubt. Fliegen ist Teil der großen Freiheit der Möwen. Aber wie kommt es, fragt sich die Möwe Jonathan erstaunt, daß es zu den schwierigsten Dingen der Welt gehört, einen Vogel davon zu überzeugen, daß er frei ist und daß er es selbst ausprobieren kann. Die Parallelen zu den Außenseitern der menschlichen Gesellschaft werden zur Parabel. Dieses Buch ist geschrieben für Menschen, die verstehen, daß es mehr gibt als den greifbaren Erfolg. Menschen, die Befriedigung finden in einer Sache, von der sie überzeugt sind, auch wenn sie sich damit gegen die Welt stellen. Menschen, die frei sind für das Abenteuer der Persönlichkeit.

Ich hatte zu keinem Zeitpunkt der MännerQuest Angst, mich in der Natur aufzuhalten, wie ich sie von früher her kannte. Vielleicht lag es daran, daß es in Nordschweden im Sommer nie richtig dunkel wird. Mein Lagerplatz war gut geschützt. Ich merkte, daß ich sehr oft aus der Deckung hervorschaute, ohne mich richtig zu zeigen. Ich verbrannte deshalb symbolisch eine Holzmaske, als Zeichen dafür, mich in Zukunft mehr zu zeigen.

Ich habe auch einen Strohhut verbrannt, den mir meine Eltern geschenkt haben. Trotz der derzeitigen finanziellen Abhängigkeit, möchte ich auch meine eigene Autorität entwickeln. Ich empfand während des Rituals Liebe und Dankbarkeit meinen Eltern gegenüber.

Am dritten Tag wurden meine Bewegungen deutlich langsamer. Erinnerungen an meinen verstorbenen Großvater tauchen auf.

In der letzten Nacht wird mir gewiß, daß ich die Ausbildung zu Ende machen werde. Mir wird auch klar, daß es bei Entscheidungen immer ein lachendes und ein weinendes Auge gibt. Mein Ziel wird dennoch klar. Ich will in Zukunft Physiotherapie mit initiatischer Arbeit für Männer verbinden."

4. Die Kunst der kleinen Schritte

Wieder eine Zeit später: „Lieber Reinhold!

Mir geht es soweit gut! Die ersten Praktika habe ich geschafft. Gerade geniesse ich zwei freie Wochen. Manchmal ist es schwer zu verstehen, daß alle Weisheit in mir ist und nur entdeckt sein will. Dennoch vermisse ich schmerzlich die Freundschaft zu Männern. Ich überlege zur Zeit, ob ich die von Henning und Euch entwickelte VisionQuest für junge Männer wieder ins Leben rufe. Gerne würde ich mehr über die Methoden der Spiegelung und den Umgang mit den vier Archetypen und Elementen erfahren, sowie selbstgeschaffene Rituale. Das Thema Mentorenschaft und Spezialcoaching für Männer ist bei mir im Hinterkopf. Bei Gregs Schwitzhüttenserie gefiel mir die Entwicklung über mehrere Wochenenden, die themenbezogen waren. Die Grundhaltung Gregs war ja: Vertrauen. Bei Deiner Arbeit gefällt mir das Fokussieren, es geht um Klarheit. Ich will 'meinen' Führungsstil für die Männerarbeit finden. Langsam und wirklich nur schrittweise mehr Eigenverantwortung übernehmen. Ich denke auch an Projekte, die Männer und Frauen zusammenführen. Meine Ausbildung ist in etwa einem Jahr zu Ende. Die Priorität liegt noch immer bei der Ausbildung zum Physiotherapeuten. Aber ich mache auch schon Pläne für die Männerarbeit, wie Du siehst.

In Verbundenheit, Volker. Die Möwe, die Kraft hat."

5. Brütende Graugans, die fliegen wird
Thema: Zusammenarbeit, Bewegung, Vertrauen, Erfolg und Schwierigkeiten

Claudio hatte seinen Doktor in Mathematik gemacht und war bei einem bekannten Elektronikkonzern als Manager beschäftigt.

Sein Monomythos:

„Die Bäume liegen da wie Leichen. Mein Lagerplatz ist geschützt durch das Nadeldach und den Felsen. Ich hätte mich gerne weiter getraut. Weiter in den Wald hinein. Losziehen. Einfach Losziehen. Abenteuer erleben. Aber ich habe mich nicht getraut. Neugier war da, aber auch viel, viel Angst. Mein Felsen hat einen Spalt, wie man sie von Gletscherspalten kennt. Ich schaue hinein. Je dichter ich rangehe, um so mehr bekomme ich Angst. Ich weiche zurück. Ich brüte vor mich hin und frage mich, warum ich soviel Angst habe.

In der Nacht mache ich ein riesiges Feuer. Ich verbrenne mein ganzes Feuerholz in einer Nacht. Symbolisch verbrennen alle meine bisherigen äußeren Errungenschaften: Auto, Besitz, Geld, Anerkennung in meinem Beruf. Ich wünsche mir viel mehr Liebe und Zuwendung. Um mich herum entsteht ein Chaos. Die Asche des Feuers kippe ich in den See.

Mit dem Fasten habe ich Schwierigkeiten. Meine Speiseröhre brennt. Ich habe Sodbrennen. Körperlich geht es mir schlecht. Eine Horde jugendlicher Vögel fliegt über mich mit viel Gekreische hinweg und scheißt auf mich herab. Sind das Jugendliche, die was suchen? Ich sehe nichts im dunklen Wald.

Da fliegt pfeilschnell eine Graugans über mich hinweg. Ein Stück morsches, zerfasertes Holz nehme ich mit. Ich entschließe mich, meinen Vater in Italien zu besuchen.

Als ich mit dem Kanu zurückfuhr, fielen mir ein paar halbe Verse eines amerikanischen Männerautors ein:

In dunkler Zeit beginnt das Auge zu schauen.
Im Schatten wird mein eigener Schatten klar.
Der Wald er bietet mir ein Echo dar.
Der Schöpfung Krone weint an einem Baum.
Ich lebe zwischen Tieren aller Sorten,
auf Bergeshöhn
und auch an dunklen Orten."

Ein Jahr später schrieb Claudio an andere Männer und auch an mich:

„Liebe Männer!

Im Juni letzten Jahres ging ich für vier Tage und vier Nächte allein in die Wildnis mit vielen Anliegen und Fragen auf dem Herzen. Ich fastete und bat um Antwort: Ich komme aus der Angst. Ich fühle mich in meiner Lebenskraft gelähmt mit der Angst, die Liebe und Achtung meines Vaters nicht erringen zu können. Nicht genug zu sein. Nicht geliebt zu werden. Die Beziehung zu meiner Frau nicht aufrecht erhalten zu können. Als Vater gegenüber meinem Sohn und meiner Tochter nicht ausreichend präsent zu sein. Ich begreife die Welt nicht. Ich befinde mich im Umbruch. Ich wünsche mir mehr Klarheit und Zugang zu den Wurzeln meiner mir gemäßen Wahrheit.

Nach vielen Stunden des All-Ein-Seins, hungrig, erschöpft und ängstlich, blieb ich in der letzten Nacht wach. Ich flehte um ein Zeichen, um eine Vision. Ganz am Ende der Nacht, als ich mein Streben schon verzweifelt aufgegeben hatte und mich erschöpft und frustriert in meine Lage fügte, flog wie aus dem Nichts mit einem lauten Rauschen eine Graugans pfeilschnell direkt über meinen Gebetsplatz.

Ich erschrak sehr.

Ich habe mich seit letztem Jahr immer wieder mit dem Wesen der Graugänse auseinandergesetzt und immer noch arbeite ich daran, die Puzzlestücke meiner Visionssuche, die verschiedenen Eindrücke während und nach meiner Reise zu einer zusammenhängenden Geschichte zusammenzufügen.

Dann wurde ich krank. Ich bekam Hepatitis und wurde sehr auf mich zurückgeworfen. Ich war sehr schwach, hatte aber zum Glück kaum Schmerzen.

Durch die Schwächung bekam ich eine intensive Lektion darin, welche Nahrung, Atmosphäre, Gedanken und Stimmungen mich schwächen und welche mich stärken.

Zeitgleich mit dem Höhepunkt meiner Krankheit fand die Hochzeit meiner Schwester statt. Ich beschloß, trotz meiner Schwäche wenigstens an der Zeremonie der Vermählung teilzunehmen. Früher wäre ich ängstlich im Bett geblieben, besorgt um meine Lebensenergie und Gesundheit.

Dann auf der Hochzeit geschah für mich etwas Unglaubliches.

Als Trautext wurde etwas über Graugänse erzählt, wie sie Gemeinschaften bilden, wenn sie gemeinsam nach Süden fliegen. Graugänse fliegen im Winter in einer V-Formation in den Süden. Und jedes Jahr üben sie ihre Koordination aufs Neue, bevor sie sich auf den langen und gefahrvollen Weg machen. Dabei erschafft eine Graugans mit jedem Flügelschlag einen Aufwind für den Vogel, der ihr unmittelbar folgt. Durch den Flug in V-Formation hat der ganze Schwarm 71 % mehr Flugreichweite als ein einzelner Vogel.

Die Graugans lehrt mich, daß Menschen mit einer gemeinsamen Richtung und dem Sinn für Gemeinschaft weitaus schneller und leichter ihre Ziele erreichen können, weil sie alle auf der Schubkraft des anderen reisen.

Wenn eine Gans aus der Formation herausfällt, fühlt sie plötzlich den Gegenwind und einen Widerstand. Schnell kehrt sie dann in die Formation zurück, um den Vorteil zu nutzen, den die auftreibenden Kräfte des Vordervogels bieten.

Die Graugans lehrt mich, daß es vorteilhaft ist, in einer Formation mit jenen zu stehen, die in die gleiche Richtung gehen, wie ich selbst.

Wenn die führende Gans ermüdet, dann fällt sie zurück nach hinten und eine andere Gans übernimmt die Führung für sie.

Die Graugans lehrt mich, daß es beim Erfüllen herausfordernder Aufgaben sehr wichtig ist zu wechseln; bei Menschen genauso wie bei Gänsen, die nach Süden fliegen.

Die Gänse hinten quaken, um die Gänse vorne zu ermutigen, ihre Geschwindigkeit aufrecht zu erhalten.

Ich frage mich, wie ich reagiere, wenn ich von hinten angequakt werde, schneller zu fliegen?

Schließlich – und dies ist wichtig – wenn eine Gans krank wird oder verletzt wurde und aus der Formation herausfällt, fallen zwei andere Gänse mit dieser Gans heraus und bleiben bei ihr, bis sie wieder fliegen kann oder bis sie stirbt. Und nur dann starten sie wieder – entweder auf eigene Faust oder sich an eine andere Formation anschließend –, um weiter in den Süden zu fliegen.

Die Graugans lehrt mich, anderen auf meinem Weg beizustehen, wenn sie nicht mehr weiter können und erst dann selber weiterzuziehen, wenn der andere wieder neue Kraft gewonnen hat oder er auf einem anderen Weg als ich weitergehen muß.

'Brütende Graugans, die fliegen wird.'"

6. Marathon für Männer – eine laufende Männergruppe

In den Brief hatte Claudio ein Informationsblatt beigelegt. Auf diesem stand zu lesen:

„Liebe Männer, ich lade Euch ein zu einem 'Graugans-Marathonlauf'. Ich möchte mit einer Gruppe gemeinsam in V-Formation einen 3000m Lauf, 5000m Lauf oder vielleicht sogar einen Marathon laufen, um den Gruppengeist und die Kräfte in einer Gemeinschaft als Körpererfahrung zu erleben. Ich möchte den Gemeinschaftsgedanken der Graugänse real physisch umsetzen.

Ich lade Euch ein:
• etwas für die Fitneß zu tun und mit Männern Spaß zu haben.
• eine bio-energetische Erfahrung im wahrsten Sinn des Wortes zu machen.

Die Graugänse üben jeden Herbst und finden durch Ausprobieren heraus, wann sie die optimale Formation gefunden haben. Genauso möchte ich mit Euch experimentieren und trainieren.

• Auf der physischen Ebene die Kondition und die Lauftechnik verbessern.
• Auf der geistigen Ebene verschiedene innere Haltungen zu 'Teamarbeit' auszuprobieren.
• Auf der bio-energetischen Ebene lernen, Gruppendynamik zu entfalten und zu nutzen.

Wir werden dabei herausfinden, welche Strukturen uns auf unserer gemeinsamen Reise am besten unterstützen. Wir 'laufen' zusammen einen Weg der Reifung, des Wachstums, der Verwandlung und der Ganzwerdung. Jeder für sich und uns dabei gegenseitig unterstützend.

Bis bald Claudio. Brütende Graugans, die fliegen wird.“

Claudio bot dann eine laufende Männergruppe in Hamburg an. Andere Männer unterstützten ihn in seinem Vorhaben. Gleichzeitig drohte seine Familie auseinander zu brechen. Die Beziehung zu seiner Frau verschlechterte sich rapide. Sein Vater war inzwischen gestorben. Es trat ein, was er schon in der Absichtserklärung befürchtet hatte. Er wurde zur Graugans, die am Boden saß und Unterstützung brauchte. Der Marathonlauf seines Lebens begann erst richtig. Er suchte und suchte, „flog nach Italien“ zum Grab seines Vaters, flog nach Amerika und suchte irgend etwas. Wir versuchten, ihn in unserem visionären Netzwerk zu unterstützen. Es gelang uns nur soweit, ihm anzubieten, daß er jederzeit anrufen könne. Wir richteten uns nach seinem Graugansprinzip aus. Während andere Männer erfolgreich ihre Vision umsetzten, schien er zu scheitern.

Irgendwann schrieb er mir wieder:

„Ich schaffe es einfach nicht, mir Ziele zu setzen. Die Treffen mit Euch waren kraftvoll und intensiv. Mir selbst fehlt dennoch die Initiativkraft. Meine Illusionen lösen sich auf.

Brütende Graugans, die fliegen wird."

7. Trost

Otto, von Beruf Kameramann und aus der Unterstützergruppe, schrieb ihm per Email einen liebevollen und aufmunternden Brief:

„Lieber Claudio!

Gestern auf meinem Weg vom Dreh nach Hause, sah ich eine Schar von Graugänsen auf einer Wiese. Ich fuhr mit meinem Auto vorbei, sie machten dort Rast. Kommen von irgendwo und fliegen nach irgendwo. Sie sind in einer wirklich großen Gemeinschaft. Eine von ihnen breitete gerade die Flügel aus. Wäre sie nicht eine von vielen, wäre sie mir nicht aufgefallen. Interessant ist doch, daß wenn sich eine von ihnen zum richtigen Zeitpunkt in die Luft erhebt, alle anderen das Gleiche tun."

Mir selbst schrieb Otto:

„Lieber Reinhold!

Zwei Jahre nach meiner MännerQuest in Nordschweden habe ich meine Filmfirma gegründet und mit meinen Exposés und Drehbüchern erste Erfolge erzielt und gute Kontakte erhalten. Die Exposés sind alle an entscheidenden Stellen angelangt.

Kannst Du Dich noch an meine Vision erinnern? Mein Thema war ja der Berufswechsel vom Kameramann zum Drehbuchautor.

Also: Der Wald war eine Wohnung. Äste waren Kleiderhaken, Büsche Schränke. Ein Asttürrahmen. Ein Eingangstor.

Ich hänge meinen Rucksack an den Schrank. Bin ich einer der Könige des Waldes? Die drei Ungeheuer des Waldes – Wut, Trauer und Angst wollen regiert werden. Nicht beherrscht. Ich will sie als meine Untertanen liebevoll würdigen und anerkennen.

Ein Ast stört mich. Dick und dumm. Ich werfe ihn weg. Ich hüpfe mit beiden Beinen drauf. Er bricht nicht. Ich falle zur Seite, verstauche mir den Knöchel. Mein Blick fällt auf einen doppelfaustgroßen Stein. Ich will ihn zerschmettern. Er zerspringt nicht. Ich werde wütend und muß über mich als Rumpelstilzchen selbst lachen. Ich reiße an einem anderen abgestorbenen Ast. Er schnellt zurück gegen meine Brust. Schmerzen! Blauer Fleck in der Herzgegend.

Ich lege mich in meine Hängematte. Sie reißt. Die Äste wollen sie nicht halten. Das war die Rache der Äste. Ich muß wieder lachen.

Ich lege mich auf den Boden. Ich werde vom Boden verschluckt. Ich träume. Träume ich? Ich schlafe ein, wache auf. Ich habe Angst vor den Bären, die es in dieser Gegend gibt. Moskitos summen bedrohlich. Ein schwebender sirrender Ton. Ich versinke. Eine Stimme taucht auf: 'Dreh Dich nicht um. Hier bin ich. Ein Mann nimmt mich als Kind an die Hand. Der mit dem Teufelsfuß, ziegenbock-behaart. Pan, Phallusgott des Waldes. Ich versinke weiter im Sumpf, immer weiter nach unten in eine klebrige Masse. Auf einem Berg tauche ich wieder auf. In diesem Berg ist ein Schatz. Ein Buch mit Juwelen besetzt.'

Dein Otto, der sein Herz zum Wald macht."

Da erreichte uns ein Fax von Claudio:

„Erinnert Ihr Euch an das morsche und zerfaserte Stück Holz, das ich aus Schwedens Waldwildnis mitnahm? Es lag den Winter über achtlos draußen auf der Fensterbank. Wurde feucht und verrottete. Jetzt, in den ersten Frühlingstagen, ist es vom Moos überzogen, Grün schimmert durch und ein Grashalm sprießt. Ich habe eine kleine Feder dazu gelegt, und ich habe einen Stein darauf gelegt, damit sie nicht abhebt.

Brütende Graugans, die fliegen wird."

8. Und wieder Ausdauer, Mut und Kraft. Eine initiatische Pilgerreise für Männer

Wenn ich nur damals in der Bergwüste gewußt hätte, was in meiner romantisierenden Vorstellung von der Flußfahrt auf dem Rhein und einer initiatischen Pilgerreise für Männer noch auf mich zukommen sollte!

Während einer Weiterbildung in einer Wildnisschule in der Nähe der James Bay am Matachewan-River in Ostkanada pflegte ein Wildnislehrer zu sagen,

wenn wir in den rosaroten Abendhimmel schauten: „ Und dann hänge einen gol-
denen Rahmen um diese rosaroten Kitschbilder und sperre sie in einen Käfig.
Dann kannst Du sie immer behalten. "

Zur Umsetzung meiner Vision fuhr ich in die Schweiz zur Rheinquelle und
begann, den Rhein vom Gletscher bis zum Meer zu erforschen. Alles interessier-
te mich. Mythische Geschichten, topographische Karten, Land und Leute, Plät-
ze, vor allem Transportmöglichkeiten. Aber auch Tiere, Bewuchs, Felsformatio-
nen, Nebenflüsse, Kulturgeschichtliches etc. Neben meinen MännerQuest-Rei-
sen in das Herz des Mannes und meinen sonstigen Seminaren hatte ich aller-
hand zu tun.

Auch hier versuchte ich altes, mythologisches Wissen mit modernen Erkennt-
nissen zu verweben. Ähnlich wie bei der Erforschung männlicher Initiationsriten
stellte ich Erstaunliches fest. Mein Freundeskreis, Frauen und Männer, unter-
stütze mich wunderbar und gab mir Hinweise. Mein Medizinname „Flowing
River to come", den ich damals in der ausgetrockneten Wüste Kaliforniens ver-
liehen bekam, bestärkte mich.

Ich begann am Tumasee in der Nähe des Badusgletschers in der Schweiz und
beobachtete den Rhein.

Kurz nachdem das dünne Rinnsal sich vom Gletschergebiet entfernt und sich
mit anderen Bächen im Tumasee zu einer Art zusätzlichem Quellsee vereinigt
hat, wird das abfließende Wasser angezapft, durch Stahlrohre einige hundert
Meter tiefer gejagt und durch einen Schlauch gepreßt. Dann trifft es schlagartig
auf die Turbinen des ersten Wasserkraftwerkes. So sieht die erste Station der
Kindheit des Rheines aus: eingezwängt und total an fremdbestimmte Interessen
angepaßt. Zumindest geht es dem jungen Rhein in den Graubündener Alpen so.
Weiter unten tritt er dann als Wildbach wieder aus und strömt frei über Fels und
Stein. Dann sieht er wirklich wie ein junger Wilder aus. Und schon kamen die
Fragen.

Kann ein Junge in den ersten Jahren seines Lebens daran gehindert worden
sein, seine eigene Kraft, seinen Wert und seine Möglichkeiten wirklich zu spüren? Der Rhein: sein Wasser ist klar und nährend für viele Lebewesen. Lachend,
schreiend, zornig, verliebt in sich und in das Leben, hassend, bohrend, schäu-
mend erlebt er seine eigenen, ungezügelten Kräfte und Möglichkeiten.

Sturm und Drang im jungen Mann markieren diesen Weg.

Wehe, eine Staustufe will ihn zähmen!

Wie ein junger Narr – Punks und Skins sind dafür Beispiele – erprobt er seine urtümliche Gewalt. Er schiebt Felsbrocken mühelos zur Seite und ist dann wieder frisch und klar.

Das nächste Unglück erwartet den Fluß. Er wird vergiftet durch hochkonzentrierte chemische Düngemittel. So wie der junge Mann durch Alkohol, Drogen, Doppelmoral? Gewaltige Liebes- und Lebenstriebe durchströmen ihn, er läßt sich nicht aufhalten, spült das Gift hinunter, hat noch die Kraft zu verdauen. Er stürzt ab und kommt wieder hoch.

Der junge Mann ist tugendhaft. Aufgaben übernehmen, Verantwortung tragen, denken in Schwarz-Weiß. Alles dient einem einzigen Zweck: Ich bin gut! Ich habe recht! Ich kann es! Ich hab es gefunden! Wunderbar ehrliche Männer, die trotzdem unreif sind und in ihrer Rechtschaffenheit gefährlich.

Ich nehme mir weiterhin den Rhein zum Beispiel für den Verlauf des Lebensweges eines Mannes. Ich erinnere mich wieder an den Satz der Aborigines: „Das Land ist Deine Seele!" Ich sage: „Auch der Rhein als europäischer Fluß ist ein Spiegel für seine Anwohner!"

Der Vorderrhein in den Schweizer Alpen hat sich mit dem Hinterrhein aus der dunklen Via Mala-Schlucht vereint. Via Mala, der schlechte Weg, der dunkle Weg. Wir kennen diese Schlucht mit ihrer alten, schmalen römischen Steinbrücke, in schwindelerregender Höhe gebaut, aus dem berühmten, gleichnamigen Film mit dem Urgestein Mario Adorf in der Hauptrolle.

Ab jetzt nennen die Topographen ihn Alpenrhein, später werden sie zu ihm Oberrhein, Mittelrhein und Niederrhein sagen.

Der junge Mann trägt seinen Namen mit Stolz. Freut sich auf Erprobungen im Leben, wie der Rhein, der bald auf dem Grund des Bodensees in dunkler Tiefe entlang zieht zu Westeuropas gewaltigstem Wasserfall bei Schaffhausen. Erst glasgrün, dann weiß von der Gischt, stürzen da die Wassermassen mit brüllender Wucht hinunter. Ein Regenbogen steigt leicht auf und krönt das Schauspiel. Die Elemente Feuer, Wasser, Erde und Luft tanzen miteinander. Eine Natursymphonie erklingt so laut, daß menschliche Töne ungehört bleiben.

Danach fängt sich der Rhein wieder und der junge Mann beginnt, sich kennen zu lernen. Er erfährt seine gewöhnlichen und passenden Grenzen. Gewissermaßen ist das junge Pflänzchen gewachsen und seine Blüte zeigt sich. Mit 28 Jahren, verheiratet, beruflich endgültig arriviert, geht es ihm wie dem Rhein. Noch einigermaßen klar und sauber. Er hat persönliche und berufliche Ziele.

Bei Stein am Rhein springen die jungen Leute hinein. Strömungsschwimmen nennen sie das. Es reißt ihnen am Ufer fast die Füße unter dem Körper weg, wenn sie an Land wollen. Gruppen von fröhlichen Menschen fahren im Sommer von Musik und Lampions umgeben mit Flössen hier auf dem Rhein.

Ab Basel allerdings wird der Rhein zum offiziellen Nutz- und Schiffahrtsgewässer. Das Leben fließt weiter. Im Lebenszyklus des Mannes geht es auf die Mitte des Lebens zu. Der Main kommt in der Nähe von Frankfurt dazu. Hier hat er Mannheim-Ludwigshafen hinter sich und so manches Industriegewässer. Der Mann wird geprüft auf seine Brauchbarkeit für unsere hochtechnisierte Industriegesellschaft.

Danach kommt die „Nacht der Sinne".

Die berühmte „Midlife-Crisis" im Alter zwischen 35 und 50 Jahren steht bevor. Alle Kräfte werden nun eingesetzt, ewig jung zu bleiben, „for ever young". Die Zeit äußerer Fehlschläge beginnt, begleitet von inneren Krisen beim Versuch, die geschaffenen und anerzogenen Werte aufrecht zu erhalten.

Lernt der Mann seine Partnerin nach einigen Ehejahren wirklich kennen? Merkt er, daß sie so ist, wie sie ist und daß er so bleiben will, wie er ist? Geht ihm das Familienleben auf die Nerven? Möchte er aus dem Ehe-Gefängnis ausbrechen? Die inneren Mauern überspringen? Hat er das Kleingedruckte im Ehevertrag richtig gelesen? Welche Rechte und Pflichten hat er denn nun? Wo bleibt die Lust? Lernt dieser Mann sich wirklich kennen? Holt er sich Unterstützung durch Freunde, in einer Männergruppe oder anderswo? Läßt er sich scheiden, bevor die Frau sich scheiden läßt? Schlägt er wild um sich oder wird er depressiv, verfällt dem Suff? Oder ist er immer noch so wie in der Jugend?

Der Rhein, der jetzt „romantisch" genannt wird, ist inzwischen an seiner tiefsten und gefährlichsten Stelle angelangt, am Binger Loch und am Fels der Loreley. Wenn hier Fahrgastschiffe vorbeifahren, plärrt der Lautsprecher das Lied von Heinrich Heine, dem ich die Übersetzung von Gregory Campell gegenüberstellen möchte:

234

Ich weiß nicht, was soll es bedeuten,
Daß ich so traurig bin;
Ein Märchen aus uralten Zeiten,
Das kommt mir nicht aus dem Sinn.

Die Luft ist kühl und es dunkelt
Und ruhig fließt der Rhein;
Der Gipfel des Berges funkelt
Im Abendsonnenschein.

Die schönste Jungfrau sitzet
Dort oben wunderbar,
Ihr goldenes Geschmeide blitzet
Sie kämmet ihr goldenes Haar.

Sie kämmt es mit goldenem Kamme,
Und singet ein Lied dabei;
Das hat eine wundersame,
Gewaltige Melodei.

Den Schiffer im kleinen Schiffe
Ergreift es mit wildem Weh;
Er schaut nicht die Felsenriffe,
Er schaut nur hinauf in die Höh.

Ich glaube, die Wellen verschlingen
Am Ende Schiffer und Kahn;
Und das hat mit ihrem Singen
Die Lore – Ley getan.

Heinrich Heine

Ich kenne sie nicht, meine eigene Seele,
drum bin ich so traurig.
Märchen können mich seltsam bewegen,
sie berühren verborgene Seiten in mir.

In meinem Geiste ist die ruhige Kühle
der nahenden Nacht
und gleichzeitig ein beunruhigendes
Schimmern und Flackern.

Dieses Leuchten und Flackern
und Schimmern
wird zu einer Frauengestalt,
die sehr faszinierend
und verlockend ist.

Ich weiß nicht, daß diese Frau
meine eigene Seele ist,
deshalb verwechsle ich
meine eigene innere Schönheit
und Harmonie mit den
Erscheinungen in der äußeren Welt
und mit leibhaftigen Frauen.

So werde ich besessen,
süchtig und abhängig
ich bin nicht aufmerksam
und verliere mich
in meinem eigenen
unbewußten Träumen.

Am Ende leide ich so unter Verwirrung,
daß ich von ihr verschlungen werde.
In meiner großen Unbewußtheit
gebe ich den Frauen die Schuld.

Gregory Campbell

235

Ich fürchte, viele Männer verstehen den tieferen Gehalt und die Warnungen dieses Liedes von Heinrich Heine nicht: Die eigene Seele wichtiger nehmen als die vielen äußeren, lauten Stimmen. Die weibliche Seite in sich selbst entdecken mit ihren aphrodisischen Aspekten, also dem verführerischen Zauber der Liebe, mit den musischen Aspekten, dem Künstler in sich und mit den Aspekten der Weisheit der Frauen, ihrer Intuition und Weitsicht. Das Weibliche in sich anerkennen, das empfangende Prinzip und nicht nur nach draußen schauen, zur Frau auf der Straßenseite gegenüber.

Leider ist es für Männer sehr schwer, der inneren Frau zu begegnen, nicht nur, weil sie so zart ist, sondern auch weil die unvollständige Männlichkeit sich vom Weiblichen eher bedroht, denn ergänzt fühlt. Die innere Frau gleicht oft zu sehr der Mutter. Und deswegen ist also der Rhein dann bildlich gesprochen und in Anspielung auf manche Männer tiefer als die Romantik. Auch hier kann sich ein Thema spiegeln. Kann ich das Eigene wirklich sehen und das Fremde, mir Unbekannte, Unverstandene und Dunkle? Kann ich mich selbst wirklich erkennen und die anderen? Oder geht es darum, nur nicht das Eigene zu sehen? Muß ich vom Selbstimage des ewigen Wachsens loslassen? Will ich weiter den Jüngling spielen? Kann ich sogar Inszenierungen und Dramen des romantischen Verliebtseins bei Seite legen? Kenne ich den Unterschied zwischen Liebe und Verliebt-sein? Oder will ich auch dreimal heiraten, wie die großen und kleinen Schauspieler in Hollywood?

Vielleicht muß ich mich neu entscheiden, ob es mir um äußeren Wohlstand geht oder ob ich meinen Beruf mit mehr Engagement ausüben kann? Dies können Fragen sein, die zum Gral führen, den auch Parzival gesucht hat.

Die meisten Männer, die im wahrsten Sinne des Wortes bei den Anonymen Alkoholikern „auftauchen", sind zwischen 35 und 40 Jahre alt. Tabula rasa ist angesagt, klar Schiff machen. Jetzt gibt es noch einmal die Möglichkeit, wirklich bei sich selbst anzukommen. Das rosarote, jünglinghafte Herz des Mannes ist vielleicht dunkel geworden von schmerzlichen Erlebnissen. Es kann jetzt noch einmal wachsen und kämpfen und neu pulsieren. Vertrauen, Geduld, Austausch mit anderen Männern und Hingabe an das Leben werden eventuell dazu notwendig sein.

Oder wird es eine Reise zu Bitternis, Zynismus und Krankheit?

In Mitteleuropa werden Männer zwischen 40 und 50 Jahren erwachsen – wenn überhaupt, behaupten John Bellichi und Gregory Campbell. Ich glaube das inzwischen auch. Nun muß anscheinend der „Schatten", also die andere Seite, die Schwäche und die Begrenzung, angenommen und toleriert werden. Alte Fehler können eher als Orientierungs- und Prüfsteine in der Wildnis des Lebens dienen.

Kann der „Schatten" und die Schwäche sogar als Geschenk begriffen werden? Der schwarze, belastende Stein, der auf dem Herzen liegt, – kann er genutzt werden, kann er zum Eckstein, zum Eckpfeiler eines neuen, inneren und äußeren Bauwerkes werden? Kann der nächste Aufbruch beginnen? Das Mysterium der Einweihung ins wirkliche Mann-Sein? Oder muß noch einmal begriffen werden, daß Initiation ein lebenslanger Prozeß ist? Wachsen, Werden, Vergehen, neues Wachsen, Werden, Vergehen und so weiter. Die Jugend ist endgültig vorbei. Macho-Männer lernen hoffentlich zu meditieren und nach innen zu schauen und ihre weiche Seite zu entwickeln. Depressive Phasen werden vielleicht genutzt, um zu sehen, was wirklich übrig bleibt, wenn nichts mehr bleibt. Softies kommen vielleicht doch noch einmal etwas tatkräftiger in die Gänge. Manche Freunde wenden sich ab. Wer bleibt übrig? Die Pflanze zieht ihre Lebenspulsation langsam nach innen, ihre Kraft geht zum Fruchtknoten. So schützt sich die Pflanze vor der Strenge des Winters. Substantielles muß unterschieden werden von Oberflächlichem. Was mich belastet, muß ich loslassen. Nur was ich weitergebe, kann ich behalten. Ich bin keine zwanzig mehr. Die Muskelkraft läßt nach. Männer werden transparenter, weicher. Geschieht dieser Prozeß nicht, werden Männer um die 50 Jahre häßlich, gehässig und frustriert, wenn sie es nicht schon längst sind.

Das Ablegen von unreifen Verhaltensweisen wird leider oft nur als Niederlage begriffen. Andere werden beschuldigt, vor allem Frauen, in der Gesellschaft die korrupten Politiker. Der andere ist der Feind. Die Wunden werden nicht in Quellen der Kraft verwandelt, sondern dienen zur Vergrößerung des Selbstmitleides.

Dann folgt die nächste Etappe des Älterwerdens: der gefährliche, eigensinnige Narr, 60 Jahre alt. Versäumtes Leben will nachgeholt werden. In versteckter Wut und altem Groll lauert gebundener Schmerz.

Der Rhein wird zum Niederrhein, der Sog des Meeres zieht ihn an. Ruhig und still fließt er dahin, über der Grenze in den Niederlanden wird er Waal, Lek und später Merwede genannt. Er hat seinen Namen verloren. Nur noch alte Seitenarme erinnern im Holländischen an den Rhein. Oude Rijn wird er da genannt.

Der alte Mann vergißt seinen Namen, so wie der Alzheimer-Kranke nicht mehr weiß, wer er ist. Das Urelement, das Meer, der Tod wartet auf ihn.

Die Wallfahrt des Mannes geht langsam zu Ende. Das Mündungsdelta wird die Identitäten vermischen und verwischen.

Oder gelingt uns Männern die Pilgerreise? Führt sie uns zu einer gewissen Einfachheit? Zur Fähigkeit, allein zu sein? Zu sanfter Großvaterschaft?

Auf merkwürdige Weise können nun Paradoxe zusammenkommen: etwas urmännlich Altes, Knorriges, Häßliches und etwas Liebevolles, Weiches und Zärtliches.

Jenseits von Macht, Kontrolle und Beurteilung kann vielleicht wirkliche männliche Weisheit entstehen. Da, wo Menschlichkeit wichtiger ist als Selbstimage, Prestige oder Besitz. Ich habe den weltbekannten japanischen Tänzer Kazuo Ohno bei einem großen Festival betreut. Er, der die Tanzform des Butoh, des „Tanzes der dunklen Seele" entwickelt hat, stand mit seinen 90 Jahren in Bremen auf der Bühne. Weiß geschminkt tanzte er mit und in seinem alten Körper ein dreijähriges Mädchen oder in La Argentina seine ehemalige Freundin als 25-jährige. Er tanzte nicht wie ein dreijähriges Mädchen oder wie seine Freundin. Er „war" (so sagen wir Theatermacher dazu) dieses Mädchen und „war" seine Freundin und dennoch hatte er einen alten Greisenkörper. Er „hatte" seine eigene Weiblichkeit, seine eigene innere Frau geheiratet und war ein alter Mann. Er hatte die Pilgerreise vom Männlichen zum Weiblichen vollendet und uns allen vorgetanzt. Eine Reise ins Herz des Mannes. Vom Helden zum Pilger zwischen den zwei Kräften. Ein Tanz zwischen Ich-Stärke und Ich-Hingabe.

„Vor langer Zeit hat unser Lehrer uns erzählt, daß die schöpferische Quelle des Frühlingsschildes eines (alten - Anm. d. Verf.) Mannes ein schönes Mädchen mit goldenem Haar ist"[50], sagt Steven Foster in „Die Vier Schilde".

9. Und wieder kleine Schritte

Für mich stand nun also wieder an, diese Erkenntnisse in eine durchführbare Pilgerreise umzusetzen. Die Erinnerung an die eigene Visionssuche in der Bergwüste Kaliforniens gab mir die Kraft. Die gelungenen MännerQuests ermunterten mich. Jedes Jahr veranstalteten wir Forschungsseminare (parallel zu den Fahrten mit den Männern in die Wildnis) an einer besonderen Stelle des Rheins. Männer und Frauen unterstützten mich. Wir nannten uns das Rheingold-Team. Ohne diese Menschen hätte ich den Rhein niemals in seiner Tiefe, Schönheit und Gefährlichkeit, aber auch in seiner Verletzlichkeit begreifen können.

10. Und wieder ein visionäres Szenario

Greg schickte mir aus Bayern, wo er jetzt wohnte, einen Artikel aus einer kleinen Kreiszeitung: 'Unser Rhein ist wieder ein Paradies für Fische, Krebse, Muscheln. Und das obwohl vor knapp 15 Jahren ein tragischer Giftunfall bei Basel passiert war. Jetzt tummeln sich im 1.320 km langen Rhein wieder Zander, Barsch und Brassen, sogar der empfindliche Lachs fand in den Rhein zurück?' Ich hatte auch schon davon gehört, war mir aber nicht sicher, ob das nicht etwas übertrieben war. Doch als ich eine Rheinausstellung in Mainz besuchte wurde die Information in einem Forschungsbericht bestätigt. Ich selbst war in meinem Leben, nachdem ich im Strom des Lebens untergegangen war, nach langer Zeit wieder aufgetaucht. Aber daß ein Fluß sozusagen selbst untergehen konnte und auf die oben beschriebene Art wieder auftauchen konnte, war fast tragisch-komisch. Mein eigener Medizinname heißt ja „Flowing River to come", was auf deutsch in etwa „Fließender Fluß, der kommen wird" bedeutet.

Ich begann, ein visionäres Szenario zu schreiben, das Vorwort zu einem Reiseführer, in Erinnerung an meinen Vater, der nach dem Krieg auf dem romantischen Schloß zu Heidelberg Schloßführungen durchführte:

„Die einen machen eine Pilgerfahrt nach Altötting in Bayern oder zum Papst nach Rom. Die anderen suchen ihre spirituellen Wurzeln im fernen Tibet.

Bei dieser modernen Pilger-, Heilungs- und Reinigungsreise für Männer vom Rheingletscher in den Schweizer Alpen bis auf eine Sandbank in der Nordsee verbinden wir unsere ursprünglichen, geistigen Wurzeln, die keltisch-germanische und die jüdisch-christliche Kultur. Es ist eine transkulturelle Versöhnungsreise zwischen der alten Welt und der modernen, hochtechnisierten Welt.

Vorhang auf!"

Die ersten Tage werden sich mit einer Pilgerwanderung zur Quelle und zum Gletscher beschäftigen. Wir kehren zu den Tagen unserer Geburt zurück. Von der Badushütte aus ziehen wir zum Badusgletscher. Oben auf dem Gletscher inszenieren wir ein „Spirit Canoe", wie einst die Eskimos. Wir fahren die Strecke schon einmal im Voraus ab. Jeder hat Gebetsfähnchen oder Wunschzettel dabei. Wir werden im Vorderrhein Wildwasserschwimmen veranstalten, mit einem Boot durch den schönsten Rheincanyon Ruin Aiulta fahren. In der Nähe des Gebirgsdörfchens Disentis an einer der schönsten Goldadern des wilden Vorderrheins Rheingold schürfen. Im Odenwald dem verdrehten Siegfried Mythos nachspüren. Siegfried, der romantische, blauäugige Held, der nicht von einem Fremden getötet wurde, sondern von seinem eigenen Schatten. Der seinen eigenen Schatten, seine dunkle Seite, seinen Schattenbruder Hagen nicht als einen Teil von sich selbst erkannte. Viel später, in Bingen in der Nähe von Mainz, uns mit Hildegard von Bingen auseinandersetzen, der großen, christlichen Mystikerin und ihrer Vision der „Grünkraft des Lebens", ihrem mystischen Grün, die ja auch in Zusammenhang mit den animistischen und schamanischen Kulturen gesehen werden muß.

Die sieben Stationen beinhalten exemplarisch und symbolisch sieben mal sieben Lebensjahre. Es geht um beispielhafte Entwicklungsstufen eines männlichen Lebens, wie ich sie im Vorfeld beschrieben habe. Für die einen ist es eher eine Vorausschau auf die kommenden Jahre, für die anderen mehr ein Rückblick auf ihr gelebtes Leben. Auch darauf, ob Versäumtes nachzuholen wäre? Oder ein Neubeginn geschehen könnte?

Wir werden uns auf der rechtsrheinischen Seite, der männlich-germanischen Kultur und der linksrheinischen, der weiblich-keltischen Kultur bewegen. Wir werden die Brücken, so zum Beispiel die Nelson-Mandela-Brücke in Nijmegen und das dortige Widerstandsmuseum als Verbindungselemente zu heute erforschen.

Wir werden uns fragen: „An welcher Station meines Lebens befinde ich mich eigentlich, verglichen mit dem Lauf eines Flusses von der Quelle bis zum Meer? Mit der Erwartung eines großen Traumes und mit einer eigenen, klaren Absicht, wächst die Wahrscheinlichkeit, Antworten zu bekommen, – das eigene Gold, hier das Rheingold zu finden, – das Wasser des Lebens zu kosten. Ist es verschmutzt oder klar? An ausgesuchten Plätzen in Rheinnähe wird man besonders bewegt, ohne dies vielleicht sofort wahrzunehmen. Diese Plätze und Stationen sind Pforten und Tore zu unserem Innern. Außen und Innen verbinden sich zu einem besonderen Erfahrungsraum, einem Heilungsbiotop.

Jeder sollte sich auf die ihm eigene Art einbringen können. Die Struktur gleicht einer Heldenreise wie einer Pilgerreise. Aufbruch, Schwellenübertritt, Prüfungen, Helfer, Stationen, Überwinden von Wegstrecken, Gewinn des Elixiers. Wir befassen uns auf jeder der sieben Stationen mit einem Grundthema. Insgesamt zielt die Reise auf das Abschiednehmen an der letzten Flußstation. Ein nächster Schritt kann nur erfolgen, wenn auch etwas verlassen wird. Sei es ein Projekt, eine Beziehung, ein Verhalten, ein Gedanke. Es muß Platz geschaffen werden für Neues. Da wo sich der Fluß ins Meer ergießt, zelebrieren wir das Sterberitual, die „Todeshütte". Später auf einer Sandbank draußen im Meer, auf einem „gestrandeten" holländischen Flachbodenschiff im Niemandsland ist die letzte Schwelle. Von da aus sucht jeder seine Bestimmung im zu erwartenden Neuland. Ausschauhalten ist angesagt. Welches STRANDGUT finde ich? Kann ich daraus ein Feuer machen, das mich wärmt? Umgeben vom Wasser? Feuer und Wasser. Wird man mich finden? Sehe ich die Leuchtfeuer der anderen? Sehe ich die Gesichter der Männer? Gibt es Männer mit Visionen? Gibt es irgendwo eine Insel? Ich bin inzwischen 54 Jahre alt, habe 40 Jahre männliche Entwicklung und Verwicklung in mir, Sucht und Suche, Erfolg und Mißerfolg, viele kleine, mühevolle, aber auch große Sprünge gemacht. Mit 14 Jahren begann die Reise mit einem Schrei am Familientisch. Die Reise ins jenseitige Land. Abschied von der Kindheit. Prüfungen, Drachen, Helfer, magische und reale Momente der Erlösung, Gewinn des Lebenselixiers.

„Mit sechzehn Jahren erlebte Nelson Mandela einen tiefen Lebenseinschnitt. Gemäß den Sitten und Gebräuchen seines Stammes entschied der Regent, daß er sich zusammen mit den anderen Jungs dem Mannbarkeitsritual der Beschneidung unterziehen müsse. Im Rahmen einer tagelangen Zeremonie entfernte der Beschneidungsexperte auch bei dem jungen Mandela die Vorhaut mit einem einzigen gezielten Hieb des Assegai, des Speers. Ein infernalischer Schmerz erschütterte ihn, dabei preßte er das befreiende Wort – für alle Anwesenden hörbar – heraus: Ndiyindoda – Ich bin ein Mann! Kein noch so leises Jammern oder Zittern war gestattet, allein dieses eine Wort. Fortan galt der Beschnittene als Mann mit genau umrissenen Rechten und Pflichten. Den psychologischen Effekt der Prozedur sah Mandela selbst in der Tapferkeit angesichts des Unerträglichen, eine Tapferkeit, die einem Kraft für das ganze Leben gebe. Die abgetrennte Vorhaut begruben die Beschnittenen nachts in einem Ameisenhaufen, um sie vor dem Zauberer zu verbergen, doch, so Mandela, symbolisch begruben wir unsere Jugend."[51]

Das ist der eigentliche Gehalt der männlichen Initiation, ob mit oder ohne Beschneidung. Männer werden an dieser Stelle den Frauen gleichgestellt, die oft unter Höllenschmerzen und im Rahmen eines fast gewalttätigen Aktes der Natur Kinder gebären.

Die Reise auf dem Lebensfluß geht weiter...

Und wieder viele Jahre später. Frauen unternehmen eine Pilgerreise: Vom Meer zum Gletscher hinauf. Die Männer kommen vom Gletscher. Sie treffen sich in der Mitte. Geschlechtertanz statt Geschlechterkampf.

Wilder Frieden ...

The River is flowing

The River is flowing
flowing and growing
back to the sea
Oh, mother carry me
your child I will always be
Oh, mother carry me
back to the sea.

Der Fluß geht auf die Reise
stetig und leise
die Reise zum Meer.
Mutter Erde trage mich
Dein Kind bin und bleibe ich
Mutter Erde trage mich
trage mich zum Meer.

Epilog

Hinweis auf Gefahren in der Waldwildnis und zum Umgang mit diesem Ritual

Unreife Männer wollen oft den Helden spielen und sind dabei bloß unvorsichtige Angeber. Man sollte niemals alleine in die Wildnis gehen und schon gar nicht dieses Ritual praktizieren. Jeder einigermaßen Wildniserfahrene weiß, daß man immer zu zweit geht, noch besser zu viert. Bei einer Rettungsaktion kann einer beim Verletzten bleiben und zwei holen Rettung. Das Ritual selbst kann in jedem Mann solch erschütternde Erkenntnisse über sich selbst auslösen, daß er bald nach der Rückkehr einen anderen Mann braucht, der diese Erlebnisse erfährt, zuhört und einigermaßen versteht und einordnen kann. Die größte Gefahr in der Wildnis Nordschwedens, auch „Little Alaska" genannt, ist vom Körperlichen her die Unterkühlung nach einem Sturz, bei dem man ohnmächtig geworden ist. Deshalb muß man immer einen Tagesrucksack dabei haben, gepackt mit dem, was man auch im Spätherbst in den Alpen bräuchte, also quasi Winterausrüstung. Dazu kann eine psychische Desorientierung kommen, wenn alte seelische Wunden aufreißen. Deshalb braucht es erfahrene VisionQuestleiter, die die Gefahren schon im Vorfeld erkennen können und die Teilnehmer mit Vorübungen konfrontieren, in denen sie zeigen können, ob sie stabil und offen genug sind. Es handelt sich nicht um ein Überlebenstraining, sondern um ein Visions- und Sterberitual.

Das Ritual und seine Gesamtstruktur in seinen Feinheiten bietet auch Schutz. Über die Gefahren von Ritualen habe ich im Abschnitt über den „rituellen Raum" im Kapitel über Gregory Campbell genug geschrieben. Es beruht auf der gesammelten Erfahrung von 4.000 Menschheitsjahren. Es hat eine gewisse Würdigung verdient. Es ist ein bißchen wie mit dem Witz über die Mutter. Der Leser erinnert sich. Es gibt eine schlechte und eine gute Nachricht für die Männer in der Wildnis. Die schlechte: „Die Mutter ist nicht mehr da!" Die gute: „Die Mutter ist nicht mehr da!" Bezogen auf das Ritual kann man sagen: „Es wirkt stärker als erwartet! Oder es wirkt schwächer als erwartet!" Was das gute und schlechte daran ist, finden die heraus, die es allein und unter Freunden probieren wollen. Haiko Nitschke sagte einmal in einem Gespräch über rituelle Selbstversuche: „Wer ein Ritual nicht mit einer verkackten Hühnerfeder machen kann, der kann auch keines mit einer Adlerfeder machen!"

Es gibt viele weitere Pro und Contras, dieses Ritual unter Anleitung erfahrener Leiter zu vollziehen. Freunde sind meist weniger objektiv als Fremde. Ein älterer Mentor hat den nötigen Abstand, hat die eine oder andere Lebenskrise durchlebt und kennt etwas vom Lebenszyklus. Von ihm kann ein Mann mehr annehmen als von seinem Freund. Männer gehen sowieso leicht in Konkurrenz auch zu ihren Freunden, vor allem, wenn es emotional eng wird und unangenehme „Schattenthemen" hochkochen. Es ist auch gut, wenn der Mentor eine Zeitlang aus dem Blickfeld des Teilnehmers verschwindet. Das Ritual erweitert die kommunikative und persönliche Kompetenz. Dazu dienen die vielfältigen Wahrnehmungsübungen. Klar spart man bei Freunden das Geld, das ist fast immer der Hauptgrund.

Und noch etwas. Fotografieren und Filmen ist sehr fragwürdig. Die meisten Berichte in Zeitungen über VisionQuests enden mit Ironie oder Zynismus. Man sieht rein gar nichts auf den Bildern. Naturvölker lassen sich oft fotografieren, weil sie in Not sind. Viele von uns sind pressegeil. Wir sollten gut abwägen. Es ist die Kombination von innerem Erleben und äußerer Wahrnehmung, das Durchscheinen der Wesenhaftigkeit der beseelten Natur, die das Ritual ausmacht. Wie sagten die Naturvölker: „Als die Ethnologen kamen, verschwanden die Geister!" Vielleicht ist es besser, einige Fotos nachzustellen und beim Filmen teilweise Schauspieler einzusetzen oder Teilnehmer, die ihre VisionQuest schon einmal gemacht haben. Selbst die beschriebenen Monomythen und schönen mytho-poetischen Geschichten geben nicht den Glanz der Augen der Männer wieder. Es gibt ein gutes Video von Steven Foster und Meredith Little, das die Atmosphäre einer VisionQuest von Jugendlichen wiedergibt und beim Arun-Verlag bestellt werden kann.

Edward Hoagland schreibt in seinem Buch „Up the Black Chalkyitsik": „Wir haben in Amerika die Tradition des großen doppelherzigen Stroms: das Ritual besteht darin, daß man seine Wunden zur Heilung, zur Umkehr oder was auch immer in die Wildnis trägt. Und wenn die Wunden nicht allzu tief sind, klappt dies auch."[52]

Ein anderer Mann aus Alaska sagt in einem Buch von Jon Krakauer über die jungen Männer, die alleine in die Wildnis gehen: „Immer das Gleiche: idealistische, energiegeladene Jungs, die ihre Kräfte über- und die der Natur unterschätzen, und ehe sie sich versehen, stecken sie bis zum Hals in Schwierigkeiten... Ein solches Ausmaß an vorsätzlicher Ignoranz... läuft auf schiere Respektlosigkeit gegenüber der Natur hinaus, und paradoxerweise liegt ihr die gleiche Art von Arroganz zugrunde, die zu dem Tankerunglück der Exxon Valdez führte –

noch so ein Fall von überheblichen und völlig unzureichend vorbereiteten Männern, die vor sich hinwursteln und vor allem deshalb versagten, weil ihnen die nötige Demut fehlte."[53]

Und ein paar klare Gedanken.

Nur was Du weitergibst,
kannst Du behalten!

Anhang

Zitate

[1] P.M. Zulehner, R. Volz: Männer im Aufbruch, Schwabenverlag, S. 27

[2] P.M. Zulehner, R. Volz: Männer im Aufbruch, Schwabenverlag, S. 27

[3] Joseph Campbell: Der Heros in tausend Gestalten, Suhrkamp, S. 424

[4] Stefan George, in Gesamtausgabe der Werke, Georg Bondi Berlin 1927/1934, S. 63

[5] Paul Rebillot: Wandlungsrituale, Frankfurter Ring, 94/3, in Weg der Männer, Gaipos e.V. 6/9 5

[6] Steven Foster/Meredith Little: VisionQuest, Aurum, S. 193, S. 195

[7] Richard Wagner: Das Rheingold, Der Ring der Nibelungen, in Textbuch von Kurth Pahlen, Piper- Schott Verlag, S. 133

[8] Steven Foster/Meredith Little: Die vier Schilde, Arun, S. 334

[9] Herb Goldberg: 7 männliche Imperative, in Weg der Männer, Gaipos e.V. 12/96, S. 10, zitiert von Detlef Ax

[10] Michael Corcoran: Austin Chronicle, zitiert in *for!* (ju:)® (Forschungsgruppe Jungenarbeit) Göttingen Programm 2001, S. 2

[11] Rote Grütze: Darüber spricht man nicht, Weismann Verlag, S. 21

[12] Rote Grütze: Darüber spricht man nicht, Weismann Verlag, S. 25

[13] Jürgen Grohsgart: Männer in Bewegung, in Männerbande/Männerbünde, Materialiensammlung, S. 405 f

[14] Paul Rebillot: Helden Wanderschaft, in Zeitschrift für Gruppendynamik 20/89 S. 155

[15] Gregory Campbell: Hymne des Herzens- eine Poesie der Demut, Selbstverlag, S. 16

[16] Gregory Campbell: Initiation, der Atem und der Tod, in Handout, Bremen, 1995

[17] *for!* (ju:)® ist eine der Ausbildungsakademien für die Arbeit mit jungen Männern. Sie bieten differenzierte professionelle Ausbildungen, Trainingsprogramme und spezielle Jungen-Seminare für die identitätsfördernde Arbeit mit Jungen und jungen Männern im schulischen, beruflichen, pädagogischen & therapeutischen und künstlerischen Bereich. Ihre Arbeit unterstützt speziell

junge Männer auf ihrer Suche nach einer persönlichen Vision und "ihrem" Platz in der Welt. Aktuelles Programm unter: *for!* (ju:)®, Groner-Tor-Straße 16, 37073 Göttingen, Fon +49-551-45143 Fax +49-551-45103, E-Mail info@forju.de, http.//www.forju.de

[18] *for!* (ju:)®, Präambel in: Jahresprogramm 2000, Göttingen, S. 3

[19] Klaus Haas: Tarot, in Weg der Männer, Nr. 3/94, Gaipos e.V., S. 11

[20] ebenda, S. 12

[21] Steven Foster/Meredith Little: Ein Übergangsritus in der Wildnis für Jugendliche, Handbuch für Initiationsmentoren, herausgegeben von Verena und Haiko Nitschke, übersetzt v. C. Janslin u. H. Nitschke

[22] S. Mauersberg in: Frankfurter Rundschau vom 06.01.2001

[23] Michael Harner: Der Weg des Schamanen, Ariston, Genf, 1994

[24] Serge Kahili King: Begegnungen mit dem verborgenen Ich, Aurum, S. 23

[25] S. Schweidlenka: Kreiszeit in Schamanischem Magazin, 4/96, Zürich, S. 64

[26] Ferdinand Taviani: Die Geschichte des Odin, in Jenseits der schwimmenden Inseln – über das Odin Theater, Fischer, S. 156

[27] Thomas E. Mails: Oyate Wica'Ni Ktelo – Das Volk soll leben, Arun, 4. Umschlagseite

[28] Ernst Junker: Nomaden, Eigenbrötler und Schamanen, Paul-Haupt-Verlag, Bern 1956, zitiert in: Weg der Männer, Gaipos e.V. 3/95, S. 10

[29] P.M. Zulehner, R. Volz: Männer im Aufbruch, Schwabenverlag, S. 200

[30] P.M. Zulehner, R. Volz: Männer im Aufbruch, Schwabenverlag, S. 205

[31] J. P. Rousselot: Walfängergemeinschaften der Eskimo in Alaska in: Männerbande/Männerbünde, Materialiensammlung, S. 125

[32] Bildüberschrift (Guisinde Tafel XLV) in: Männerbande/Männerbünde, S. 113

[33] Gregory Campbell: In der Hölle heilen, Selbstverlag, Bremen, S. 8

[34] Ton van der Kroon: Die Rückkehr des Löwen, Bauer Verlag, S. 63

[35] Klaus Zentschke, in Der Weg der Männer, Gaipos. e. V. 7/95, S. 6

[36] Tom Jester: Männerkrise - Der American Hero, in: Geo Wissen, Ausgabe 26/2000, S. 110

[37] Foster/Little: Die vier Schilde, Arun, S. 327 ff

[38] Foster/Little: Die vier Schilde, Arun, S. 113

[39] Kurt Webbel in: Der Weg der Männer, Gaipos e. V. 8/95, S. 12

[40] Reinhold H. Schäfer in: Der Weg der Männer, Gaipos e.V. 9/95, S. 15, zitiert nach Dr. Walter Lechler in Alkoholismus eine Krankheit / AA Informationsdienst

[41] Ebenda.

[42] Ebenda.

[43] Max Pescheck: Ökokrieger in: Der Weg der Männer, Gaipos e.V. 4/96, S. 5

[44] Reinhold H. Schäfer in: Der Weg der Männer, Gaipos e.V. 8/96, S. 8 aus: Strukturen von Suchtfamilien nach Bert Hellinger

[45] Verena und Haiko Nitschke in Handout Visionssucheleiterausbildung : Institut für Ökologische Systemische Bildung e.V., Tettenweis

[46] Bernhard Langwald in Interview von Elisabeth Kräuter: Erst mußt Du in die Welt hinaus in: Connection 5/97

[47] Verena und Haiko Nitschke, s. o.

[48] Brian Bates: Der Spieler und der Zauberer – Der Schauspieler als moderner Schamane, Goldmann, S. 99

[49] C. S. Pearson: Die Geburt des Helden in uns - Transformation durch die zwölf Archetypen, Knaur, S. 479 ff.

[50] Foster/Little: Die vier Schilde, Arun, S. 349

[51] Gregory Campbell/Peter Tomaseth: Seelenwerkstatt Mann: Manuskript Wörgl, 1999

[52] Edward Hoagland: Up the Black Chalkyitsik in Jon Krakauers: In die Wildnis, S. 107

[53] Jon Krakauer: In die Wildnis – Allein nach Alaska, Piper, S. 110

Adressen

Angebote im Rahmen moderner initiatischer Männerarbeit:

MännerQuest® Spezialcoaching und Seminare
Reinhold Hermann Schäfer
Schauspieler und Spezialcoach / Mentor für Männer
Schierkerstraße 2
28205 Bremen
Tel: 04 21 - 44 02 87
e-mail: info@rschaefer.com
Homepage: www.maenner-initiation.de & www.MaennerQuest.de

Annäus H. Bruhns
Projektmanagement und Coaching für männliche Führungskräfte
Wellingsbüttler Landstr. 120
22337 Hamburg
Tel: 0 40 - 59 50 39
e-mail: annaeus.bruhns@t-online.com

Vater werden / Vater sein - Intensivseminar
Christian Dönges
Frühlingsstr. 2a
85354 Freising
Tel: 0 81 61 - 54 88 10
e-mail: info@christiandoenges.de

Der Männerworkshop
John Bellichi – Seminarleiter und Männercoach
c/o Projekt B
Wehntalerstr. 414
CH-8046 Zürich
Tel: 00 41 - 1 - 3 70 - 15 61
Fax: 00 41 - 1 - 3 70 - 15 62
e-mail: info@projektb.ch
homepage: www.maennerworkshop.com

Die Söhne Adams / 2 Jahresprojekt
Alwin Graf / Jürgen Christian
Körpertherapeuten, Schwerpunkt Männerarbeit
Heidelberger Landstr. 52
64297 Darmstadt
Tel: 0 61 51 - 53 71 70
e-mail: almagraf@gmx.de
homepage: www.maenner-vision.de

Feuer und Wasser / Visionssuche für junge Männer von 17 - 22 Jahre
Jürgen Christian
Männertherapeut, Männer-Seminarleiter
Mühlhäuser Str. 18
64747 Breuberg
Tel: 0 61 65 - 13 95
e-mail: j.christian@t-online.de
homepage: www.maenner-vision.de

For!:ju® Ausbildung, Seminare & mehr
Groner - Tor - Straße 16
37073 Göttingen
Tel: 05 51 - 4 51 43
Fax: 05 51 - 4 51 03
e-mail: info@forju.de
homepage: www.forju.de

Übergangsrituale für Jugendliche
Stefan Gasser-Kehl
Referent und Leiter von Seminaren zum Thema – Am Übergang zum Mannsein –
Büttenenstr. 11
CH - 6006 Luzern
Tel: 00 41 - 0 - 4 13 70 - 59 21
e-mail: gasserkehl@hotmail.com

Vorträge und Fortbildung
Armin H. Klein
Männercoach / Psychotherapeut
Lüneburgerstraße 1a
28205 Bremen
Tel: 04 21 - 4 98 40 18
Fax: 04 21 - 4 98 40 18
e-mail: arminhklein@web.de

Die kreative Kraft männlicher Aggression
Standfestigkeit in Konfliktsituationen
Max Peschek
Seminarleiter / Körperpsychotherapeut
Herderstraße 51
28203 Bremen
Tel: 04 21 - 7 32 10
Fax: 04 21 - 7 32 13
e-mail: peschek.max@t-online.de

Verein für initiatorische Männerkultur e. V.
Knut Trobitius
Heinheimer Str. 41
64289 Darmstadt
Tel: 0 61 51 - 7 58 98
e-mail: malu-tius@gmx.de

252

Väter und Söhne - Projekte
Tom Hey
Seminarleiter / Umweltinformatiker
Bischofswerder 7
01099 Dresden
Tel: 03 51 - 2 03 95 84
e-mail: hey.tom@gmx.de
homepage: www.vatermacht.de

Männertherapie in der Klinik Alpenblick
Dr. Johannes Vogler
Chefarzt / Facharzt für Psychiatrie und Psychotherapie
Am Veilchenbühl 3
88239 Wangen
Tel: 0 75 22 - 8 05 64
Fax: 0 75 22 - 91 59 07
e-mail: dr.vogler@t-online.de

Zentrum für Initiation und Beratung
- Nahverwandt e.V.
Gregory Campbell / Peter Thomaset
Männercoach / Mentor für Männer
Bahnhofstraße 54
A - 6300 Wörgl
Tel: 00 43 - 53 32 - 2 31 53
Mobilfunk: 00 43 - 6 76 - 6 02 - 68 67
e-mail: z.i.b.@aon.at

Weg der Männer
Henning Matthaei
Männercoach / Seminarleiter
Am Pfeilshof 65
22393 Hamburg
Tel: 0 40 - 6 49 41 79
Fax: 0 40 - 64 91 72 52
e-mail: hm@pfeilshof.de

Männerarbeit allgemein:

Switchboard
Zeitschrift für Männer und Jungenarbeit
Postfach 658120
22374 Hamburg
Tel: 0 40 - 38 19 07
Fax: 0 40 - 38 19 07
e-mail: maennerwege@aol.com

Biografie

Reinhold Hermann Schäfer

Geb. 1950 staatl. geprüfter Theaterlehrer (1. und 2. Staatsexamen).

Er arbeitete schon während des Studiums an der Gesamthochschule und der Hochschule der Künste Berlin als Schauspieler und Regisseur. Er ist Autor von Hörspielen, Theaterstücken und Drehbüchern für Film und Fernsehen.

Zusammen mit dem emanzipatorischen Kindertheater „Rote Grütze" Berlin veröffentlichte er 1973 den theaterpädagogischen Bestseller: „Darüber spricht man nicht – Ein Spiel vom Kindermachen und Kinderkriegen, vom Liebhaben und Schämen und was noch alles vorkommt" im Weismann Verlag.

Er war Mitgründer der freien Theaterakademie Bremen, Manager großer internationaler Kulturfestivals und Mitglied im Bremer Kulturrat.

Seit den 90er Jahren arbeitet er als Mentor und Spezialcoach für Männer. Er besuchte verschiedene Wildnisschulen in den USA, Kanada und Europa.

Leiter von MännerQuests in der Waldwildnis Schwedens und der Hochgebirgswüste im Sinai.

Kontakt siehe Adressen!

Steven Foster & Meredith Little

Visionssuche

Das Raunen des Heiligen Flusses.
Sinnsuche und Selbstheilung in der Wildnis

„Gehe in die Wildnis, segne Dich selbst und erfahre, was getan werden muß."

Diese Aufforderung steht am Beginn einer Visionssuche. Ziel dieser Reise in die äußere und innere Einsamkeit ist die Auseinandersetzung mit dem ewigen Kreislauf von Leben und Sterben. Sie ermöglicht es, sich immer wieder neu mit dem Leben zu verbinden, den Sinn des eigenen Daseins zu erkennen und seine ganz persönliche Lebensaufgabe zu finden.

Meredith Little, Steven Foster und ihre School of Lost Borders zählen seit über 20 Jahren zu den führenden Lehrern. Sie haben schon tausende Menschen bei Visionssuchen begleitet.

320 S., 20 Abb., Broschur, 13,5 x 22,0 cm
ISBN 3-935581-09-2
EUR 20,50 / 34,60 SFR

Holger Kalweit

Naturtherapie

Initiationsreise zur Erdmutter

Mit seinem neuen Werk bricht Holger Kalweit die Bahnen der modernen Psychologie, zeigt ihre Schwächen, ja ihre wahrhaftige Nutzlosigkeit auf. Heil ist nur der, der sein Natursein erkannt und gefühlt hat. Was wir darunter zu verstehen haben, offenbart sich in Kalweits Texten, die teils philosophischer Natur, teils aus Eigenerfahrungen bestehend, eine tiefe Ahnung vermitteln, an was es dem Menschen in unserer modernen Zeit mangelt, was er vergessen hat und was verloren.

Ohne pseudospirituelle Schnörkel geht Holger Kalweit in die Wildnis und zeigt uns, was sie uns lehren kann, sind wir nur bereit, ihr zu lauschen, oder mehr noch: selbst in ihr Sein einzutauchen, ihr Rauschen zu fühlen, selbst Rauschen zu sein!

192 S., 26 Abb., Broschur, 17 x 24 cm
ISBN 3-935581-48-3
EUR 14,95 / 26,90 SFR